A Bíblia da Numerologia

A
Bíblia da Numerologia

Teresa Moorey

O Guia Definitivo para o Domínio dos Números e seu Uso na Vida Diária, nos Relacionamentos e para Alcançar o Sucesso Profissional

Tradução
CARMEN FISHER

Editora
Pensamento
SÃO PAULO

Título do original: *The Numerology Bible*.

Copyright © 2012 Octopus Publishing Group Ltd.
Copyright do texto © 2012 Teresa Moorey

Publicado originalmente na Grã-Bretanha em 2012
pela Godsfield Press, uma divisão da Octopus Publishing Group Ltd.
Endeavour House, 189 Shaftesbury Avenue
London WC2H 8JY
www.octopusbooks.co.uk

Copyright da edição brasileira © 2013 Editora Pensamento-Cultrix Ltda.

Texto de acordo com as novas regras ortográficas da língua portuguesa.
1ª edição 2013.
2ª reimpressão 2020.

Todos os direitos reservados. Nenhuma parte desta obra pode ser repro-
duzida ou usada de qualquer forma ou por qualquer meio, eletrônico ou
mecânico, inclusive fotocópias, gravações ou sistema de armazenamento
em banco de dados, sem permissão por escrito, exceto nos casos de tre-
chos curtos citados em resenhas críticas ou artigos de revistas.

A Editora Pensamento não se responsabiliza por eventuais mudanças
ocorridas nos endereços convencionais ou eletrônicos citados neste livro.

Teresa Moorey reivindica o direito moral de ser identificada como autora
deste trabalho.

Coordenação editorial: Denise de C. Rocha Delela e Roseli de S. Ferraz
Preparação de originais: Maiara Gouveia
Revisão: Maria A. A. Salmeron
Diagramação: Join Bureau

Dados Internacionais de Catalogação na Publicação (CIP)
(Câmara Brasileira do Livro, SP, Brasil)

Moorey, Teresa
  A Bíblia da numerologia: o guia definitivo para o domínio dos
números e seu uso na vida diária, nos relacionamentos e para
alcançar o sucesso profissional / Teresa Moorey ; Tradução: Car-
mem Fisher. – São Paulo : Pensamento, 2012.

  Título original: The numerology Bible.
  Bibliografia.
  ISBN 978-85-315-1801-0

  1. Numerologia I. Título.

12-08374   CDD-133.35

Índices para catálogo sistemático:
1. Numerologia : Ciências ocultas   133.35

Direitos de tradução para o Brasil
adquiridos com exclusividade pela
EDITORA PENSAMENTO-CULTRIX LTDA.
Rua Dr. Mário Vicente, 368 — 04270-000 — São Paulo, SP
Fone: (11) 2066-9000
E-mail: atendimento@editorapensamento.com.br
http://www.editorapensamento.com.br
que se reserva a propriedade literária desta tradução.
Foi feito o depósito legal.

Sumário

Introdução	6
Como usar este livro	14

CAPÍTULO 1:

Os Números — 16

As Nove Frequências da Vida	18
Números 0-9	20–59
Números Mestres	60
Número 11	62
Número 22	64
Outros Números Mestres	67

CAPÍTULO 2

Numerologia e Outros Sistemas — 68

Números Esotéricos	70
Astrologia e Numerologia	71
Numerologia e o I Ching	78
Numerologia e Feng Shui	80
Numerologia e o Tarô	86
Numerologia e a Cabala	92

CAPÍTULO 3

As Cinco Fórmulas 96
Introdução às Fórmulas 98
Números 1–9 104–205
    Número da Personalidade
    Número do Caminho de Vida
    Número da Alma
    Número do Destino
    Número do Aqui-e-Agora
Números 11 e 22 206

CAPÍTULO 4

Correspondências 212
Números 1–9 214–231

CAPÍTULO 5

Outros Números Importantes 232
Números Ausentes 234
Números Acima de 9 244
Consoantes: Seu Eu Quiescente 248

CAPÍTULO 6

Relacionamentos 250
Relacionamentos Numerológicos 252
Números 1–9 254–307

Número 11 308
Número 22 312

CAPÍTULO 7

Ciclos Pessoais 316
Introdução aos Ciclos Pessoais 318
Ano 1–9 320–355

CAPÍTULO 8

Números Presentes em sua Vida 356
Idades/Faixas Etárias 358
Número da Placa do Carro 366
Número da Casa em que Você Mora 370
Números de Telefone 376
Números de Sorte 382

Espaço para o Leitor Fazer
    suas Anotações 388
Glossário 392
Bibliografia 393
Índice 394
Agradecimentos/Créditos 400

Introdução

"Os números determinam as categorias e as ideias e são a origem das progressões divinas e angélicas."
Pitágoras

A numerologia pode oferecer *insights* em muitas áreas da sua vida. Você se sente confuso sobre relacionamentos? A numerologia pode ajudá-lo a entender suas verdadeiras necessidades e a encontrar satisfação. Não encontra meios de progredir e fazer planos em sua carreira? Seus números podem revelar seus talentos e incrementar suas habilidades com novas ideias.

A numerologia se baseia na premissa de que os números expressam não apenas *quantidade*, mas também *qualidade*. Essa ideia talvez seja tão antiga quanto a civilização, e foi preservada em nossa linguagem habitual em relação aos números 1 e 2, nos conceitos de *unidade* e *dualidade*. A tradição mais antiga da numerologia provavelmente é a caldeica, datada de um período anterior ao alvorecer da história. Hoje é exercida de diversas maneiras no mundo todo, desde a Índia e a China até a América do Sul. Está presente em sistemas como o I Ching, o Tarô e a Cabala hebraica, sistemas que discutiremos adiante, nas páginas 78, 86 e 92, respectivamente. Como era de se esperar, as noções a respeito dos números evoluíram de acordo com a cultura dominante. Os significados essenciais dos números são místicos e eternos, porém suas manifestações sofrem mudanças. Trabalhamos com a numerologia para expandir nossa consciência e percepção – é um meio de alcançar a sabedoria, não uma doutrina.

Pitágoras de Samos foi um dos primeiros numerólogos. Nascido por volta do ano 600 a.C., ensinou misticismo e filosofia a pesquisadores que chegavam dos lugares mais distantes para se beneficiar do seu conhecimento. Pitágoras acreditava que os números eram sagrados, por existirem independentemente da forma material. Há algumas evidências de que o Buda teria estudado com ele, e, juntos, os dois mestres haveriam difundido os ensinamentos pelo Oriente. Mais tarde, no século V a.C., o filósofo grego Platão registrou os ensinamentos pitagóricos para a posteridade. Podemos especular acerca do quanto a numerologia influenciou o desenvolvimento de sistemas como o I Ching e a Cabala, mas a verdade se perdeu nas brumas do tempo.

Pitágoras foi um místico e também um matemático.

INTRODUÇÃO

INTRODUÇÃO

Um dos princípios básicos do pitagorismo sustentava que o Universo era uma expressão de relações matemáticas. O Universo é vibração, e a música é vibração sonora. Pitágoras descobriu que a música é governada pelos números, e a altura de uma nota, determinada pelo comprimento da corda que, ao vibrar, produz esse som. Harmonias, portanto, dependem dos diferentes comprimentos de onda e podem ser expressas como razões ou números. Os números também compõem a natureza em relação às proporções geométricas, por meio de padrões similares que se repetem nas conchas marinhas, nas flores e nas órbitas dos planetas. Esse é um fato científico, mas, além disso, constituiu a base do pensamento esotérico durante toda a história. Conforme veremos, observamos padrões e ciclos, harmonias e proporções em muitas áreas de conhecimento, da astrologia ao Feng Shui.

Os seres humanos primitivos tinham necessidade de poucos números para dar conta de suas vidas e, na realidade, até hoje alguns povos indígenas sabem contar somente até 2 – todos os outros números são percebidos por meio da palavra "muitos". A numerologia se desenvolveu com a civilização. Foi codificada em hieróglifos egípcios, e as Pirâmides foram construídas usando medidas numerológicas e simetria. Os grandes monumentos têm um elemento numerológico; no Stonehenge da Inglaterra, por exemplo, há 56 fossas conhecidas como "buracos de Aubrey" – o 5 e o 6 somados totalizam o Número Mestre 11, com sua poderosa influência sobre a inspiração coletiva.

A numerologia como a conhecemos tem evoluído e se adaptado lentamente desde Pitágoras. No século XIX, as descobertas sobre a luz e o magnetismo tornaram popular a teoria de que os números se relacionam aos padrões de energia. No começo do século XX, o escritor Sepharial explorou ligações entre numerologia e astrologia, os nomes e as propriedades da natureza. Com o estudo esotérico dos números, fez previsões acertadas para o mercado de ações e corridas de cavalo.

Alguns místicos empregam também a numerologia hebraica, em que os números de 1 a 12 são significativos. O número 12 pode ser considerado sagrado, porque 4 (a base da vida terrena e os Quatro Elementos) multiplicado por 3 (o número criativo da Santíssima Trindade) resulta em 12. São 12 os signos do zodíaco, 12 os números que aparecem no mostrador do relógio etc. Entretanto, para a cultura ocidental moderna, que lida com nove algarismos principais, é mais adequado aplicar nove sinais básicos de vibração, e esse é o sistema usado atualmente pelos numerólogos.

Padrões encontrados na natureza revelam o poder misterioso dos números.

Um dos elementos que afetam a numerologia é a expectativa de vida das pessoas. No

INTRODUÇÃO

passado, era relativamente raro alguém viver seu quinhão de setenta anos. Sete décadas significavam um ciclo completo. Por esse motivo, muitos numerólogos deram enorme atenção aos sistemas que abrangiam de 1 a 7. Agora, com um número cada vez maior de pessoas vivendo muito além dos 80, o número 9 parece mais importante, e esse é outro fator que diz respeito à escolha do método de nove tipos.

Página anterior: O monumento de Stonehenge foi construído de acordo com padrões numéricos.

Abaixo: Os hieróglifos conservam o significado dos números.

Os números estão à nossa volta, e, se estiver atento, logo perceberá os padrões tomando forma. Talvez certos números apareçam para você com maior frequência do

que outros. É fácil ter a impressão de que eles possuem uma qualidade, um significado e, neste momento, se encantar diante do que isso representa. Ao continuar a leitura, você se familiarizará com as características dos números. Enquanto entra em contato com algo consagrado pelo tempo, que inspira os místicos e videntes há milênios, essa interação será parte de sua jornada espiritual. Este livro ensina a explorar o significado de diversos números, desde a data de seu nascimento até o número de seu telefone. O seu nome também é vinculado a um número, porque o nome é uma vibração, e os números são a linguagem das vibrações. Antigamente, as letras de um alfabeto correspondiam a números; hoje, por outro lado, o alfabeto existe de modo autônomo. O seu nome pode ser convertido em números usando a tabela a seguir. Esses números são somados e reduzidos a um só algarismo, conforme a explicação da página 101.

1	2	3	4	5	6	7	8	9
A	B	C	D	E	F	G	H	I
J	K	L	M	N	O	P	Q	R
S	T	U	V	W	X	Y	Z	

Cada letra hebraica equivale a um número em particular, e alguns numerólogos convertem essa relação para o nosso alfabeto, valendo-se da correspondência para interpretar os nomes. Talvez você queira experimentar os valores a seguir, do alfabeto hebraico, em que o número 9 não é empregado.

1	2	3	4	5	6	7	8
A	B	C	D	E	U	O	F
I	K	G	M	H	V	Z	P
Q	R	L	T	N	W		
J		S			X		
Y							

INTRODUÇÃO

Como usar este livro

Se você tem algum problema específico, ou simplesmente acha que a vida ficou sem graça, consulte os números em busca de inspiração e use este livro como um guia para encontrar seu caminho através dos números que afetam cada área de sua vida.

Este não é um livro para ser lido da primeira à última página. Mergulhe nele quando precisar de um pouco de inspiração e clareza, e deixe que os números falem à sua intuição como falaram a muitas pessoas através dos séculos. Você está entrando em um território trilhado por místicos e sábios de todos os tempos. O estilo moderno é mais descontraído, mas a numerologia pode aprofundar a sua percepção e fazer de você uma pessoa mais satisfeita e eficiente.

O primeiro capítulo trata das características básicas dos números 1 a 9 e suas manifestações. No Capítulo 2 você terá a oportunidade de descobrir de que maneira a numerologia se relaciona a outros sistemas, como o Tarô e a astrologia. O Capítulo 3 descreve os cinco números, ou as *Cinco Fórmulas*, que se aplicam a você. Estes irão revelar como você é, dando algumas dicas sobre autodesenvolvimento, como se transformar e assumir uma postura positiva: os números não forçam você a nada – eles indicam suas inclinações e possíveis chances. Visualizações servem para ajudar seu subconsciente a entrar em sintonia com os

números; e as Cinco Fórmulas, para ajudar seus relacionamentos e estilo de vida. Além disso, você pode entender melhor o que está acontecendo em sua vida ao investigar seus ciclos pessoais. Talvez queira colocar em prática tanto as Cinco Fórmulas que dizem respeito a você como aquelas de seus familiares e amigos, levando o resultado em consideração enquanto lê as interpretações. No final do livro há um espaço reservado para anotar os números importantes.

O Capítulo 4 trata das correspondências – elementos do mundo natural que correspondem aos números e podem ajudar você a se harmonizar. Outros números importantes são abordados no Capítulo 5, enquanto o Capítulo 6 ajuda a entender seus relacionamentos. Além disso, você pode entender melhor os acontecimentos deste momento da sua vida investigando seus ciclos pessoais no Capítulo 7. Finalmente, o Capítulo 8 trata dos números presentes em sua vida cotidiana. Anote os seus números de telefone, da casa onde mora e outros relevantes, como o da placa de seu carro.

COMO USAR ESTE LIVRO

Número 11

Depois de ter calculado seus números, saiba mais sobre eles lendo o Capítulo 1.

Introdução às Fórmulas

Aprenda as diferentes fórmulas no Capítulo 3 e números dos relacionamentos no Capítulo 6.

Ano 9

Os Capítulos 7 e 8 oferecem mais informações sobre como os números atuam em sua vida.

1: Os Números

Este capítulo faz uma descrição geral, cultural e espiritual dos números, de acordo com o pensamento do Ocidente. Detalhes mais específicos de cada um são oferecidos no capítulo "Cinco Fórmulas" (ver p. 96).

As Nove Frequências da Vida

Na numerologia, consideramos nove números principais, ou "vibrações", que formam a linguagem da vida. Acredita-se que esses números representem todos os possíveis tipos de manifestação material que se combinam e interagem para formar um indivíduo. Embora existam apenas nove "tipos", há uma grande variedade de números atuando em sua personalidade e em sua vida. Enquanto alguns deles você irá compartilhar com outras pessoas – por exemplo, muitos de seus amigos podem ter o mesmo Número do Caminho de Vida – haverá outros distintos. Seus números podem revelar onde estão seus pontos de contato (ou de conflito) com os demais, mas você será único. Na página 13, você encontrará mais informações sobre o cálculo dos seus números.

Por que 9 números?

Como você verá ao ler a seção que trata do Número 9 (ver pp. 56-9), existem várias razões para considerar o 9 como o número do término e da transição. Desse modo, com o 10 iniciamos um novo ciclo, porque é possível reduzi-lo a 1 somando o 1 ao 0. De acordo com o sistema pitagórico, no entanto, os números até 10 são os números essenciais; e a Cabala indica 10 *Sephiroth* na Árvore da Vida (ver p. 95). Isso poderia sugerir que o 10, e não o 9, seria o número definidor e haveria 10 vibrações principais. É importante levar em consideração que em nossa cultura existe uma mudança para dois algarismos quando chegamos ao 10, mas nem todos os sistemas funcionam dessa forma – o sistema de números romanos, por exemplo, não tem essa regra. Além disso, há uma lógica por trás do uso de nove números.

Quando chegamos ao 10, entramos em uma nova fase da criação, pois o 10 forma uma totalidade e um novo começo. Os seres humanos têm 10 dedos, e esses 10 dedos carregam a iniciativa e o empreendedorismo do Um. A Árvore da Vida tem 10 *Sephiroth*, representando a transição do puro espírito para a manifestação terrena, ou a jornada do material para o celestial. Supostamente, representa a imagem completa do Universo – que é Unidade. Os números 1 a 9, por sua vez, dizem respeito às manifestações encontradas na terra.

Em certo sentido, no entanto, consideramos 10 essências, porque o número 0 também precisa ser levado em conta. Na Árvore da Vida cabalística, a primeira Sefirah, Kether, pode ser considerada o Grande Desconhecido, que pertence ao nosso Cosmos, mas não está contido nele. Essa definição indica o equivalente ao 0, não ao 1.

Porém, no fim das contas, talvez seja melhor trabalhar com a numerologia da mesma forma que fazemos com os demais sistemas esotéricos, adequando ao nosso tempo e à nossa cultura, porque é assim que eles atuam para formar o nosso meio e as influências que atraímos. Por muitos séculos empregamos um sistema constituído por números de apenas um algarismo, de 1 a 9, e isso é profundamente enraizado em nosso subconsciente. Eu acredito ser mais importante usar o aprendizado como um apoio à intuição do que como um conjunto bem definido de regras, rígido e inflexível. Estude os números e deixe sua experiência conduzi-lo ao processo de acumular sabedoria.

Os números estão presentes em tudo o que fazemos e configuram a nossa vida.

Número 0

O 0 é a eternidade, o ilimitado e infinito, e também é o nada. Seu glifo, o círculo, sugere infinitude, uma vez que o círculo não tem começo nem fim. No entanto, ele também transmite a ideia de restrição – estar "circundado" não deixa espaço para escolhas e movimentos. O 0 também pode significar destruição, ser reduzido a nada. O 0 é, portanto, um paradoxo. Ele se refere ao pequeno inimaginável, ao átomo com seus elétrons giratórios, e ao ilimitado, que é o Universo, todos os possíveis universos e o desconhecido mais além.

Não trabalhamos com o 0 do mesmo modo que fazemos com os outros números, porém é importante lembrar que tudo vem dele e vai para ele. Ele é o caldeirão das lembranças e das futuras criações. Ele forma o ponto de junção desconhecido entre um ciclo que termina e outro que se inicia. O 0 também é um olho que enxerga para a frente e para trás, capaz de ver tudo, mas incapaz de exercer qualquer influência – ele não é impotente, tampouco potente. Ele existe fora do tempo e do espaço e não está sujeito às leis de causa e efeito. Ele simplesmente é.

O 0 não é muito usado na numerologia. Ele não tem nenhuma vibração específica, porque pode representar tanto todas as vibrações como nenhuma. No entanto, o 0 tem importância para nós como indivíduos e como coletividade. A essência do 0 é objeto de muitas formas de meditação e lidar com esse símbolo pode refinar a capacidade de reflexão. Entrar nas "Lentes do 0" de vez em quando permite que você se distancie e avalie onde se encontra no caminho preparatório para uma nova iniciativa. O 0 faz você lembrar que está diante da completude e de infinitas possibilidades.

O 0 não está presente em seu nome, uma vez que todas as letras têm valores numéricos. No entanto, ele pode estar presente no seu Número da Personalidade ou do Caminho de Vida. Se você nasceu no dia 10, 20 ou 30 de qualquer mês, ou no mês 10 (outubro), o 0 faz parte de sua constituição. Este é o caso das crianças que nasceram no início do século XXI e de qualquer pessoa nascida na primeira década do século XX ou no último ano de cada década, ou seja, em 1920 ou 1930 etc. Se esse é o seu caso, de

O 0 não é um número, porém reforça os significados dos outros números.

tempos em tempos pode sentir a necessidade de perder a própria forma, afastar-se do mundo e abandonar a identidade, pelo menos por um tempo. Fazer isso conscientemente pode ajudá-lo. Na realidade, independentemente de sua composição numerológica, meditar sobre o 0 pode ser libertador e renovador.

> **Os desafios do 0:**
> - Qual é a natureza do infinito?
> - A existência do nada absoluto é possível?
> - Meditar sobre o 0 pode levar a um estado alterado de consciência – capaz de trazer alguma revelação.
> - O que significa ver através do olho do 0 e além?
> - No espaço simbolizado pelo 0, todas as coisas são possíveis – o que você gostaria de criar?

O Meridiano de Greenwich em Londres indica o ponto de partida do tempo medido em horas.

OS NÚMEROS

Número 1

O 1 se relaciona aos começos, potenciais e iniciativas. É o primeiro passo dentro do vazio prenhe, onde tudo é possível e nada tomou forma ainda. O 1 traz consigo coragem, energia e positividade, mas, apesar de conter o ímpeto para a realização, ele tem mais a ver com a criação de oportunidades do que com as realizações concretas. Ele deixa para os outros números a tarefa de concretizar as coisas e dar raízes para elas. O 1 é o lampejo de inspiração, o puro impulso para agir.

Onde quer que o 1 apareça, algo ganha vida – se algo duradouro e útil ou simplesmente uma bazófia dependerá de muitos fatores, mas o 1 sempre será uma força a ser levada em consideração.

Se o 1 tem forte presença em sua composição, você não tem dúvidas de que é um pioneiro em algum sentido. Você é ambicioso, e isso não envolve necessariamente objetivos que outros reconheçam ou valorizem. Possivelmente, é um líder – e as pessoas podem segui-lo porque você aparenta segurança quanto à direção a seguir, de modo decidido e determinado. No entanto, é pouco provável que busque exercer influência sobre elas – você faz o que faz apenas por sentir a necessidade de realizar o que tem em mente. Goste disso ou não, o número 1 é incitado a desbravar novas fronteiras, zunindo através do espaço como o Super-Homem, motivado por algum propósito extremamente difícil de definir. O 1 talvez dê a impressão de ser extremamente forte e independente, e, de fato, isso muitas vezes é verdade. Ninguém alardeia as próprias qualidades com mais desembaraço do que o 1, cheio de confiança e certeza. Contudo, também é possível que o número 1 sinta muita solidão, sinta-se muito isolado. Se as coisas não dão certo, o medo – e até mesmo o pânico – pode paralisar esse pioneiro, que irá se sentir inadequado e exagerado. É muito importante para o número 1 ter fé em si mesmo, na vida e no campo das possibilidades, porque sem o ímpeto do 1 nada é criado.

Forte e indivisível, o 1 confere determinação e ousadia.

Traços positivos:

- Dinamismo e iniciativa
- Independência
- Atitude positiva
- Originalidade e singularidade
- Coragem
- Liderança

Desafios:

- Autocentrado – abra os olhos e olhe ao redor
- Sentimento de solidão e de não ser entendido
- Medos secretos envolvendo o próprio valor – não exija tanto de você mesmo
- Arrogância e orgulho
- Impaciência e obstinação
- Determinação à beira da obsessão

NÚMERO 1

A forte consciência de si mesmo, associada ao 1, não significa necessariamente egoísmo.

Número 2

Depois do ímpeto do 1, vem o equilíbrio do número 2. Nenhuma criação ganha forma enquanto não for observada, nenhuma ação tem efeito enquanto não houver uma reação. Em essência, o 2 representa os primeiros indícios da autopercepção e da percepção do Outro como realidade. O 2 tem a ver com relações, com tornar-se consciente de algo que existe separado de si mesmo, como perceber as diferenças e criar equilíbrio.

Este número diz respeito a companhias, mas também a conflitos, porque – conforme o ditado – se um não quer, dois não brigam. O 2, além disso, é o passo seguinte no caminho da criação, e significa amante e amado, artista e musa, construtor e ferramentas.

Com o 2 em sua personalidade, você é confrontado sempre com o ponto de vista do outro, e sua tendência é ser conciliador e sensível. Esse número despeja óleo em águas turbulentas e às vezes parece abnegado; isso acontece porque o 2 se identifica com a outra pessoa ao ponto de quase se transformar nela. As relações vêm em primeiro e último lugar, e também no meio, e o 2 faz de tudo para nunca estar sozinho. No entanto, esse número também está associado à separação e, às vezes, aquilo que o 2 mais teme acontece, possivelmente porque ele perdeu a própria identidade e deixou o outro com pouco para se relacionar. O 2 é um número de conciliação, porém, de forma surpreendente, pode manter um forte

traço de dogmatismo, porque para ele as coisas precisam ser ou pretas ou brancas, certas ou erradas. Assim, apesar desse número representar o pacificador, paradoxalmente também significa o sectário: a pessoa que percebe os opostos e sente-se compelida a apoiar um ou outro lado.

O 2 é a porta de passagem das emoções, porque ao nos relacionarmos com um "outro significativo" – que pode ser pai ou mãe, namorado, amigo ou parceiro de negócios – começamos a vivenciar toda uma gama de sentimentos, da alegria e satisfação às experiências de decepção, trauma e depressão. O 2 pode ser passivo em excesso, talvez culpando os outros por isso, mas também é capaz de dar e receber muita felicidade.

O 2 significa companhia, diferença, equilíbrio e também espelhamento.

OS NÚMEROS

Traços positivos:
- Colaborador
- Atencioso
- Encantador e diplomático
- Gentil e amável
- Sensível
- Emotivo

Desafios:
- Deixa-se magoar facilmente – crie uma casca dura
- Excessivamente dependente
- Tímido
- Crítico – aprenda a fechar a boca quando não tiver algo positivo para dizer
- Faz o papel de capacho
- Faz o papel de mártir

Estar junto não significa perder a identidade. Dois é companhia, como o próprio número diz.

Número 3

Com o número 3, damos um passo criativo rumo à geração de novas formas. O 3 nos leva das esferas unidimensionais do ponto (1) e da linha (2) para a forma bidimensional do triângulo. O 3 se relaciona a mãe, pai e filho. Muitos conceitos importantes são formados por três elementos: passado, presente e futuro; três dimensões do espaço; energia, matéria e consciência.

O 3 diz respeito à percepção, porque o observador e o objeto observado mantêm uma conexão por meio do ato de observar, ou seja, a capacidade de refletir. O 3, portanto, tem a ver com geração, comunicação e igualmente com a capacidade de brincar, porque é através da brincadeira que aprendemos melhor, como toda criança demonstra.

Se o 3 é muito presente em sua constituição, é muito provável que você encare a vida com alegria e otimismo. O 3 sente que é importante ser expressivo de todas as maneiras. A vida é para ser vivida, e esse número pode não levar as coisas muito a sério – a não ser que fique para baixo, imaginando que já tentou de tudo e agora só resta a decepção ou o tédio. Porém é difícil que isso dure muito tempo, porque o 3 logo encontra algo novo para explorar ou criar. Com uma forte presença do número 3, você tende a se jogar na vida – e tudo valerá a pena, pelo menos tentar; assim estará em atividade o dia todo, todos os dias, decidido a não per-

der nada. O 3 é extremamente capaz de realizar várias tarefas ao mesmo tempo – fazer uma coisa de cada vez talvez pareça perda de tempo para esse número. Confiante e positivo, o 3 realiza a maior parte das coisas sem dificuldade, e, muitas vezes, passa a imagem de alguém sortudo, por saber se deixar levar pela correnteza, agarrando as oportunidades quando elas surgem e tirando o melhor proveito de tudo. Flexível e espontâneo, é uma pessoa do tipo que "faz acontecer", porém frequentemente faz em demasia. Se o 3 é marcante em sua constituição, você precisa tomar cuidado para, de repente, não se dar conta de que alcançou poucas coisas de valor real, porque o mais importante pode escorregar entre os dedos se você for descuidado demais.

O 3 cria abundância, riso e ousadia. Mas também está relacionado a prejuízos, energias desperdiçadas e excesso, como na expressão "Três é demais". É fundamental que o 3 cultive o foco e o discernimento, para que seus esforços deem resultados.

A criatividade do 3 é bem representada pela família típica (mãe, pai e filho).

Eltoton autē vt in triangulū defo:mař:equis quo/
dāmō laterib⁹ouobus:vno breuiore fed ppe ǭuali
reliquis:Inter eſtiuū ⁊ equinoctialē circulū ſupra
caput arietis:nō longe ab andromedę dextro crure
⁊ perſei manu ſiniſtra collocatū: Lū ariete toto oc/
cidens. Exoriens autem cum eiuſdē dimidia priore parte. habet
autem ſtellam:in vnoquoqȝ angulo vnam.

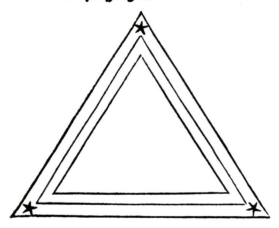

Triangulus

Unc protinus duodecim ſignorū figuratione dice/
mus. Quorū eſt princeps Aries in equinoctiali cir/
culo conſiſtens: caput ad exortum habens euerſū:
Occidens a primis pedibus ⁊ exoriens: caput infra
triangulū quod ſupra diximus tenens collocatū:pe/

NÚMERO 3

Traços positivos:

- Criativo
- Amante da diversão
- Adaptável
- Pessoa com a cabeça cheia de ideias
- Expressivo
- Sociável

Desafios:

- Desperdiçador – você desfrutará mais as coisas se der valor a elas
- Demasiadamente devagar
- Superficial
- Extravagante – você pode exagerar na posse de algo bom
- Trivial
- Imaturo

Grupos de três podem ser dinâmicos e inspiradores. As deusas aparecem muitas vezes em grupo de três, como as Parcas ou as Graças.

A triangulação é usada na arquitetura e na astronomia para calcular as distâncias entre as estrelas.

Número 4

Com este número entramos na esfera sólida das dimensões: comprimento, largura, altura e tempo. O 4 está relacionado aos elementos primordiais: Terra, Fogo, Ar e Água; e aos quatro estados da matéria: sólido, líquido, gasoso e plasmático. Esse é o número da estabilidade, uma vez que mesas e cadeiras precisam de quatro pernas para se manter estáveis.

O 4 aparece em muitos sistemas com os quais determinamos o espaço físico – a bússola aponta quatro pontos cardeais, existem quatro estações do ano, e quatro são os pontos necessários à construção do sólido mais simples, o tetraedro. Com o 4, o ser humano é enraizado no espaço e no tempo.

Não é de surpreender que o 4 tenha ligação com os aspectos práticos da vida. Quem é constituído pela presença forte do 4 é uma pessoa "pé no chão", que trabalha arduamente e tem hábitos arraigados. Confiável e previsível, a palavra de um 4 é a lei. A rotina é obrigatória, e os limites são importantes – em geral, seguidos à risca. Os resultados dessa postura, mesmo que demorem, são concretos. O 4 leva a vida a sério e se obriga a trabalhar arduamente, a não ser quando se sente mal, como se carregasse o peso do mundo nos ombros. Esse número é cumpridor dos deveres, mas às

vezes a vida parece sem graça para ele. Em situações difíceis, o 4 talvez trate com indiferença as pessoas mais animadas e, neste caso, se torna alguém maçante. Para o 4, é muito importante pegar leve de vez em quando e refletir sobre o que é viver e o que realmente deseja alcançar, considerando que esse número é um verdadeiro construtor e realizador. O 4 pode criar segurança e proteção, tornando o mundo um lugar melhor, mas precisa lembrar que "nem só de pão vive o homem".

Autodisciplinado e diligente, é especialista em manusear e moldar coisas, desde os materiais concretos à organização da vida. Muito consciente da evidência de seus sentidos, a pessoa do tipo 4 também deve estar consciente dos dons da sensibilidade. Dessa maneira, sua ligação com a experiência física poderá levá-lo à beira do sublime, e ele será capaz de sentir e expressar profunda satisfação.

O 4 está relacionado ao mundo material e, portanto, tem nele o seu fundamento.

Traços positivos:

- Prático e eficiente
- Cumpridor do dever – muito ciente das responsabilidades e leis
- Paciente e calmo
- Confiável – uma "rocha" para os amigos e familiares
- Sistemático e organizado
- Trabalhador dedicado e orientado para objetivos

Desafios:

- Extremamente cauteloso, às vezes ao ponto de se tornar medroso
- Inibido e muitas vezes com a aparência de alguém frio emocionalmente
- Falta imaginação – precisa expandir sua mente
- Exageradamente econômico
- Controlado e rigoroso – será que tem realmente importância?
- Pode ser um fanático pelo trabalho

O 4 pode servir como a base sólida para a realização dos sonhos.

Número 5

O número 5 nos conduz para além do plano material e aos reinos da mente e do espírito, onde as coisas realmente acontecem. Na tradição esotérica do Ocidente, o 5 se refere ao "quinto" elemento, o éter. O éter flui ao redor e no interior dos quatro elementos materiais, energizando, conectando e indo ainda mais longe. Isso é simbolizado pelo pentagrama, ou estrela de cinco pontas, um poderoso símbolo mágico.

No Feng Shui chinês, há cinco elementos: Terra, Fogo, Metal, Água e Madeira. Esse sistema relaciona as diferentes "energias" e inclui o conceito de *chi* ou força vital (ver p. 80), sinônimo de *prana* e energia orgânica. O 5 nos leva, portanto, ao plano das ideias, das construções abstratas e mentais.

O 5 está ligado a muitos movimentos, atividades e à comunicação. Com uma forte presença do número 5, você terá muitos lugares para ir, muitas pessoas para conhecer e muitos negócios para tratar de uma só vez. A mudança é constante – ficar preso a uma rotina seria a morte para o 5, mas isso raramente acontece, porque o 5 não permanece no mesmo lugar por tempo suficiente para se deixar aprisionar. Há muita vitalidade e um enorme potencial de trazer o novo e fazer as coisas andarem; mas não deixar que as coisas parem ou acabem escoando como o mercúrio vai depender da capacidade do 5 de direcionar sua poderosa mente e estar suficientemente estimulado a seguir em frente. O 5 está na metade do caminho entre o 1 e o 9, no processo de vir a ser, partindo do que foi construído com bases sólidas pelo 4 para a transcendência do 9.

Impaciente, porque deseja saber como as coisas funcionam, e ávido por novas experiências, o 5 é adaptável e está sempre alerta, mas se empolga tão facilmente quanto se aborrece. Seja como for, esse número não procura destruir o *status quo* que o 4 erigiu. A necessidade mais urgente do 5 é usar sua inteligência e habilidades de análise em sua busca de entender as estruturas e processos e utilizar plenamente os próprios recursos para fazê-los funcionar melhor. O 5 é portador de uma tensão entre a tradição e a liberdade, pois ambas podem ser usadas de maneira inteligente. O mesmo acontece com a emoção e o intelecto. O 5 tem muitas alternativas e escolher bem gera perspicácia e entusiasmo criativo levando a pessoa com forte presença desse número a um território de enorme inspiração.

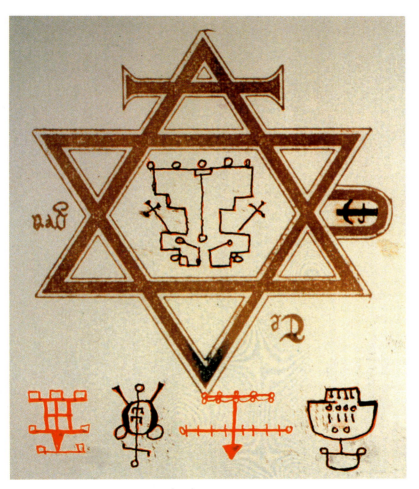

O 5 trabalha no plano das ideias e em projetos com o potencial de transformar a consciência.

Traços positivos:

- Ingenuidade e curiosidade
- Adaptável
- Perspicaz e analítico
- Muito movimento e variedade
- Abundância de experiências de aprendizado
- De espírito livre e aventureiro

Desafios:

- Pode não ser confiável
- Impaciente e "no limite" – pratique relaxamento
- Irresponsável
- Falta de disciplina e excesso de indulgência consigo mesmo
- Visão estreita – use suas capacidades de observação
- Rebelde e "do contra"

A liberdade ansiada pelo 5 pode abrir as portas da mente.

Número 6

O 6 fecha o segundo ciclo de três energias, oferecendo a experiência de satisfação e realização. O 4 estruturou, o 5 explorou a estrutura e, agora, o 6 quer expor o que foi construído, revelar o quanto é atraente e proporciona bem-estar. A beleza, a harmonia e o senso de equilíbrio são vitais.

O número 6 é semelhante à antiga forma da espiral, encontrada em muitos artefatos pré-históricos. Esse símbolo representa a porta de entrada e saída da manifestação, sugerida pela forma ondulada do 6. O 3 é o criador, mas o 6 também diz respeito à criação, é o desejo de que ela expresse algo absoluto. A estrela de seis pontas – ou o signo de Salomão (estrela de Davi), com seus dois triângulos entrelaçados – é um poderoso símbolo mágico. O triângulo voltado para baixo significa o Grande Feminino, enquanto o triângulo voltado para cima representa o Grande Masculino: a interação do espírito com a matéria. Juntos, eles são completos e simétricos. A tríade (ou triângulo) pai-mãe-filho do 3 está presente aqui também, mas, além disso, o 6 está relacionado à ideia de lar e família como um todo.

Se o 6 tem presença forte em sua constituição, você provavelmente é um idealista e amante da beleza. Onde quer que vá, adora criar ambientes agradáveis, mostrar seus melhores atributos e espalhar a sensação de alegria e serenidade. Você tem ideais capazes de erguer você mesmo e os outros acima do lugar-comum, além de ser extremamente intuitivo, especialmente acerca das situações que as pessoas estão vivendo. Com sua excelente capacidade de gozar a vida, é uma companhia relaxante. Entretanto, talvez seja um bocado preguiçoso e até mesmo escapista. Sua forma sonhadora de ver o mundo nem sempre pode ser colocada em prática na vida real, e isso, para você, é extremamente difícil de aceitar. Sua maneira de ver o mundo é parecida com aquela dos livros e filmes. Assim, diante dos piores cenários, uma presença forte do 6 pode levar a excessos e vícios. No Livro do Apocalipse, na Bíblia, 666 é o Número da Besta, indicando que a energia excessiva do 6 pode representar um desvio do caminho, uma busca maior pela gratificação do que pelo amor a semear, a sedução pela forma em vez da procura pela essência. Mas o 6, em seu aspecto mais positivo, é capaz de liberar o divino interior, mostrando o melhor a si mesmo e aos outros.

O 6 é ciente da beleza que existe ao redor e procura expandi-la.

OS NÚMEROS

46

O senso comunitário do 6 é extremamente enriquecedor.

Traços positivos:

- Amante da paz e responsável
- Criador de beleza e de todo tipo de coisas agradáveis
- Gosta de ajudar e dar apoio
- Sabe gozar a vida
- A deusa do lar
- Senso extraordinário de família

Desafios:

- Pode ser invejoso – está sempre contando o que o outro tem
- Às vezes preguiçoso e escapista
- Deixa-se facilmente seduzir – saiba defender seus verdadeiros valores
- Presunçoso e complacente
- Intruso e intrometido
- Tirano doméstico

Número 7

O 7 nos leva a um nível mais elevado de entendimento. O equilíbrio do 6 ganha um novo elemento em sua busca da completude; no 7, o natural começa a retornar ao espiritual, com a espiral do 6 girando em direção à fonte. São sete os dias da semana, sete idades do Homem, sete notas na escala musical e sete cores no espectro visível.

O 7 também é associado à Lua, pois cada uma de suas fases dura aproximadamente sete dias. Há muito tempo a Lua é relacionada com a magia, porque durante a Lua Cheia a intuição costuma ser sentida com mais força. Portanto, o 7 é um número mágico, ligado às mudanças que realizamos no mundo pela força da nossa vontade e imaginação.

Se o 7 tem presença forte em sua constituição, você tende a ser uma pessoa dinâmica, apesar dessa qualidade nem sempre ser evidente. Você não tem nada da determinação do 1, da irrepreensibilidade a toda prova do 3 ou do ritmo frenético do 5. Você é mais sutil e, às vezes, até misterioso. Você pode ter interesse na relação entre matéria e espírito e, se não explorar isso na prática, algo em sua atitude buscará o oculto e mudanças em um nível profundo. Provavelmente, seu comportamento é enigmático e magnetiza, porém, como as pessoas nem sempre o entendem, talvez considerem você desatento e fora da realidade. Em certo sentido, sua busca é saber mais a respeito

de si mesmo. Essa motivação pode levar aos campos da psicologia e da parapsicologia, ou à atração pela ciência das leis que governam o mundo material. Sua busca de conhecimento talvez não tenha outro propósito a não ser ele mesmo, porque você tem a consciência de que conhecer é poder, mas também é movida pelo desejo de fazer o bem. Às vezes, parece que as coisas simplesmente "acontecem" ao seu redor – será por algum poder estranho que você tem ou porque, nos bastidores, você coloca as coisas em movimento? Na maioria das vezes, a resposta não é óbvia.

O 7 costuma ser dono de um humor instável e às vezes até explosivo – as mudanças acontecem em seu interior, e as lições da vida nem sempre são fáceis. Você talvez fique obcecado pela necessidade de se provar. No entanto, seja em um nível interno ou

O 7 olha para além deste mundo e provavelmente é espiritualizado e imaginativo.

externo, suas conquistas serão impressionantes, e você pode ter a certeza de que "faz a diferença".

Traços positivos:

- Prudente e cuidadoso
- Catalisador de mudanças de grande impacto
- Refinado e reservado
- Espiritual
- Estoico e enérgico
- Analista brilhante

Desafios:

- Ceticismo – lembre-se que o verdadeiro cético tem uma mente aberta e não é um incrédulo sectário
- Crítico e admoestador
- Distante e inatingível – vale a pena tentar se explicar
- Solitário e isolado
- Pessimista – lembre-se de ter uma atitude positiva, porque com ela você criará coisas boas
- Tendência a se desviar – às vezes a via direta é a mais eficiente

OS NÚMEROS

Oito é o número ambicioso que constrói e realiza.

Número 8

Em certo sentido, o número 8 tem um duplo significado. De um lado, é o número do poder e do sucesso material, como a duplicação do altamente prático 4. De outro, é a continuação do 7, que significa a completude da experiência neste mundo – de modo que o 8 tem o potencial de levar a um novo nível.

Existem oito orifícios no corpo da mulher, e o Feminino é a porta de entrada para a vida – assim, o 8 pode ser o número de uma nova vida, e, em muitas igrejas, a pia batismal tem a forma de octógono. O 8 representa tanto o útero como o túmulo; o poder da terra, anteriormente experimentado pelo 4, assume agora um significado mais místico.

A figura do número 8 virada de lado torna--se o símbolo do infinito – o 8 é o número de um mundo que está por vir, embora, é claro, isso talvez signifique a própria religação com este mundo, para quem acredita em reencarnação. O 8 tem sido considerado o número do Destino. O Livro do Apocalipse indica 888 como o número de Cristo. Esse código tem muitas relações com a crença judaica – a circuncisão é feita oito dias após o nascimento; na Festa da Dedicação, oito velas são acesas, e a celebração dura oito dias. Foram oito os profetas que descenderam de Rahab, oito são as seitas de fariseus, e Noé foi o oitavo na linha de descendência de Adão.

Com uma forte presença do 8, você tende a levar a vida a sério, a manter um forte discernimento acerca do destino e a considerar a vida como uma série de desafios e obstáculos a vencer. Você tem capacidade necessária para alcançar muito sucesso, mas também de atingir um fracasso monumental. Bem no fundo, você tem a impressão de ser escravo do ciclo de vida e morte, mas também o desejo de usar seus conhecimentos e capacidades para obter poder e controle. Em última análise, todos nós estamos à mercê do Destino – você sabe disso. Mas às vezes é como se você quisesse adiar esse desfecho pelo máximo de tempo e conquistar o máximo de soberania possível. É muito provável que você conquiste uma posição de certa autoridade e estatura, e isso trará muita satisfação, porque faz você sentir que deixará algo de duradouro para a posteridade e que abocanhou sua parcela do eterno. Se você entender que as qualidades mais refinadas de um governante são a compaixão e a equidade, o que você criar será merecidamente duradouro.

Traços positivos:
- Grande administrador ou diretor
- Autoritário
- Determinação para alcançar o sucesso
- Prático em larga escala
- Capaz de administrar grandes quantidades de dinheiro
- Presença imponente
- Ambicioso e empreendedor
- Senso de missão/destino

Desafios:
- Possível abuso de poder
- Maquiavélico
- Irresponsabilidade com recursos importantes
- Ganancioso – você precisa lembrar que ter o suficiente é tão bom quanto esbanjar
- Excessivamente materialista – lembrar que desta vida nada se leva
- Pode ser vingativo
- Negligência com interesses materiais – tomar cuidado para não perder o foco
- Esquemático – deixar mais espaço em aberto pode dar melhores resultados

O senso de estrutura do 8 pode trazer intuição e poder.

Número 9

Nove é um número de conclusão e transição. O primeiro conjunto de números chegou ao ápice e, com ele, vem tanto a realização quanto a dissolução, enquanto dura o preparo à passagem pelo olho do infinito, o 0, antes que um novo ciclo se inicie. Três, o número da geração, se repete agora três vezes – a criação está completa.

O 9 tem muitas características interessantes. Matematicamente, é o número que sempre se reproduz quando multiplicado por outro número: 5 x 9 = 45, 4 + 5 = 9; 6 x 9 = 54, 5 + 4 = 9 – o mesmo acontece com cada número pelo qual ele é multiplicado. Qualquer número somado a 9 sempre se reproduzirá: 1 + 9 = 10, 1 + 0 = 1; 2 + 9 = 11, 1 + 1 = 2, e assim por diante. Se todos os algarismos, inclusive o 9, são somados, o resultado final é 45, que é reduzido a 9.

O 9 tem o sentido de retorno à fonte. Cristo morreu às nove horas, são nove os planetas que existem no sistema solar (apesar das controvérsias a respeito de Plutão), e muitos grupos de deusas têm nove figuras; por exemplo, as nove musas. São nove, em média, os meses de gestação (o que equivale mais exatamente a nove lunações). O círculo completo tem 360 graus, que, por sua vez, podem ser reduzidos ao algarismo 9. Se o 9 está presente em sua personalidade, você é incitado a ir além, a buscar novas experiências e romper os limites.

Apresenta grandes ideias e deseja abraçar o mundo, mas os outros não parecem muito interessados, pois, apesar de seu charme, você mantém certo afastamento e dá a impressão de pertencer ao Mundo Sobrenatural. Talvez seja muito abnegado, mas também pode se mostrar bastante egoísta quando luta para concretizar suas ideias fantásticas. É bem possível que saiba muitas coisas e pretenda ensiná-las aos outros, pois sente que é importante servir à humanidade. Entretanto, suas emoções são muito intensas, e você muitas vezes se mostra indômito e apaixonado em excesso. As pessoas provavelmente consideram suas ideias estranhas e não convencionais. Você julga, no entanto, que não deve se dar ao trabalho de se ocupar com coisas maçantes e nesse lugar estão inclusive as pessoas mesquinhas. Com uma forte presença do 9, a liberdade e a aventura lhe são essenciais, mas, acima de tudo, o que você procura é um sentido espiritual e "apoiar os desígnios de Deus para os homens" – uma tarefa nada fácil, mas você está à altura dela.

O idealismo do 9 abrange uma visão ampla da humanidade.

O 9 vê longe e talvez se aborreça com detalhes insignificantes.

Traços positivos:

- Filantropo e caridoso
- Romântico e imaginativo
- Capaz de colocar os interesses pessoais em último lugar
- Grande charme e carisma
- Profunda compaixão
- Talentos para ensinar e aconselhar
- Compassivo e filantrópico
- Ousado – ultrapassa os limites

Desafios:

- Por vezes egocêntrico
- Pode ser extremista
- Ocasionalmente tem motivos ocultos e acredita que os fins justificam os meios
- Pode ser presunçoso e arrogante – com modéstia, você será mais respeitado
- Preconceitos e dogmas entram em ação quando você menos espera – cuidado com o liberalismo tirânico
- Às vezes, você desliga sua capacidade de ter compaixão
- Inconscientemente, cede à mesquinhez
- Pode ser antissocial

Números Mestres

Embora os nove "tipos" básicos de 1 a 9 sejam de suma importância, existem certos números considerados Números Mestres. São estes: 11, 22, 33 e 44. Qualquer número com dois algarismos iguais é um Número Mestre, mas os significados se tornam extremamente específicos e refinados. Além disso, acima do número 44, é preciso somar os algarismos mais de uma vez para reduzi-los a um só dígito – por exemplo: 55 = 5 + 5 = 10, 1 + 0 = 1. Para finalidades práticas, apenas o 11 e o 22 são muito importantes, porque os meses têm no máximo 31 dias, tornando impossível ter o 33 como Número da Personalidade.

Certos numerólogos dão grande importância aos números 11 e 22, considerando que estes são excepcionais, diferentes dos números 2 e 4 aos quais se reduzem. No entanto, a verdade é que os Números Mestres não são especialmente raros. No processo de redução de um nome ou de uma data a 2, o 11 comumente é o número alcançado antes da etapa final, porque o 2 resulta somente da soma de 1 + 1 ou de 2 + 0. Portanto, a única exceção ao estágio 11 ocorre quando a soma de uma data ou nome é exatamente 20 – o 20, porém, é sempre ignorado, porque não existe nenhum número de dois algarismos que resulte em sua soma. A última data do século XX em que obtivemos o número 20 foi 1/1/1980, embora no século XXI seja mais fácil encontrar outras ocorrências semelhantes. O seu Número do Aqui-e-Agora (ver pp. 104-205) pode resultar em 20, como também o seu Número da Alma, porém é raro ter um nome curto o suficiente para resultar em um Número do Destino equivalente a 20 – portanto, o 11 costuma ser o estágio que antecede o 2. Em relação ao 22, acontece algo parecido, a despeito do 13 também ser um frequente precursor do resultado final 4.

É importante manter em seu horizonte o 11 e o 22, mas, se eles surgirem em seus cálculos, você tem escolha: responder às exigências maiores desses números ou se concentrar em questões mais mundanas. Os Números Mestres são mais exigentes, porém são igualmente mais promissores em potencial.

Responder à vibração do 11 pode manifestar o que você tem de melhor.

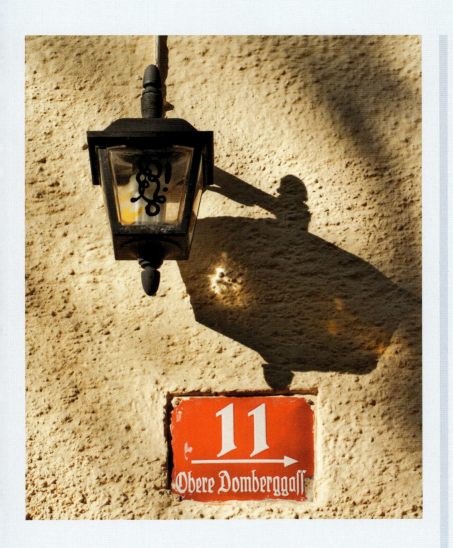

Número 11

O 11 reverbera o 1, porque o par amplia suas características, atribuindo poder e propósito ao 2 básico. Com um 11 forte, você pode ser capaz de transmitir mensagens dos planos etéricos. Isso não significa que você seja um médium ou "canalizador" – na realidade, você talvez seja cético sobre essas coisas. No entanto, o seu 11 lhe dá um tipo especial de inspiração que pode beneficiar outras pessoas e talvez o mundo em geral.

A receptividade básica e intuição do 2 representam um entendimento que nem sempre é verbal; com o 11, por outro lado, existe a capacidade de encontrar palavras que motivam e entusiasmam.

O 11 tem sido considerado como número do profeta ou do Messias. As parcerias tão vitais para o 2 são elevadas ao próximo nível, para que a relação aconteça entre grandes grupos, e o sacrifício não seja necessariamente pela intimidade com alguém, mas pela própria humanidade. Isso talvez resulte em perda de identidade quando a pessoa do tipo 11 é possuída por uma visão. Se o 11 for seu número, você precisará de uma enorme dose de objetividade atuando em seu favor,

Uma pessoa do tipo 11 pode envolver você em questões que transcendem o pessoal.

juntamente com a disposição de se examinar de modo crítico, mas de maneira positiva – o 11 sente-se deprimido quando os ideais perdem o significado.

Onze é o número dos apóstolos leais a Jesus – o 12º é Judas, que o traiu. Onze pode ser visto como a luz da revelação, iluminando o que é mundano. São 10 os Sephiroth da Árvore da Vida cabalística, e o 10 representa, portanto, a existência manifesta, enquanto o 11 indica o poder acima disso e além. Quando nos referimos à "11ª hora" indicamos a última oportunidade de alcançar algum objetivo. O 11 também tem sido descrito como o número do equilíbrio. Ele é o número da Justiça no baralho do Tarô; e o signo do 11, duas linhas paralelas, implica em duas forças iguais trabalhando em conjunto. Ele também pode ser visto como a duplicação da potência do número 1, por acrescentar uma força complementar equivalente – e, dessa maneira, representaria o equilíbrio entre masculino e feminino, entre yin e yang. No entanto, é importante lembrar que 11 é o glifo usado no mundo ocidental moderno, não é universal. Por esse motivo, essas interpretações são muito específicas e dizem respeito apenas à nossa cultura.

Se 11 é seu número, ou se você escolhe responder à "vibração" do 11, procure moderar sua "santidade", equilibrando convicção com humildade, inspiração com realismo, e você se surpreenderá.

Traços positivos:

- Visionário
- Capaz de sacrificar-se
- Abnegação
- Vidência
- Revelação de novas perspectivas
- Espiritualista
- Talentos artísticos
- Carisma

Desafios:

- Pode ser fanático
- Hipersensível
- Nem sempre honesto – pode dizer a si mesmo que os fatos não têm importância
- Você pode ter complexo de superioridade/inferioridade
- Tome cuidado para não desaparecer em suas fantasias
- Você pode dizer coisas apenas para chamar atenção
- Seu ego pode se inflar – lembre-se de que é apenas um ser humano

Número 22

Como o resultado de sua soma, 4, o 22 é um construtor – na verdade, esse é o número do arquiteto. A pessoa que se identifica com o 22 quer dar algum significado à própria construção. Como extensão do desejo do 4 – construir uma base segura para sua vida e para a vida das pessoas que você ama –, pretende criar algo que vá além da órbita pessoal e até mesmo além de seu tempo de vida.

A influência do 2 duplicado traz sensibilidade e compaixão, e isso pode retirar você da zona estreita em que o 4 às vezes o empurra, levando você a uma esfera mais ampla.

Vinte e dois é um número de significado esotérico. Existem 22 caminhos na Árvore da Vida cabalística, e estes levam o espiritualista de uma Sephirah a outra. Existem 22 cartas no Arcano Maior do Tarô, embora sejam numeradas de 0 a 21, o que

O 22 é um número poderoso que deve ser usado com cuidado.

aumenta o mistério do 22, porque o número não é dito. Existem 22 letras no alfabeto hebraico, representando as 22 vibrações da voz de Deus quando o Universo foi criado. Vinte e dois tem sido um número escolhido pelos profetas, magos e filósofos para transmitir suas ideias. O Apocalipse de São João, por exemplo, foi escrito em 22 capítulos; Santo Agostinho escreveu *A Cidade de Deus* em 22 volumes; o ocultista Éliphas Lévi dividiu cada volume de sua obra *Dogma e Ritual da Alta Magia* em 22 capítulos; e Aleister Crowley, o mago, também escreveu *Magick in Theory and Practice* em 22 capítulos.

Se o 22 tem presença forte em sua constituição, você é um verdadeiro criador. Dotado de sentimentos profundos, é motivado a transformá-los em algo concreto. Para você, não basta lamentar pelo sofrimento do mundo, você deseja construir um abrigo aos desabrigados ou uma organização que enfrente de modo prático os problemas a resolver. Sua maneira de encarar a vida pode ser calma e sistemática e, se você for prudente, provavelmente a cultivará. Um dia talvez perceba que concretizou algo magnífico. Você tem potencial para realizar grandes obras – como criador, professor e organizador – e pode alcançar enorme sucesso e ser mundialmente admirado. Contudo, o poder em si é neutro; por esse motivo, você é capaz de usar seus talentos para ajudar os menos favorecidos, mas também para tornar-se um empresário magnata ou um criminoso de primeira. Use bem suas habilidades!

Traços positivos:

- Culto
- Idealista pragmático
- Humanitário
- Capaz em muitas esferas e muitos níveis
- Obtém resultados
- Capaz de trabalhar globalmente
- Pode ser visionário e inventivo

Desafios:

- Pode ser voluntarioso e obstinado em excesso
- Sua raiva pode ser muito intensa
- A desilusão pode torná-lo destrutivo
- Pode viver com os nervos no limite
- Pode buscar o poder apenas pelo próprio poder
- Às vezes, pode ser "do contra" apenas para evitar ser "comum"
- Pode ser tentado a cometer alguma transgressão porque não tem tempo para leis insignificantes

Outros Números Mestres

Quanto mais elevados são os números mestres, mais seus significados se tornam obscuros e sutis, de modo que é mais prático reduzir os números a um único algarismo. Apresentamos aqui dois Números Mestres que você talvez considere úteis como parte de um retrato da vida.

Número 33

Você consegue enxergar o quadro geral e se sente profundamente tocado pelas carências de outros. A influência do 3 duplicado faz com que você goste de proporcionar alegria, e o 6 total torna você extremamente compassivo, embora talvez sinta culpa por não dar o bastante ou por dar demais. Tome cuidado para não se iludir com a sua ideia de perfeição, ou você poderá ficar muito deprimido. Busque o aspecto sagrado da vida, mas não se sinta constrangido a viver de acordo com ele. Eis um lema que pode ser útil: "É melhor acender uma vela do que ficar amaldiçoando a escuridão." Se isso puder satisfazê-lo, você terá paz de espírito.

Número 44

Você é excelente em estabelecer bases para que outros construam sobre elas, e seu instinto de sobrevivência equipara-se aos melhores. Sendo responsável e íntegro, você às vezes se cansa de arcar com tantos deveres. Dê a si mesmo tempo para brincar, rir e simplesmente "ficar à toa na vida". Isso é muito importante, pois, do contrário, você pode perder a "faísca" e deixar tudo o que foi conquistado se desfazer em cinzas, desapontando a todos e, especialmente, a você mesmo.

Os números mestres têm significados numerológicos que servem como chave à sua interpretação.

2: Numerologia e Outros Sistemas

Números Esotéricos

Existem vários sistemas além da numerologia que tratam dos significados ocultos da vida. É tentador esperar que esses sistemas sejam perfeitamente integrados. No entanto, embora existam muitas correspondências, há também muitas diferenças. Qual é, portanto, o método "certo"?

A resposta é que os métodos esotéricos constituem uma ajuda à sua intuição e não precisam concordar entre si ou preencher as exigências da lógica. Outros modelos de energias ocultas ao nosso redor têm ligações com a numerologia, mas siga sempre aquilo que achar certo ou útil para você. Essas relações farão mais sentido se você ler antes a "Introdução aos Números", nas páginas 16-67. Contudo, apresentamos aqui, como referência, um guia extremamente resumido das características dos números:

1 iniciação	**4** construção	**7** aprofundamento
2 equilíbrio	**5** conexão	**8** fortalecimento
3 criação	**6** harmonização	**9** discernimento

A astrologia explica os ciclos da vida e expressa a essência de cada um dos números enquanto a roda da vida gira.

No centro do I Ching está o Yin e o Yang – símbolo supremo do equilíbrio cósmico.

Astrologia e Numerologia

Na astrologia existem os 12 signos do Zodíaco e 10 principais corpos celestes a levar em consideração. Existem também os aspectos ou ângulos entre os planetas, os quais se relacionam à numerologia de diversas maneiras.

Signos do Zodíaco

1 ♈ Áries

Este é o primeiro signo do Zodíaco, começando no equinócio da primavera. Áries tem a ver com assertividade e individualidade, e sua correlação com o número 1 é óbvia. Sendo o quarto signo do calendário anual, a realização e os aspectos práticos são enfatizados, embora sejam menos óbvios.

2 ♉ Touro

Segundo signo do Zodíaco, é sensual e passivo e se relaciona com o número 2. Como o quinto signo do calendário anual, a sexualidade de Touro é a do número 5, mas, em geral, não tem a mesma flexibilidade e a urgência de se comunicar.

3 ♊ Gêmeos

Terceiro signo do Zodíaco, é vivaz e comunicativo. A vibração animada do número 3, até certo ponto, tem a ver com o signo de Gêmeos. Como o sexto signo do calendário anual, o geminiano é "voltado para as pessoas" e gosta de cooperar, pelo menos superficialmente, embora algumas das qualidades do 6, como o interesse pela casa e pela beleza, não sejam traços típicos.

4 ♋ Câncer

Quarto signo do Zodíaco. Como amante da estabilidade e da segurança, o número 4 se harmoniza com Câncer, porém é incompatível com a sensibilidade e imaginação do signo. Câncer é o sétimo signo do calendário anual,

e um pouco do mistério e da "privacidade" do número 7 faz parte de suas características.

5 ♌ Leão

Quinto signo do Zodíaco, Leão tem as qualidades expressivas do número 5, mas não sua imprevisibilidade. Sendo o oitavo signo do calendário anual, Leão exibe um desejo de poder, mas nem sempre é prático como o 8.

6 ♍ Virgem

Sexto signo do Zodíaco, Virgem gosta de ajudar e é perfeccionista, porém menos emocional do que a personalidade do 6. Nono no calendário anual, Virgem é mutável e adaptável, porém mais propenso a usar a lógica e a moderação do que a vibração que o 9 poderia sugerir.

7 ♎ Libra

Sétimo signo do Zodíaco, Libra mostra algumas das qualidades analíticas do 7, mas o tato e o charme do signo não são necessariamente um reflexo desse número. Como 10º signo a aparecer no calendário anual, a vibração do 1 influencia Libra, e este signo, ocasionalmente, pode ser obstinado e dominador.

8 ♏ Escorpião

Oitavo signo do Zodíaco, o desejo de poder e realização é frequentemente forte na pessoa nascida sob o signo de Escorpião, embora nem sempre se sinta à vontade em

Cada um dos doze signos do Zodíaco estabelece ligação com os números.

uma posição explícita de liderança. Como o 11º signo do calendário anual, sob a influência do 2 (ver p. 62), manifesta a intuição típica de Escorpião.

9 ♐ Sagitário
Este nono signo do Zodíaco exibe todas as qualidades de ousadia e generosidade do número 9, com o ocasional traço de superioridade. Como o 12º signo no calendário anual, pode irromper nele a alegre disposição do número 3.

10 ♑ Capricórnio
Como 10º signo do Zodíaco, Capricórnio exibe a autossuficiência solitária do 1. Esse traço é reforçado pelo fato de Capricórnio ser o primeiro no calendário anual, trazendo a individualidade e a vontade de enfrentar desafios. No entanto, o pragmatismo de Capricórnio não reflete esse número.

11 ♒ Aquário
O distanciamento de Aquário pode não combinar com sua posição de segundo lugar no calendário anual, que o relaciona ao número 2. Contudo, Aquário costuma ser diplomático e tolerante, colocando-se em último lugar. Sendo o 11º signo do Zodíaco, a influência do 2 se repete. Em Aquário, vemos a atuação do Número Mestre 11, que pode criar grandes expectativas e o desejo de influenciar espiritualmente os outros.

12 ♓ Peixes
O 12º signo do Zodíaco é, além disso, o terceiro do calendário anual, duplicando a influência do 3. O pisciano é animado, generoso, criativo e adora proporcionar alegria aos outros, mas nem sempre exibe a confiança típica do 3 e pode ser confuso e instável.

Numerologia e os Planetas

1 ☉ Sol

O número 1 caracteriza o Sol, principal corpo de luz do sistema solar. O Sol, porém, é uma força integradora, e a personalidade do 1 nem sempre está de acordo com isso.

2 ☽ Lua

Segundo luminar, a Lua se relaciona com o número 2, o Eterno Feminino. Através de seu ciclo e de associações esotéricas – com a Cabala, por exemplo – guarda afinidades com o 9.

3 ☿ Mercúrio
Sendo o planeta da comunicação, 5 é o número mais ajustado a Mercúrio. Mas os numerólogos nem sempre estão de acordo, e alguns o relacionam ao 8 ou ao 3.

Desde os tempos imemoriais, os planetas têm sido numerados de acordo com sua distância da Terra.

4 ♀ Vênus
O número 6 se harmoniza com Vênus, o planeta do amor, embora o 2 e possivelmente o 3 também tenham qualidades venusianas.

5 ♂ Marte
É o planeta da assertividade e da agressividade. Os números 1 e 5 têm associações com Marte. O aspecto guerreiro do 9 também tem um pouco de Marte.

6 ♃ Júpiter
Os modos animados do 3 são jupiterianos, e a expansividade do 9 reflete características desse planeta.

7 ♄ Saturno
Os números 4 e 8, como números do desafio e da maestria, podem ser relacionados a Saturno, regente da disciplina. E, além destes, o número 1, uma vez que Saturno pode ser solitário.

8 ♅ Urano
O imprevisível 5 contém a característica rebelde de Urano.

9 ♆ Netuno
O planeta onírico pode ser visto nas misteriosas ações do 7 e possivelmente na abnegação do 9 e na empatia do 6.

10 ♇ Plutão
O aspecto transformador de Plutão pode ser percebido na compulsão pelo poder do número 8, mas o planeta também tem sido associado ao 0, o grande vazio.

Aspectos Astrológicos

As associações entre os signos do Zodíaco e os números não são claras ou definidas, e o mesmo acontece com os planetas. No entanto, em relação aos *aspectos* – ângulos que os planetas formam entre si – a numerologia e a astrologia se encaixam perfeitamente. Os planetas são demarcados no círculo de 360 graus da carta astral e formam aspectos uns com os outros, que determinam como irão atuar juntos. De acordo com muitos astrólogos, essas relações angulares revelam elementos que fazem parte da definição da personalidade e são fundamentais em outras formas de astrologia, como a *astrologia horária*, de caráter divinatório.

1 ☌ Conjunção

Os planetas estão juntos e operam em uníssono, intensamente focados e talvez com pouca consideração pelo resto da carta astral. Pessoas com fortes conjunções em suas cartas em geral têm as características do número 1.

2 ☍ Oposição

Os planetas estão separados a uma distância de 180 graus, dividindo a esfera em duas partes. Isso pode causar equilíbrio ou ansiedade, indecisão e divisão. Há também uma percepção aguçada da perspectiva do outro, característica típica do número 2.

3 △ Trígono

Os planetas estão separados a uma distância de 120 graus, dividindo o círculo em três partes. Esse é considerado um aspecto feliz e harmonioso, muito criativo, porém existe uma propensão à complacência e excesso de negligência, características do número 3.

4 □ Quadratura

Os planetas estão separados a uma distância de 90 graus, dividindo o círculo em quatro partes. Desafiadoras e muitas vezes causadoras de obstrução, as quadraturas exigem que lidemos com o mundo e podem ser frustrantes e/ou construtivas, como o número 4.

5 Q Quintil

Os planetas estão separados a 72 graus de distância, dividindo o círculo em cinco partes. Esse aspecto está relacionado com talentos, conhecimento e inventividade, refletindo a essência do número 5.

6 ✳ Sextil

Os planetas estão separados a 60 graus de distância, dividindo o círculo em seis partes. Esse é o aspecto "ativo", da ação criativa, repetitiva, refletindo a harmonia e a produtividade da vibração do 6.

7 1/7 Septil

Os planetas estão separados a uma distância de 56 graus e 26 minutos. Essa é uma relação difícil e requer questionamento, criando um agitamento de exploração. É o único número de aspecto pelo qual 360 não é divisível em termos inteiros. Esse aspecto é pouco usado pelos astrólogos e reflete a inacessibilidade e o mistério do 7.

8 △ Semiquadratura

Os planetas estão separados a 45 graus, dividindo o círculo em oito partes. Esse aspecto reflete propósito, produtividade e maestria que resultam na superação de desafios – características do 8.

9 1/9 Novil

Os planetas estão separados a 40 graus de distância, dividindo o círculo em nove partes. Alegria e felicidade surgem como consequência da compreensão e podem se espalhar para o mundo exterior. Espiritualidade e misticismo são prováveis – ambas características do 9. Esse aspecto é pouco usado pelos astrólogos.

Com o avanço do tempo, cada número tem sua vez.

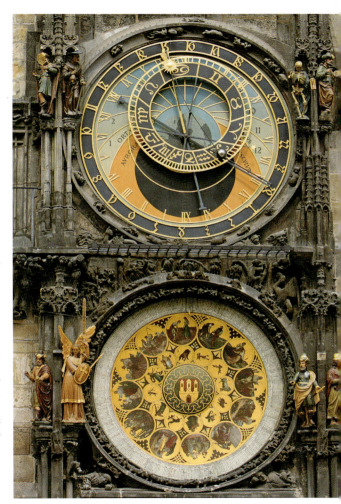

Numerologia e o I Ching

O caminho espiritual chinês chamado Taoismo é um dos mais antigos do mundo. Ele deu origem ao sistema de adivinhação chamado I Ching, que se baseia na relação entre as energias yin e yang e foi inspirado nas marcas encontradas nos cascos das tartarugas.

O sistema foi formalizado por Confúcio no século VI a.C. O I Ching é composto por linhas, quebradas ou contínuas. As linhas contínuas são yang e as linhas quebradas são yin. A combinação de yin e yang é o que dá a um trigrama (arranjo de três linhas) o seu significado. Os oito trigramas acontecem em quatro pares naturais que se complementam mutuamente. As qualidades associadas aos números de 1 a 8 se refletem na interpretação do I Ching. Os números 4 e 8 têm interpretações mais favoráveis e positivas no oráculo. Enquanto as nossas interpretações ocidentais podem ser influenciadas pela nossa tradicional falta de consideração pelo yin – ou aspecto feminino, passivo – as interpretações chinesas são mais equilibradas.

O I Ching é um dos mais respeitáveis e instrutivos sistemas divinatórios.

Os trigramas

O primeiro par é formado por Céu e Terra, yang e yin, fontes da vida.

1 Ch'en – Céu, Firmamento
Realização. Criatividade, lógica, coragem, energia focada, identidade, assertividade, sucesso, autoconfiança.

2 K'un – Terra
Aceitação. Receptividade, consideração, intuição, paciência, docilidade, cuidado. Corpo: estômago, abdômen, útero.

O segundo par refere-se a uma energia difusa, formada por Fogo e Água (ou o Abismal):

3 Li – Fogo
Inspiração. Iluminação, purificação, clareza, comunicação, criatividade.

4 K'an – Água, o Abismal
Sentimento, contato com as emoções, destemor, perigo, dificuldade.

O terceiro par refere-se a movimento:

5 Chen – O Trovão
Regeneração, sementes de vida nova, despertar, surpresa, espontaneidade, sexualidade masculina.

6 Sun – Vento, Madeira
Persistência, progresso suave, mas determinado, adaptabilidade, flexibilidade, persistência, justiça.

O quarto par refere-se à calmaria:

7 Ken – Montanha
Visão, calma, retirada, silêncio, meditação, espiritualidade.

8 Tui – Lago
Segredo, sonhos, psiquismo, magia, prazer, tranquilidade, cura, consolidação.

Numerologia e Feng Shui

O sistema chinês do Feng Shui baseia-se na premissa de que o modo pelo qual os objetos são arranjados em determinado ambiente influencia as condições sutis de trabalho e pode ter efeitos de longo alcance. Os objetos que dispomos ao nosso redor não são meramente "coisas" – eles têm uma essência, uma qualidade simbólica e afetam o fluxo de energia invisível, chamada chi.

A energia chi precisa se mover livremente, mas não de forma demasiadamente agitada. Os espaços têm que ser equilibrados levando-se em consideração "vibrações" em áreas específicas. O conceito de yin e yang está na base do Feng Shui, porém, quando devidamente aplicado, ele é um sistema complexo. "Feng Shui" significa "Vento, Água", e os princípios do Feng Shui provêm dos poderes invisíveis da natureza.

De acordo com os princípios do Feng Shui, o espaço a ser considerado é dividido em nove áreas. Estas correspondem às oito direções da bússola e a um ponto central, representados em um diagrama de oito ângulos chamado *Ba-guá*, que exibe oito segmentos iguais e o nono espaço no centro, exibindo o símbolo yin/yang. O Ba-guá é transferido para o *Lo Shu*, ou "quadrado mágico", com nove segmentos. Cada segmento é numerado de modo que, acrescentando números em qualquer direção – para cima, para baixo ou diagonalmente – você chega ao número 15. Esse é um dos quadrados mágicos mais antigos. Ele aparece na tradição ocidental como o Quadrado de Saturno – assim chamado porque Saturno é relacionado à terceira Sephirah da Árvore da Vida cabalística, e esse quadrado mágico contém *três* fileiras de *três* figuras. Cada um dos nove segmentos do Ba-guá, ou Lo Shu, é associado a uma área da vida, provendo com isso um plano de acesso às características do espaço e como ele afeta seus ocupantes. O Segmento 1, na base do centro do diagrama, tem relação com carreira e sucesso, aparecendo no norte. À sua esquerda, no nordeste, está o Segmento 8, relacionado ao conhecimento e à eficiência. Contornando o Ba-guá em sentido horário, chegamos ao leste e ao Segmento 3, que tem relação com a família. O Segmento 4 aparece no sudeste e significa riqueza. Ao sul está o Segmento 9, significando fama e reputação. O sudoeste é ocupado pelo Segmento 2, que tem a ver com relacionamentos e casamento. O Segmento 7 está no oeste e se relaciona com descendência. Completando o círculo, no noroeste está o Segmento 6, área dos amigos e colaboradores. No centro está o Segmento 5, o

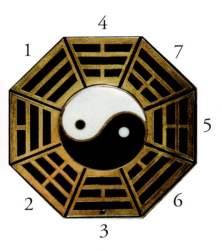

O Ba-guá é um poderoso instrumento mágico e funciona como restaurador da harmonia.

Tai Chi ou Potencial Supremo. No entanto, é preciso acrescentar que os significados dos segmentos variam de acordo com diferentes fontes.

Se você puser o Ba-guá sobre um diagrama de sua casa, poderá ver o que deve ser modificado em cada lugar. Será possível, por exemplo, localizar o segmento do seu "casamento". Se as coisas não andam bem em seus relacionamentos, talvez você queira examinar essa área. Observar se ela está atravancada e bagunçada ou desobstruída e vazia. Você pode alterar imediatamente o Feng Shui, rearranjando esse importante setor. A alteração repercutirá imediatamente em sua vida. Contudo, os profissionais de Feng Shui têm diferentes maneiras de usar o Ba-guá – como, por exemplo, em vez de alinhar o Segmento 1 com o norte, posicioná-lo de forma que possa coincidir com a porta da frente, significando que ao entrar em sua casa você entrará no Segmento 1, a área do sucesso. Sua área da prosperidade, então, será localizada na extremidade esquerda; a de seus relacionamentos, na extremidade direita, e assim por diante. Uma versão em miniatura disso pode ser aplicada também em um compartimento e até mesmo em uma escrivaninha. Eu descobri que esse sistema funciona muito bem.

É muito fácil ver como as nove partes ou segmentos se alinham com a numerologia. O prático 4 tem relação com a prosperidade, e o magnânimo 9, com a fama; o eficiente 8 anda junto com o conhecimento, e o 6 é amante da harmonia com os amigos. Talvez menos óbvia seja a relação do 7 com a descendência (filhos); porém, o 7 possibilita mudanças mágicas no mundo, e não existe nada mais mágico do que uma criança. "Descendência" também pode ter relação com as coisas singulares criadas por nós, quando usamos a nossa inventividade e imaginação. O animado 3 se relaciona com a família e nela se incluem todas as pessoas e coisas que dão brilho à vida. No centro, temos o 5, número das conexões e comunicações – o Segmento 5 faz limite com todos os outros segmentos e, no sistema chinês, está relacionado com o equilíbrio, por ser o número que fica no meio do caminho entre o 1 e o 9.

Uma vez que tenha entendido a ideia geral do Feng Shui, você pode começar a fazer experiências. É extremamente importante não começar com grandes mudanças ou esperando resultados imediatos, pois talvez demore muitas semanas ou até meses para que elas aconteçam. Também é importante lembrar o ditado "Não se mexe com time que está ganhando" no que diz respeito à aplicação do Feng Shui. Pode ser tentadora a ideia de rearranjar cada área de sua vida, mas, ao fazer isso, só provocará transtornos; o Feng Shui deve ser voltado, cuidadosamente, a um alvo específico.

Você pode usar o Feng Shui para equilibrar sua personalidade. Por exemplo, se você precisa das características pragmáticas do 4, surpreenda-se ao desobstruir a extremidade esquerda do ambiente, no Segmento 4, sua área da prosperidade. Coloque ali algumas moedas ou uma planta do tipo "árvore do dinheiro". Se o 2 está ausente e os seus relacionamentos não andam para a frente, faça uma limpeza no Segmento 2, na extremidade direita, e coloque ali pares de objetos, como, por exemplo, dois pombos, dois ursinhos de pelúcia ou qualquer outra coisa de sua preferência. Se o 1 está ausente e parece que você não tem muito ímpeto, providencie que a sua entrada seja desobstruída no Segmento 1; assim, ao entrar pela porta da frente, você terá a sensação de fluir suavemente com o sucesso. Se você quer filhos ou deseja

O Feng Shui é um sistema prático, que se utiliza das energias para melhorar o ambiente.

explorar os mistérios da vida e realizar transformações, coloque uma espiga de trigo no Segmento 7, à sua direita. Família e alegria podem ser impulsionadas com a presença de uma lâmpada à esquerda, no Segmento 3; conhecimento e poder podem ser aumentados colocando livros e troféus na parte direita mais próxima do Segmento 8, enquanto o Segmento 9, diretamente à frente, pode ser um bom lugar para um símbolo do sucesso, como o Sol. Coloque presentes de amigos no Segmento 6, à direita de sua entrada. O Segmento 5, no centro, pode ser um bom lugar para colocar o computador.

Qualquer número que esteja faltando pode ser introduzido em sua vida por meio do Feng Shui. Você pode brincar com ideias e introduzir pequenas mudanças para ver como funcionam. Se você não consegue pensar em nada apropriado, posicionar um cristal em um segmento costuma ser uma boa maneira de melhorá-lo. Fique na porta de entrada e imagine que você é a força

vital ou chi – por onde fluiria livremente? Onde você ficaria paralisado ou andaria com pressa demais? Você pode fazer ajustes, e isso é especialmente importante caso os problemas aconteçam em áreas correspondentes a um número que falta para você. Lâmpadas, sininhos que tilintam quando o vento bate, plantas e ornamentos: todos podem ser usados. É claro que a maioria das casas não tem o formato quadrado e alguns segmentos talvez pareçam ausentes – por exemplo, se sua casa tem a forma de um L. Invoque as energias da parte que falta, colocando artefatos apropriados perto de onde deveriam estar – isso é especialmente importante quando faltam as energias do número correspondente.

Examine também se seus ciclos pessoais (ver pp. 318-55) estão em harmonia com o número de seu atual Ciclo Pessoal. Se você está passando por um Ano 1, por exemplo, é particularmente importante que seu Segmento 1, ou ponto de entrada, esteja devidamente desobstruído, para tirar mais proveito das potencialidades. Se você está num Ciclo 2, torna-se mais importante dar atenção ao segmento que diz respeito aos relacionamentos, e assim por diante. Considerações práticas obviamente restringem suas escolhas sobre o lugar a ser ocupado, porém, com um pouco de inventividade, você pode mudar as energias de qualquer espaço e, de uma maneira dinâmica e com a ajuda do Feng Shui, trazer alguns princípios numerológicos para a sua vida.

Numerologia e o Tarô

Ler as cartas do Tarô é um antigo sistema divinatório, e muitas pessoas acreditam que ele pode oferecer ao estudante as chaves de uma percepção mais profunda. O Tarô tem diversas conexões com a Numerologia. O baralho de cartas é dividido em dois grupos: *Arcanos Maiores* e *Arcanos Menores*.

O Arcano Maior é um conjunto de 22 símbolos que representam os temas mais importantes da vida; 22 é um Número Mestre, que estabelece os fundamentos para as metas coletivas. Cada uma das cartas do Arcano Maior é numerada da seguinte maneira:

0 O Louco
Possibilidades ilimitadas ou potenciais tomados como óbvios ou usados indevidamente.

2 A Sacerdotisa
Sabedoria e intuição – as emoções podem te desviar do caminho.

1 O Mago
Vontade, iniciativa, ideias criativas – nada é 100% seguro.

3 A Imperatriz
Alegria e realização.

4 O Imperador
Sabedoria adquirida pela experiência, a necessidade de viver o presente e superar os medos.

7 O Carro
Lições das forças da natureza aprofundando a consciência.

5 O Hierofante
Ser capaz de apreciar a ampla variedade das experiências de vida.

8 A Força
A resistência emprega enorme quantidade de energia, seguir a corrente traz poder.

6 Os Enamorados
Amor, intimidade, escolha.

9 O Eremita
Estar só é produtivo, porém o ânimo e a interação trazem a possibilidade de animar os outros e ser animado.

NUMEROLOGIA E O TARÔ

10/1 A Roda da Fortuna
Renascimento e possível recomeço.

13/4 A Morte
A realidade da vida envolve a morte, mas esta carta significa transformação – a mudança é a única coisa constante na vida.

11/2 A Justiça
Avaliação sobre o que é certo para você e para os outros.

14/5 A Temperança
Abandonar os limites autoimpostos e aprender as lições da vida que conduzem ao equilíbrio.

12/3 O Enforcado
Hesitação e resistência anunciam o avanço, espera-se que para maior satisfação.

15/6 O Diabo
O materialismo e o deslumbramento podem escravizar você. Os medos são produzidos por você mesmo.

16/7
A Torre
Sublevação, mudança profunda que leva à revelação da verdade interior.

19/1
O Sol
Vitalidade, sucesso, realização, maestria.

17/8
A Estrela
Bênçãos espirituais, realização de metas, esperança, surpresa, poder interior.

20/2
O Julgamento
A importância da autoconsciência, atenção, equidade, equilíbrio, desprendimento.

18/9
A Lua
Possível ilusão, forças sutis e invisíveis, a alma, imaginação.

21/3
O Mundo
Realização, tarefa bem cumprida, visão mais ampla, potenciais.

O Arcano Menor forma um baralho de 56 cartas, cujo número se reduz a 11/2 e tem relação com elevação e potencial para o equilíbrio. Os números 11 e 22 são ambos Números Mestres, convidando você a olhar para o quadro mais amplo. O Arcano Menor é composto de quatro naipes: Paus, Ouros, Espadas e Copas, relacionados, respectivamente, ao Fogo, à Terra, ao Ar e à Água. O 4 tem relação com a construção de bases

Copas

Ouros

Espadas

Paus

existenciais, e o tema do "4" se repete no fato de que cada naipe tem quatro "cartas referentes à realeza" – Rei, Rainha, Cavaleiro e Valete.

As cores das cartas do Tarô representam temas arquetípicos.

NUMEROLOGIA E O TARÔ

Numerologia e a Cabala

A Cabala é uma ramificação da doutrina mística hebraica que tem sido utilizada por muitos reconhecidos ocultistas do Ocidente, como Éliphas Lévi, Aleister Crowley e MacGregor Mathers. A Cabala é profunda e sutil, e sua compreensão requer muitos anos de estudo dedicado; não dá para escrever seus verdadeiros significados, mas apenas entendê-los pela intuição e pela experiência.

Um conceito central da Cabala é *Ets Chayyim*, ou Árvore da Vida. A Árvore da Vida é também o corpo do Homem Cósmico, Adão Kadmon, e é representada pelo *menorah* judaico ou candelabro de sete braços. Efetivamente, é um "diagrama da manifestação", começando pelo espírito mais puro e chegando à matéria mais densa. Na jornada do espírito à matéria, existem diferentes "categorias de ser", e estas são representadas pelas 10 esferas ou Sephiroth. Considera-se que os Sephiroth tenham se manifestado em uma ordem fixa, representada pelo Caminho da Luz Resplandecente, que determina o número atribuído a cada um. Cada um dos Sephiroth tem correspondências ou conexões mágicas que podem ser usadas em rituais e se vinculam a caminhos explorados em visualizações.

Existem 22 caminhos relacionados aos Sephiroth. Eles correspondem às cartas do Arcano Maior do Tarô (ver pp. 86-9). Os significados das cartas dizem respeito aos tipos de experiência a serem confrontados pelo explorador e à sabedoria que pode ser adquirida. As cartas menores também estão ligadas à Árvore – todas as lâminas dos Ases, por exemplo, pertencem à esfera de Kether; todos os 2 pertencem à de Chokmah, e assim por diante. Além do mais, todos os Cavaleiros são da esfera de Chokmah, todas as Rainhas são da esfera de Binah, todos os Reis são da esfera de Tiphereth e todos os Valetes são da esfera de Malkhut.

Você pode ver que as características dos números (ver pp. 20-59) não correspondem exatamente aos números dos Sephiroth. O 2, por exemplo, é o número da relação e do Eterno Feminino, o qual não combina bem com a imagem do Pai Celeste. A sequência é comparada melhor quando consideramos Kether como o Grande Zero, a infinidade de potenciais; Chokmah torna-se então o 1, o Iniciador; Binah, o 2, o potencial para a Geração; Chesed torna-se o 3, criatividade e inspiração; Geburah o 4, força; Tiphereth o 5, possibilidades e descobertas; Netzah o 6, arte e comunidade; Hod, o 7, conhecimento e estruturas ocultas; Iesod, o 8, poder e organização seguindo os padrões e o destino; Malkhut, o 9, culminação verdadeira. Entretanto, continuam a existir grandes problemas nessas associações – o 4 não corresponde ao aspecto demolidor de Geburah, apesar de algumas associações antigas entre o 4 e a negatividade e a má sorte. O 9, como um dos números menos materialistas, é questionável como Malkhut, e assim por diante. Outra correlação pode ser usar Malkhut como 1, o ponto de partida; Iesod, 2, reflexão e intuição; Hod, 3, o potencial criativo do conhecimento; Netzah, 4, os frutos sensíveis dos talentos práticos; Tiphereth, 5, muitos potenciais. O caminho levaria então a Chesed, a harmonia e o idealismo do 6, passando por Geburah, que poderia ser visto como destruidor com a profunda capacidade analítica do 7. Binah vestiria o manto do 8 – o poder do pragmatismo e da mão do destino; e Chokmah se tornaria o 9, o ápice e dispensador de conhecimentos. Outras relações podem ser estabelecidas se você estiver disposto a brincar com ideias.

Essas associações não correspondem de forma alguma às interpretações clássicas, e seriam, sem sombra de dúvida, consideradas sacrilégio pelos cabalistas. A Cabala é um assunto para ser estudado em profundidade, e uma das lições apresentadas aqui é que a essência das coisas precisa ser explorada de modo aberto, investigando possibilidades. Quando você olha para os números em determinado nível energético, avança de temas como relacionamentos e carreira para domínios muito mais sutis. Explorar a Cabala em toda a sua profundidade pode ser tarefa de uma vida toda.

A Cabala é usada há muito tempo em práticas de magia e exploração interior.

O Sephiroth

Cada Sephirah tem um número cujo significado é considerado da seguinte maneira:

1 Kether
A Coroa, a existência mais pura. O Cosmos.

2 Chokmah
Sabedoria. O Pai Divino. Energia sem forma – o grande fertilizador. O Zodíaco.

3 Binah
Discernimento. A Mãe Divina. As raízes da forma. Saturno.

4 Chesed
Misericórdia. O Preservador. Organização e inspiração. Júpiter.

5 Geburah
Resistência e rigor. Força, catabolismo, destruição necessária. Marte.

6 Tiphareth
Beleza. A individualidade. O Sol.

7 Netzach
Vitória. Intuição, artes, dança, emoções. Vênus.

8 Hod
Glória. Intelecto, função lógica. Mercúrio.

9 Yesod
Fundamento. Imagens, o maquinismo do Universo. A Lua.

10 Malkuth
Reino. Manifestação física. A Terra.

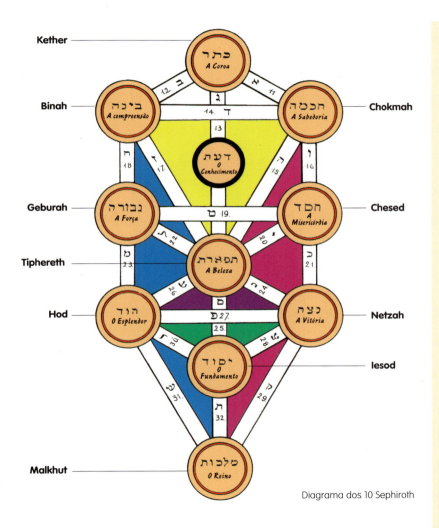

Diagrama dos 10 Sephiroth

O SEPHIROTH

3: As Cinco Fórmulas

Cada um de nós tem em sua formação determinadas "vibrações" numéricas em combinações específicas, às quais chegamos por meio dos cálculos das diferentes fórmulas apresentadas neste capítulo. Os números resultantes são: o Número da Personalidade, o Número do Caminho da Vida, o Número da Alma, o Número do Destino e o Número do Aqui-e-Agora.

Introdução às Fórmulas

Os números estão por toda parte à nossa volta, em nossas vidas e em nossas ações. Alguns deles são evidentes e outros, mais ocultos. Alguns números são mais importantes do que outros, porque estão conosco o tempo todo. Eles influenciam nosso caráter e nosso destino, através de suas vibrações especiais. O conhecimento desses números pode nos ajudar a conhecer a nós mesmos, a dirigir nossa vida e a tirar o melhor proveito dos nossos recursos.

Existem cinco números principais que levamos conosco por toda a vida. Alguns são imutáveis; outros podem mudar – ou porque planejamos ou porque simplesmente acontece. São estes:

- Número da Personalidade
- Número do Caminho da Vida
- Número da Alma
- Número do Destino
- Número do Aqui-e-Agora

Eles podem ter diferentes nomes, atribuídos por diferentes numerólogos, porém agregam a mesma influência descrita aqui.

Ao calcular um de seus números, sempre some até convertê-lo em um só algarismo, ou até resultar em 11 ou 22 – Números Mestres (ver pp. 60-7) –, que contêm tanto a qualidade do número do algarismo resultante de sua soma (respectivamente, 2 e 4) como "algo" extra, que às vezes pode vir à tona com um esforço a mais.

Número da Personalidade
Esse número corresponde ao dia em que você nasceu.

Os números da sequência 1-9 falam por si mesmos.

Para os números acima do 9, some seus algarismos – por exemplo, se você nasceu no dia 10, proceda da seguinte maneira:

$$10=1+0=1.$$

Portanto, 1 é o Número de sua Personalidade.

Outro exemplo, para quem nasceu no dia 28:

$$28=2+8=10, 1+0=1.$$

Portanto, o 28 também se torna 1.

O Número da Personalidade nunca muda. Você o leva consigo por toda a vida, e é um número totalmente evidente, que aparece em muitos documentos. Esse número é uma expressão de sua personalidade exterior, a maneira pela qual você se apresenta ao mundo e a impressão que você causa. Apesar de ir fundo, permeando todas as suas experiências e tudo que você faz, também está na superfície. Ele faz uma afirmação a seu respeito. É comum que o Número da Personalidade de uma pessoa represente uma das coisas mais óbvias que alguém nota a respeito dela quando a encontra pela primeira vez.

Número do Caminho da Vida

Esse número é o resultado da soma de todos os algarismos presentes na data de seu nascimento.

Por exemplo, se você nasceu no dia 26 de outubro de 1972, você deve proceder da seguinte maneira:

2+6+1+0+1+9+7+2=28, 2+8=10, 1+0=1.

Portanto, o seu Número do Caminho da Vida é 1.

O Número do Caminho da Vida também é algo que não muda. Ele tem a ver com o caminho no qual você se encontra, suas tarefas e formas de desenvolvimento pessoal. Quando você conhece um pouco melhor uma pessoa, a direção que ela toma, ou escolhe, essa vibração se torna mais evidente.

O Número do Caminho da Vida é imutável e, de certa forma, é ligado ao espírito.

Número da Alma

Esse número é o resultado da soma das vogais contidas em seu nome, as quais constituem a expressão máxima de sua essência.

No caso de Jane Mary Jones, temos:

$$A+E+A+Y+O+E$$

$$1+5+1+7+6+5=25, 2+5=7$$

O Número da Alma, portanto, é 7.

Observe que o Y às vezes é uma vogal e outras vezes, uma consoante: o Y em "Mary" é considerado vogal, mas o Y de "yellow" é considerado consoante. O W também pode ser contado como vogal em certos lugares: o "cwm" galês é um exemplo disso.

O seu Número da Alma tem a ver com seus instintos e sentimentos e pode se relacionar também aos grupos com os quais você entra em contato no nível cultural e intuitivo. Esse número talvez não seja muito evidente no início, e as pessoas que passam a conhecer você melhor, tomam consciência aos poucos desse seu eu mais profundo, dos seus valores – na realidade, podem chegar a perceber esse número melhor do que você mesmo, de tão natural que ele é para você. O seu Número da Alma representa seus sonhos e anseios e, até mesmo, o propósito de sua vida.

Número do Destino

Esse número é o resultado da conversão em número de cada letra presente em seu nome completo (conforme ele consta em sua certidão de nascimento).

As letras são numeradas de 1 a 9 e, em seguida, a marcação recomeça no 1:

1	2	3	4	5	6	7	8	9
A	B	C	D	E	F	G	H	I
J	K	L	M	N	O	P	Q	R
S	T	U	V	W	X	Y	Z	

(No antigo alfabeto hebraico, as letras também serviam como números, e alguns numerólogos aproximam as antigas letras hebraicas das letras modernas. Esse sistema não é tão claro – ver página 13. Se quiser, você pode usá-lo, mas nós somos criaturas do século XXI e, apesar do nosso alfabeto não ter as mesmas conotações esotéricas, é com ele que nós trabalhamos em nossas vidas.)

Eis um exemplo:

J A N E   M A R Y   J O N E S

$$1+1+5+5+4+1+9+7+1+6+5+5+1=51, \; 5+1=6$$

O Número do Destino de Jane Mary Jones é 6.

Esse número tem relação com a herança familiar, com as expectativas depositadas em você e com aquelas que você tem a respeito de si mesmo. Ele reflete o seu caminho nesta vida de uma maneira mais sutil; diz menos sobre o que você cria e mais sobre aquilo que você aprende. Você pode mudar seu nome, por decisão própria ou em virtude de um casamento, e isso terá um efeito sobre o seu destino, que irá se sobrepor ao número original e poderá até se tornar mais importante. Contudo, o Número do Destino permanece o mesmo. Se você mudar seu nome, considere todos os números relevantes.

Número do Aqui-e-Agora

Esse número resulta de seu nome de batismo, apelido e/ou o nome pelo qual você geralmente é chamado pelos amigos, familiares e colegas. Ele contém uma "vibração" muito importante, porque você ouve esse som muitas vezes por dia. Você pode ter mais de um Número do Aqui-e-Agora em diferentes situações. Esse número tem bastante poder e é muito evidente, mas não tem muita profundidade. Ele revela como você é visto em um nível imediato e também a imagem que você deseja projetar. É como uma forte onda que atravessa a superfície de sua vida deixando as profundezas intocadas. Esse número é o mais fácil de mudar. Se você quiser transformar seu perfil numerológico, pode começar com um apelido diferente em um novo grupo de amigos e ver o que acontece.

Perfil Numerológico

Quando terminar de somar todos os seus números, pode ver de que modo é constituído e ter alguma ideia dos potenciais conflitos e aspectos harmoniosos em seu interior. Todos nós somos criaturas complexas, e, embora a presença de vários números iguais provoque maior impacto, sua experiência será mais rica com números variados. Nunca veja a si mesmo como vítima passiva de seus números – você pode tirar o melhor proveito do que foi dado, e, em cada um dos capítulos a seguir, há pistas para realizar isso.

Seu perfil numerológico começa no nascimento e continua com o nome que você recebe.

INTRODUÇÃO ÀS FÓRMULAS

1 como Número da Personalidade

Onde quer que esteja e onde quer que vá, você precisa causar impacto. Talvez goste de se vestir de uma maneira que chame a atenção, de falar e conversar em voz alta ou de dizer aos outros o que deve ser feito. Uma coisa é certa, ninguém manda em você, e quem tentar se arrependerá de ter nascido. Se você tiver em sua constituição forte presença de números mais maleáveis, como 2 ou 6, às vezes se sentirá pouco à vontade quando se deparar com situações desse tipo, mas quem se importa? A pior coisa que poderia acontecer seria se sentir reprimido, ignorado ou criticado.

Apesar de querer sempre impressionar, fazer acontecer, você não é necessariamente um líder – não quer se dar ao trabalho de gerenciar outras pessoas. Mesmo

Dicas

- No final de cada dia, conte sempre o que *você fez*, para se sentir realizado
- Coloque suas pequenas conquistas no currículo para sentir que está andando para a frente – isso dará coragem para enfrentar as tarefas que exigem mais tempo
- Procure fazer regularmente algo novo, a cada dia ou cada semana
- Não tente ser diferente – sua individualidade natural brilha mais quando você está relaxado

adorando ser aplaudido, se sente mais à vontade fazendo as suas coisas. Considerar os outros restringe sua expressão e pode até mesmo fazer com que você entre em pânico ou se sinta confuso. Você deseja sentir que deu uma contribuição importante e ajudou alguma pessoa ou causa, mas em seguida passa ao desafio seguinte. Você talvez seja viciado em conquista, sempre em busca do "conserto" seguinte, pois julga que algo feito é algo superado, e assim por diante.

As pessoas veem você como o supremo individualista, e você passa a imagem de ser alguém confiante e determinado. No entanto, nem sempre se sente assim e, se atacado, se sente vazio e vacilante. Para compensar, você pode agir com arrogância e até com um pouco de agressividade. Tente

Expressar sua personalidade 1 pode fazer com que você seja notado e respeitado.

1 COMO NÚMERO DA PERSONALIDADE

evitar isso – para não dissipar suas energias e ficar insatisfeito em muitos sentidos.

Você tem uma forte consciência da própria individualidade e também tem foco e determinação. Odeia ter que andar mais devagar e lidar com minúcias o deixa louco. É importante entender que o tempo dedicado a separar empecilhos e detalhes é bem usado, mesmo que não resulte em nada de concreto ou cause impressão que o justifique, as horas investidas fazem parte do processo de chegar a algum lugar – o que você, sem dúvida, acabará fazendo.

As pessoas com Número de Personalidade 1 muitas vezes trabalham muito duro, competindo consigo mesmas.

1 como Número do Caminho de Vida

Provavelmente, você tem plena consciência de que suas conquistas e fracassos dependem de seus esforços. Não necessariamente porque não haja ninguém para ajudá-lo ou porque não confie em ninguém. Mas simplesmente por saber, no fundo, que não será a pessoa que deseja e precisa ser se não o fizer por conta própria. Isso não quer dizer que você faz *tudo* sozinho. Existem tarefas e atividades que estão fora de suas capacidades, e você se sente feliz em passá-las adiante.

Você pode ser incrivelmente obstinado e focado, o que significa que é capaz de conseguir realizações tão impressionantes que deixam os outros de queixo caído. Tendo o 1 como Número do Caminho de Vida, certamente você alcançará sucessos substanciais. No entanto, talvez existam pontos cegos. São as coisas das quais se esquece totalmente e surgem em momentos inconvenientes para perturbá-lo. Em outras ocasiões, o que pode passar a rasteira em você é certo grau de ingenuidade.

Você supõe que os outros realizam as próprias tarefas da mesma maneira dedicada que faria – e talvez seja um choque descobrir que alguém simplesmente não fez o que deveria. Por um momento, você poderá ficar totalmente paralisado, vendo tudo ruir ao seu redor. Com muita frequência, sua vida pode desmoronar, ou parecer que desmorona – porém, como a Fênix, você sempre se ergue das cinzas e voa em direção ao céu, deixando uma trilha de faíscas por onde passa.

Coisas a fazer

- Fazer uma lista do que você pretende realizar a cada dia e deixar para o dia seguinte tudo que não deu para terminar
- Conscientemente estabelecer metas elevadas e observar progressos
- Tomar nota de seus erros – eles são oportunidades fantásticas de aprendizado

Pessoas famosas

- George Washington 22.2.1732
- Florence Nightingale 12.5.1820
- George Clooney 6.5.1961
- Tiger Woods 30.12.1975

É importante que você escolha um caminho de vida que permita deixar sua marca de maneira singular. Seja corajoso. É melhor ser um peixe grande em uma lagoa pequena do que perder a autoimagem em um grande lago repleto de peixes grandes. Você precisa sempre almejar resultados. Ignore quem o aconselha a relaxar – você não consegue deixar que as coisas sigam o próprio curso se não tiver uma sensação de que algo será realizado. No entanto, precisa garantir que não está se desgastando demais, e uma maneira de conseguir isso é colocar "equilíbrio e descanso apropriado" entre as suas metas.

Com o 1 como Número do Caminho de Vida você só se sente "bem" quando deixa sua marca.

1 como Número da Alma

Seu eu interior sussurra em seus ouvidos os desejos de solidão e independência, e, em seu íntimo, você anseia pelas horas em que poderá ficar sozinho. Talvez sinta um pouco de vergonha por isso, em parte porque tem muita dificuldade de comunicar esses sentimentos a qualquer outra pessoa. No fim das contas, você precisará aceitar que para os outros é difícil entendê-lo e não há nenhuma razão para que isso não seja assim. Quando entender que a questão diz respeito a satisfazer as próprias exigências e viver bem consigo mesmo, sentirá a verdadeira liberdade que tanto anseia.

Contudo, viver sozinho não significa ficar sonhando ou meditando, significa ter a oportunidade de agir, totalmente livre das influências ou expectativas de outros. Buscar a paz talvez não seja sua prioridade – você consegue se sentir independente no meio de uma multidão, desde que as pessoas o deixem na sua. Você procura "o caminho menos trilhado" e se sente realizado quando outras pessoas o seguem – não por

necessidade da companhia delas, mas por significar que desbravou um caminho importante. Você anseia criar algo totalmente novo e só encontrará a paz quando der uma contribuição original, mesmo que seja pequena, apesar de ter grandes ambições.

A urgência de alcançar a individualidade é muito forte em seu interior, e ela precisa encontrar uma forma positiva para se ex-

Mantras e imagens

- Meu caminho ou a autoestrada
- Eu brilho como o sol ao meio-dia
- Eu sei cuidar de mim mesmo, e faço isso muito bem
- Minha criatividade circula em um fluxo constante
- Não há limites para a grandeza de minhas ideias
- A vida é simples
- A jornada de mil quilômetros começa com o primeiro passo

A simplicidade da natureza é imensamente inspiradora para a alma do Um.

pressar, antes que você inconscientemente comece a sabotar tanto as suas coisas como as coisas de outros. Você pode se irritar muito se for perturbado. Pode insistir em fazer sozinho algo que realmente precise de duas ou mais pessoas, por segurança ou pela necessidade de ampliar a eficácia. Pergunte a si mesmo o que está tentando provar. Se estiver acontecendo algo do tipo, está desperdiçando tempo e energia que poderiam ser usados para trazer a satisfação da genuína criatividade. Do ponto de vista emocional, é bastante autossuficiente e pode se mostrar um bocado exigente nas relações, porque, muitas vezes, o controle assume mais importância do que a intimidade. Na verdade, você não tem a mesma carência de amor da maioria das pessoas, e isso não é motivo para se envergonhar. Você é sempre justo e leal, além de ser alguém com quem se pode contar.

1 como Número do Destino

Você tem o dom da visão – não necessariamente no sentido de vidência, mas da capacidade de visualizar metas para o futuro e ver a maneira de alcançá-las. Os outros percebem isso e muitas vezes buscam em você uma liderança. Você pode assumir esse papel e, de fato, em geral se sente à vontade nele. No entanto, não gosta nada de gerenciar outras pessoas e, às vezes, chega a sentir as expectativas alheias como um fardo pesado a carregar. Assumir a liderança, contudo, talvez pareça o menor dos males, porque se há uma coisa que você absolutamente não quer é seguir outra pessoa.

Em sua família, você foi – e ainda é – considerado singular ou excepcional de alguma maneira. Quando pequeno, você pode ter sido apontado por algum talento especial, e muitas expectativas podem ter sido depositadas em você. Talvez tenha sentido que, de algum modo, era um dever seu redimir toda a família, ou, pelo menos, dar ao mundo um bom exemplo. Desde muito jovem, deve ter recebido a atribuição de muita responsabilidade e independência. Talvez tenha se sentido sempre sozinho, por mais apoio que recebesse, e possivelmente incompreendido também.

Para você, há mais de uma trilha possível. Você pode muito bem se rebelar e impor o próprio caminho, determinado a não seguir os desejos de ninguém. Por outro lado, também pode seguir o caminho que esperam de você, com a obstinação de ser o mais brilhante, o primeiro e o melhor. Pare e reflita sobre o que é mais apropriado para você –

a rebeldia em si mesma é contraprodutiva; seguir um curso pré-estabelecido pode ser frustrante. É melhor usar sua visão abrangente e escolher um percurso que traga profunda satisfação e prove que realmente não se importa com o que qualquer um diz ou pensa.

Lições a aprender

- Ser realmente único significa se medir por somente um critério – o seu
- Incorporar outras pessoas em sua visão e ser paciente – as discussões só irão servir para detê-lo
- Se o que você começou vale a pena, trate de ir até o fim

Tendo o 1 como Número do Destino, sua força deve ter sido frisada desde muito cedo.

1 COMO NÚMERO DO DESTINO

1 como Número do Aqui-e-Agora

Às vezes, você se pergunta por que é sempre escolhido. Se a comida é ruim, por que é você que precisa reclamar ao dono do restaurante? Um gatinho ficou preso no alto de uma árvore, e quem deve subir nela para resgatá-lo? Toda vez que acontece uma situação incomum ou assustadora, seus amigos parecem esperar que você tire cada um do apuro ou proponha uma solução agradável. Na maioria das vezes, você responde de forma brilhante, porém muitas vezes preferiria não ter de fazê-lo.

Faça funcionar a seu favor

- Não há necessidade de se levar tão a sério – as pessoas ficarão impressionadas se você rir de si mesmo
- Faça um esforço para escutar os outros – investindo esse tempo, você não perderá nada que seja fundamental
- Concentre-se em metas específicas a curto prazo; dessa maneira, você alcançará destaque com o mínimo de esforço
- Tire proveito de suas vantagens – as coisas podem ser mais fáceis do que você supõe

Você adora se sobressair da multidão e, muitas vezes, dá o melhor de si só para ser um pouquinho diferente. Você age um pouco como se fosse uma celebridade máxima e, quando consegue, sente orgulho disso. Você é competitivo – lembre-se que não precisa ser o melhor em tudo, mas deve haver uma ou duas coisas que você faz melhor do que ninguém –; se não dá para se sobressair, prefere não tentar. Nessas ocasiões, pode ficar bastante chateado.

Embora tenha mais holofotes do que a parte que caberia a você, provavelmente não tem muitos amigos próximos. Qualquer amigo de verdade é muito importante para você, pois representa alguém pronto a aceitar sua fachada durona e exigente e ver quem você realmente é por trás dela. Dependendo dos outros números presentes em sua constituição, talvez não seja nem de longe tão confiante quanto parece. Ter o 1 como Número do Aqui-e-Agora pode ser muito difícil, pois traz isolamento em ocasiões em que não é o que você deseja. Apesar disso, as pessoas ficam atentas quando você está por perto, porque geralmente haverá algo interessante em andamento, e assim as coisas avançam.

Com o 1 como Número do Aqui-e-Agora, você jamais será somente um rosto na multidão.

2 como Número da Personalidade

Quem é que está sempre fazendo de tudo para deixar as pessoas à vontade, providenciando nos bastidores para que tudo seja organizado para proporcionar conforto e eficiência? Provavelmente é alguém com o 2 como Número da Personalidade, cuja missão na vida é espalhar um pouco de felicidade ou, caso não consiga, pelo menos um pouco de satisfação. Se seus amigos começam a discordar em alguma coisa, é você quem intervém e habilmente faz com que um aprecie o ponto de vista do outro.

Se você realmente está na melhor forma, sua intuição irá adverti-lo a respeito de problemas no horizonte, e você poderá interromper o avanço das desavenças, mudando de assunto ou criando alguma distração. Apesar de detestar a agressividade, é bom em situações nas quais seu talento apaziguador é chamado a agir – de fato, ser necessário é o que mais importa a você e, ocasionalmente, pode beirar o servilismo em seus esforços para agradar.

É bem provável que seja conhecido em seu círculo de amizades pela fantástica capacidade de oferecer conforto a alguém em situação difícil. Quando a vida de algum amigo desmorona, é no seu ombro que ele vem chorar. Você frequentemente deve achar que é aquela pessoa a quem ligam no meio da noite, mas nem sempre recebe o reconhecimento que merece, porque está sempre disponível. Sua capacidade de aceitar as fraquezas de seus amigos parece não

ter limites, mas, de repente, para surpresa de todos, você se ofende com algo que parece insignificante e precisa ser acalmado. Quando você ouve o que dizem seus instintos, acaba se saindo melhor. Por outro lado, diante de uma situação que exige usar a lógica para tomar uma decisão, adia infinitamente e, no final, pode seguir obstinadamente um caminho que é totalmente irracional, para agonia de todos que se preocupam com você. Procure não chegar a esse ponto.

Se percebe que o esforço para avaliar os prós e contras de algo está levando você à loucura, relaxe ouvindo um pouco de música suave até se sentir suficientemente tranquilo para ouvir sua voz interior. Às vezes, sente-se tão absorvido pelos pontos de vista e exigências alheios que os seus desejos se perdem sem deixar rastro – não permita que isso aconteça. Sua calma e encanto são valiosos demais para isso.

As companhias são valiosas, mas nunca tenha medo de seguir o próprio rumo.

Dicas

- Evite ser colocado em maus lençóis – a inclusão de cláusulas do tipo "cair fora" deve ser sua especialidade
- Quando os medos tomarem conta, lembre que em geral é melhor se arrepender pelo feito do que pelo não feito
- Sentir o medo e seguir em frente – não deve ser tão ruim assim
- Manter um diário de elogios para elevar o astral quando imaginar que as pessoas o estão subestimando
- Pedir ajuda – ninguém pode adivinhar o que se passa na cabeça do outro

2 como Número do Caminho de Vida

Ao caminhar pela vida, sente a necessidade de um parceiro em tudo que faz. Isso pode ser algo maravilhoso ou a melhor receita para ter dor de cabeça e frustração – tudo depende da sua capacidade de escolher. Procure não ser tão carente ao ponto de se entregar à primeira pessoa que pareça interessada em você. Isso não se aplica apenas aos relacionamentos amorosos, mas também às relações de amizade e profissionais. Como parte de um casal, conseguirá alcançar muito mais do que sozinho; você tem um talento refinado na arte de compartilhar e se comprometer.

Você não precisa de holofotes e em geral se sente genuinamente satisfeito nos bastidores do poder. Mas, no final, tudo precisa se transformar em algo significativo. O perigo é que você pode ser usado e se subordinar a uma personalidade mais exigente ou mesmo ser atraído a relações escusas; isso pode acontecer se você deixar de enxergar a realidade e imaginar que a *relação* é tudo, quando a questão realmente não é que duas pessoas olhem uma para a outra, porém que ambas andem juntas em direção a um objetivo em comum.

E qual seria o tipo de "meta comum" capaz de satisfazer você? Algo que gere amor e compaixão fora da pequena órbita dos interesses pessoais. Algo que envolva equilíbrio, paz e harmonia. O tema da autoconsciência e verdadeira percepção o tempo todo está presente. E mesmo que você sinta ser muito capaz no que diz respeito à diplomacia e à tolerância, em algu-

Coisas a fazer

- Se você está se sentindo magoado, fale sobre isso com um amigo de confiança – outra perspectiva sempre ajuda
- Tire tempo para meditar e entrar em contato com sua intuição
- Tenha sempre algo para cultivar

mas ocasiões precisará tomar partido. Uma vez forçado a entrar na briga, você poderá ver a si mesmo em uma situação na qual será confrontado a simplesmente ganhar ou perder, e talvez lute cegamente, inclusive arriscando suas conquistas e paz de espírito. Não há necessidade disso – seu desafio é perceber as conexões e colocar as coisas em um nível em que os

Estar junto, mas não "grudado", é a chave para alcançar a satisfação.

Pessoas famosas

- Gustav Mahler 7.7.1870
- Isadora Duncan 27.5.1878
- Keith Richards 18.12.1943
- Coco Chanel 19.8.1883

conflitos não precisem ser resolvidos por serem irrelevantes.

É crucial para você ter a ajuda certa em tudo que você faz, então garanta que tudo esteja no lugar quanto a isso. Sua primeira responsabilidade deve ser primeiro consigo, sempre, portanto, proteja suas vulnerabilidades. Apenas em uma posição de quem tem força você será capaz de ajudar os outros.

2 como Número da Alma

A maioria das pessoas sonha encontrar a alma gêmea, mas para você esse desejo pode se tornar uma preocupação, porque acredita que não será completo enquanto não tiver *aquela* pessoa em sua vida. É desnecessário dizer que isso pode trazer muita dor de cabeça caso não dê certo. Infelizmente, "dar certo" pode não ser nada fácil, porque você talvez seja muito perfeccionista e até crítico em relação aos potenciais parceiros e, consequentemente, poderá sentir que a vida passou uma rasteira em você quando o que necessita é de uma dose maior de comprometimento.

Quando conhece alguém, pode julgar difícil proporcionar o espaço que a pessoa – e toda relação – precisa, por querer viver sempre grudado. A verdade é que as almas gêmeas frequentemente são atraídas com o propósito de ensinar algo mais uma para a outra do que caminhar de mãos dadas em direção ao pôr do sol.

Quando estiver pronto, encontrará sua "alma gêmea"– uma relação onde poderá realizar alguma coisa muito mais significativa como casal do que perderem-se um no outro. Você está em busca de conhecimento e tranquilidade.

Compartilhar algo torna o mundo radiante para quem tem o 2 como Número da Alma.

Mantras e visualizações

- Eu não julgo meu irmão antes de ter andado um quilômetro em seus mocassins
- Chá para dois e dois para o chá, eu para você e você para mim
- O amor anda comigo, então nunca estou só
- Duas cabeças pensam melhor do que uma
- Eu estou em equilíbrio e harmonia
- Uma vida calma e tranquila

Se relaxar e confiar no amor que existe ao seu redor, você poderá encontrar na natureza quase a mesma satisfação que encontra quando está com alguém. A natureza será capaz de oferecer um contraponto inspirador, revelando verdades profundas em um nível instintivo. Não permita que os padrões vigentes em nossa cultura moldem você. Algumas das coisas que você aprende não podem ser colocadas em palavras, e não precisa tentar – seguramente encontrará uma maneira de viver capaz de aquecer seu coração mesmo que não encontre as palavras para explicá-la. A vida é simples, porém é possível turvar as águas com emoções exageradas e, em consequência disso, criar situações nas quais precise disputar com alguém ou servir a interesses privados. Isso pode acontecer porque você sente que está faltando algo – se for esse o caso, a verdadeira sabedoria virá quando entender que aquilo que procura sempre esteve em seu interior.

2 como Número do Destino

Durante a sua infância, é provável que a justiça de algum modo tenha sido uma questão. Isso pode ter acontecido porque esperavam que você cuidasse de um irmão e/ou fosse responsável pela harmonia do lar; porque havia um esforço notável em favor da equidade (o que, de maneira inusitada, pode criar uma situação em que todos estão sempre comparando suas porções); ou, ainda, porque a situação era obviamente muito *injusta*, e o tema compreensivelmente seria um problema para você.

Você é capaz de aprender a se colocar acima disso e entender que equidade não é uma questão de minúcias ou quilos de carne, mas antes uma atmosfera de consideração e respeito. Em seu melhor, você pode promover isso.

Outras pessoas podem procurá-lo para tomar decisões por elas, e você pode ser excelente nisso. Você é ótimo em identificar problemas e ponderar sobre eles. Quando se trata dos próprios interesses, no entanto, talvez não tenha tanta clareza; apesar de se forçar a tomar decisões, pode ficar se torturando com a dúvida sobre a escolha e repreender a si mesmo de modo severo pelos erros cometidos. Seus padrões em geral são muito elevados, e você é um pouco perfeccionista.

Sua tarefa é aprender a arte da transigência. Isso não significa transigir com os outros – você provavelmente é especialista nisso e em querer satisfazer a todos o tempo todo. O importante é encontrar um equilíbrio confortável entre o ideal e o que é possível alcançar. Não há necessidade

Lições a aprender

- Aceitar os próprios sentimentos e necessidades, pois fazem parte da equação
- Aceitar a desarmonia, às vezes – no final, ela pode levar a um entendimento mais profundo
- Lembre-se que "Beleza é verdade, e a verdade é bela"

de permanecer descontente e insatisfeito consigo, pois você não é perfeito. Aprenda a ver a beleza em si mesmo, pois, como todas as criaturas, você tem falhas, e essas mesmas falhas fazem de você uma pessoa especial e o colocam em busca daquilo que o faz se sentir completo. Essa "busca" é a essência de uma relação. Com isso em mente, você pode ter relações profundamente gratificantes com os outros e com o seu meio.

Às vezes, não levar tudo tão a sério pode ajudar nas relações e colocar as coisas em seus devidos lugares.

2 como Número do Aqui-e-Agora

Fazer o papel de casamenteiro, acalmar os sentimentos magoados, garantir que há um lugar para tudo e que tudo está em seu lugar – o que seria das pessoas sem você? Ninguém é indispensável, mas a sua falta seria sentida mais do que acontece em relação à maioria, mesmo que ainda não receba o reconhecimento que merece. Entretanto, você não está interessado em aplausos – um "muito obrigado" sempre é bom, porém prefere ver as coisas funcionando perfeitamente e o sorriso nos rostos.

Você pode ser bastante tímido – a simples ideia de receber uma demonstração de reverência faz você corar. Na verdade, talvez tenha um pouco de receio de, sendo muito notado, também ser julgado. Como ser "julgado e considerado necessário" é um de seus temores, tenta fazer o melhor que pode o tempo todo.

Dependendo de outros números presentes em sua configuração, você às vezes se sente realmente exausto de satisfazer os caprichos de outros, e isso pode torná-lo mordaz e malévolo. Você pode se flagrar cochichando fofocas maldosas ao seu melhor amigo. Não é que você queira ser cruel ou se divirta diante das dificuldades ou desgraças de outras pessoas; mas apenas passa tempo demais controlando suas emoções e mantendo suas necessidades aprisionadas, e a negatividade acaba vazando de alguma maneira.

Será mais fácil se você entendesse que ser ambivalente não é nenhum crime e um pouco de hipocrisia e "duas caras" são coisas naturais à maioria das pessoas. É claro que você não quer dar asas a esse lado – mas um pouco de condescendência e in-

Faça funcionar a seu favor

- Peça ajuda a um amigo para realizar tarefas maçantes – rir junto faz milagres
- Se você faz algo bom, faça com que as pessoas saibam que foi você – isso não tem que colocar você na berlinda, mas pode evitar a injustiça de ser ofuscado
- Quando começar a se preocupar, pergunte a si mesmo se a questão terá importância no ano seguinte – se não tiver, esqueça
- Planeje em segredo algo de especial para dar a si mesmo

2 COMO NÚMERO DO AQUI-E-AGORA

dulgência consigo mesmo às vezes ajuda. Você pode gostar de parecer perfeito sem realmente ser e, antes que você comece a se preocupar com a possibilidade de ser descoberto, saiba que a maioria das pessoas está demasiadamente preocupada consigo mesma para dar atenção a isso.

Fazer coisas junto com outra pessoa faz você se sentir motivado e valorizado.

3 como Número da Personalidade

No meio de uma multidão que ri ou em uma viagem a passeio, há sempre alguma coisa acontecendo ao seu redor; se não houver, em breve será assim, logo que você tiver o que dizer sobre o assunto em pauta. É sua missão colocar um sorriso em cada rosto, e isso faz de você o primeiro na maioria das listas de convidados. Talvez pareça o perfeito arroz de festa, mas às vezes se retira para ficar com os próprios sonhos, e, ocasionalmente, se cansa de tudo. Nessas horas, pode pensar que não deve ser aborrecido e até virar um preguiçoso, desses que ficam no sofá à espera que algo de bom aconteça.

Às vezes, você fala pelos cotovelos, e o que diz normalmente é interessante e divertido, porém não é sempre que consegue resistir à tentação de fofocar ou ridicularizar outras pessoas. Quando faz isso, está sacrificando uma satisfação duradoura por um momento de diversão. Sim, você é capaz de fazer rir, mas o que as pessoas realmente pensam a seu respeito? Será que elas confiariam em você para tê-lo como amigo? Que impressões a seu respeito se escondem por trás das risadas? Se você quiser ter uma popularidade mais profunda, trate de exercer sua generosidade e ser caridoso.

O mundo das artes e do entretenimento é importante para você. Pode ser uma boa ideia

Dicas

- Tire o máximo possível de cada oportunidade – você não sabe se ela vai continuar disponível quando você estiver interessado em dar-se ao trabalho de obtê-la
- Não dê ouvidos a ninguém que venha dizer que deve fazer uma coisa de cada vez – você tem necessidade de passar de uma tarefa a outra
- Estabelecer prioridades – é ótimo que muitas coisas aconteçam, mas o que leva às melhores oportunidades?
- Morda a língua antes de dizer qualquer coisa negativa a respeito de qualquer pessoa

Mesmo depois de adultos, aprendemos muito por meio de atividades esportivas.

participar de alguma atividade teatral, da organização de uma equipe esportiva e de excursões. Em geral, você deixa os detalhes entregues à sorte e, como de fato é sortudo, costuma se sair bem, mas nem sempre. Procure não ter tantos projetos em andamento simultaneamente e recrute pessoas confiáveis para ajudar – talvez precise dividir um pouco o palco com alguém, porém, com um pouco de esforço, conseguirá vencer a competição. Deixe sempre espaço para mudar de opinião, pois, se surgir algo mais interessante, certamente irá atrás e, com isso, poderá decepcionar outras pessoas. Em geral, você tem mesmo sorte, o que pode parecer mágico, mas na realidade é resultado de sua atitude positiva. Tome cuidado para não perdê-la, entregando-se a lamúrias pelas oportunidades que deixou passar – concentre-se no que realmente lhe traz satisfação.

3 como Número do Caminho de Vida

Expressar-se e criar algo que proporcione prazer aos outros é seu impulso básico. Permitir que outras pessoas se comuniquem e tenham progresso em suas vidas é uma de suas grandes motivações. Você se vê transformando o mundo em um lugar melhor – não por meio de algum "ismo" ideológico, mas através de projetos, jogos e empreendimentos criativos. Você precisa de liberdade para agir espontaneamente, porque as oportunidades surgem aqui, ali, e em todas as partes, e você deve estar disponível para fazer descobertas felizes.

Há uma grande alegria de viver, porém essa experiência não parece suficiente para você – você precisa insuflá-la com força divina. Você pode desenvolver o dom de uma retórica persuasiva, capaz de encantar os pássaros e trazê-los das árvores, mas também gosta de ouvir as pessoas expressarem os próprios pensamentos e ideias. Provavelmente, é ótimo quando dirige uma reunião em busca de ideias inovadoras – esse é o seu ambiente natural, onde surgem muitas ideias malucas e sente que algo fabuloso está logo ali. E de fato está, mas você não se contenta com isso. Sempre haverá alguma coisa melhor e mais brilhante a ser almejada.

Às vezes, pode sentir que, por mais que fale, não é realmente ouvido, ou, por mais felicidade que espalhe, não é o bastante. Você sofre do mal da "insatisfação divina", e ela o empurra para a frente. Seu nome pode estar exposto em luminosos em virtude dos brilhantes prêmios conquistados, mas sempre haverá algo mais a explorar. Outras pessoas podem achar que você é insaciável, mas para você o que importa é desfrutar a própria jornada. Você precisa escolher

Coisas a fazer

- Expresse todos os talentos que tem (música, poesia, pintura, escrita) –; só porque eles vêm facilmente não quer dizer que não valha a pena desenvolvê-los

- Brincar é coisa séria – as crianças aprendem brincando, e o mesmo acontece com você, portanto reserve tempo para brincar

- Tenha sempre um projeto em andamento – é melhor começar algo e depois mudar de ideia do que não fazer nada

um caminho que dê flexibilidade e, embora alguns prazos exijam sua total atenção, na maioria das vezes deseja dispor de tempo livre para brincar. Quando as coisas dão errado, evite o humor do tipo "que vá tudo pro inferno". Você terá que enfrentar alguns períodos obscuros enquanto seu subconsciente se reajusta a um novo curso e, quando isso acontecer, tire um tempo para relaxar, praticar esportes e passar um tempo com as pessoas das quais você gosta, até que uma nova motivação o arraste.

Pessoas famosas

- F. Scott Fitzgerald 24.9.1896
- Joan Rivers 8.6.1933
- John Travolta 18.2.1954
- John Grisham 8.2.1955

Você precisa ter oportunidades para soltar o espírito criativo interior de quem tem o "3" como Número do Caminho de Vida.

3 como Número da Alma

Seu coração costuma transbordar de alegria – parece haver tantas coisas maravilhosas na vida, e você adora mergulhar nelas. Como grande hedonista, sempre encontra um jeito de celebrar a experiência do prazer. Alegria, humor, sensualidade, gratificação – são todos dons divinos. Apesar de não poder expressá-los em palavras ou reconhecê-los, o modo como se joga neles é um ato sagrado, tão profundamente eles fazem parte de você.

Curtir as coisas tristes ou negativas não é com você, e, quando alguém introduz tópicos sombrios ou exigentes, trata rapidamente de seguir outro rumo. As pessoas, às vezes, podem confundir isso com superficialidade, mas não tem nada a ver. Jamais duvide dos instintos que o levam para o lado claro e luminoso. Divirta as pessoas contando piadas, inclusive aquelas que ninguém entende, pois há um lado claro em todas as coisas, e é você que tem capacidade para revelar essa face luminosa. Muita gente considera sua presença estimulante.

Você adora a moda, terapia e vida noturna – é uma pessoa realmente animadora. Porém não é dado a ouvir confissões íntimas – prefere estourar champanha a oferecer lenços de papel.

Você tem um dos maiores dons – o de viver no "precioso momento presente". Ontem já foi, e amanhã nunca chega. Agora há flores para colher e crianças com as quais se divertir – sendo você no fundo uma criança, também se perde nas brincadeiras. Consegue facilmente entrar no mesmo nível de

Mantras e visualizações

- A felicidade é mais uma escolha do que uma dádiva
- O que eu amo está ao redor de toda a terra e de todo céu
- Rir é um remédio que cura todos os males
- Onde é a festa?
- Quando as coisas ficam difíceis, os espertos vão às compras
- Todo o meu corpo está sorrindo

3 COMO NÚMERO DA ALMA

uma criança e, com isso, extrai o melhor dela, participando inteiramente de seus interesses – dando risada, pulando, se sujando com lama ou tinta, mas sem nunca perder o estilo. Você anseia encontrar alguém com quem possa desfrutar a vida, mas sua leveza talvez seja tomada como leviandade, deixando-o com uma pontada de insatisfação e cheio de desejos a realizar. Continue confiando na sorte, pois o que você deseja virá ao seu encontro. Continue tentando se expressar, porque isso é vital para você, mas, enquanto isso, a música e a poesia podem funcionar onde as palavras não conseguem.

3 como Número do Destino

Há tanto para fazer em tão pouco tempo. Às vezes parece que seu cérebro fervilha com todas as possibilidades que percebe e é capaz de conceber. Também é possível que você sinta que está cercado de expressões tristes esperando o seu ânimo. Quando criança, pode ter sido tarefa sua assumir o papel do palhaço e fazer todo mundo rir; apesar de sem dúvida ser bom nisso, algumas vezes pode ter se sentido desanimado, por nem sempre achar graça nesse papel.

É possível que você tenha sido considerado uma pessoa de sorte e até tenha sido invejado por outros. Mas você também pode ter sentido a alfinetada do "monstro do olho gordo", ao notar que algumas pessoas eram mais dotadas e talentosas e poderiam roubar a cena.

Você tem algum talento ou habilidade especial, que precisará descobrir e desenvolver. Provavelmente, você é considerado "talentoso" pelos outros, mas as qualidades que eles veem e incentivam talvez não sejam aquelas que realmente o satisfazem. Você adora ser popular e ir contra a natureza disso provoca desaprovação, mas você terá a necessidade de fazer isso, pelo menos temporariamente, se quiser realizar seu verdadeiro potencial. Cabe a você vender seu peixe e as coisas nas quais você é bom, ou, pelo menos, mostrar uma atitude genuína de "não dou a mínima". Certas pessoas podem considerá-lo infantil – mas quem precisa provar algo? O seu "eu criança" tem a própria sabedoria instintiva e

se tiver coragem para seguir seus caprichos, será recompensado. Existem coisas que você conhece profundamente e pode expressar por meio da criatividade. Pode ser através da pintura, da música ou de algo que você faz com as mãos. O que você faz não precisa ser durável – como os desenhos feitos na areia que são levados pela água. Mesmo assim, se eles tocaram a vida de alguém, valeram a pena.

Lições a aprender

- O único aplauso que vale a pena ser ouvido é o das pessoas que realmente entendem seu propósito e aquele que vem de seu coração
- As palavras têm um poder quase mágico – use-as apropriadamente
- Não desperdice energia fingindo não se importar quando se importa

Você tem muito a dar por meio de qualquer forma de expressão artística – e não precisa ser perfeito.

3 COMO NÚMERO DO DESTINO

3 como Número do Aqui-e-Agora

Superficial? E daí? Se pudesse ajudar aos milhões de pessoas que estão passando fome no mundo, você o faria, porém, como não pode, prefere pensar no que vai fazer no sábado à noite e em que par de sapatos novos vai usar para se exibir. Sua ambição é usar roupas dos últimos lançamentos da moda, fazendo girar todas as cabeças quando se move na pista de dança, ou impressionar todos os seus amigos tocando numa banda ou, ainda, fazer a própria exposição de quadros na galeria local ou as três coisas, de preferência – e ainda mais.

Você realmente gostaria de ser famoso, não tem a menor importância como. Há muitas coisas que poderia realizar, mas provavelmente fica demasiadamente aborrecido em fazer qualquer uma delas por muito tempo e se sente perfeitamente feliz saltando de um interesse a outro.

Você tem uma língua ferina e não está nem aí para a reputação de quem quer que seja, desde que todos estejam se divertindo, o que invariavelmente acontece. Se alguém se incomoda, supõe que logo vai passar – afinal, para que serve ser sensível demais? Não é que seja mau ou vingativo, mas simplesmente acha que as coisas não merecem ser levadas a sério. Você fala com qualquer pessoa e a tira da casca – não julga e, em geral, em qualquer pessoa encontra algo que o faz sorrir. Você realmente se sente bem quando consegue animar o mais desajeitado na pista de dança ou arrancar uma risada da "madame metida à besta" com uma piada indecente. Você é um folgado incorrigível, mas nunca teve a intenção de magoar ninguém – tudo que faz é pura brincadeira.

Entretanto, dependendo dos outros números de sua constituição, você pode nem sempre ficar à vontade com a imagem de uma pessoa frívola. Pode até se sentir culpado por alguma coisa que disse ou fez, porém, quando tenta se desculpar, facilmente assume o papel de frívolo de uma vez. Intimamente, teme não ser nada especial e, com isso, é incitado a continuar provando que é. Confie em seus talentos e brilhe.

Em qualquer ocasião, rir não custa nada e levanta o astral de todo mundo.

AS CINCO FÓRMULAS

136

Faça funcionar a seu favor

- Acreditar em você mesmo é a única coisa que conta – ter talento é algo comum, enquanto confiança é algo raro
- Nunca hesite em pedir "desculpa" – com isso, você abre o caminho para a boa acolhida
- Quando quiser impressionar, seja simples e acessível
- Existem muitas maneiras fáceis de aparecer no jornal local – estude o caso e faça um plano
- Participe de espetáculos e competições – para ganhar, é preciso participar

Divirta-se colocando cor e entusiasmo em tudo que faz.

4 como Número da Personalidade

"Vamos voltar ao básico" pode ser uma de suas frases preferidas, pois está sempre querendo criar uma base firme para tudo, das finanças às amizades. Paciente e perseverante, gosta de tomar conta da organização – é você quem faz a reserva de mesa, escolhe o meio de transporte e se lembra de reservar os bilhetes. As pessoas sabem que podem confiar em você, e o seu círculo de amigos o respeita por você fazer o que diz. É pena que você não possa dizer o mesmo deles. É comum achar que outras pessoas não são confiáveis, e sua resposta a isso costuma ser "se quiser que algo seja feito, faça você mesmo!"

O 4 pode ser um número sério enquanto você encontra tempo para relaxar.

Dicas

- Tire tempo para desfrutar prazeres físicos, como uma sessão de massagem ou de aromaterapia – com isso, manterá o bom humor
- Lembre que você é único e sua "capacidade para levar as coisas a cabo" vale mais do que montanhas de iniciativas fracassadas
- Acredite nos amigos quando eles o elogiam – acredite que está recebendo algo de valor
- Ao sentir que está entrando em depressão, *faça algo imediatamente* – não deixe que ela o prenda em suas garras

Você pode ser desconfiado e pessimista às vezes. É muito importante tentar se focar nas coisas boas que recebe de outras pessoas e ignorar de forma resoluta as coisas negativas; do contrário, elas podem aumentar ao ponto de deixá-lo quase imobilizado. O oposto disso está em perceber todas as pequenas coisas e extrair grande prazer em atos de bondade, que você adora retribuir.

É improvável que você toque fogo no mundo e nem tem a intenção de fazê-lo. Isso seria demasiadamente arriscado. A segurança é sua meta, e, provavelmente, você tem ideias modestas, porém definidas, dos níveis que pretende alcançar – alcançá-las você vai, com tanta certeza quanto a de que o sol vai continuar nascendo todas as manhãs. Sendo uma criatura de hábitos, pode ser encontrado no mesmo lugar à mesma hora todos os dias, e as pessoas podem saber que horas são de acordo com esses costumes. Chatice? Para você, de maneira alguma. Certamente, julga que a coisa mais importante da vida é saber onde está. Logo abaixo da superfície da consciência, o seu realismo o coloca em contato com as verdades cruéis que prefere ignorar. Guerra, fome, tragédia – essa é uma realidade de tantas pessoas deste planeta, e você sabe que a sobrevivência depende de aceitar esse fato. Isso você faz com uma eficiência surpreendente. É você quem toma conta das formalidades e minúcias para os amigos de "cabeça oca", e também é quem joga uma ducha de água fria quando as coisas esquentam demais. Se a sua maneira de encarar as coisas é um pouco sombria, pelo menos você tem alguma ajuda prática a oferecer. Para tirar o melhor que a vida tem a oferecer, precisa estar devidamente em contato com seu corpo, para poder relaxar e desfrutar os prazeres táteis. Você também precisa reconhecer que é uma pessoa especial. Enquanto todo mundo ri e se diverte, você faz as coisas, e é isso que conta.

4 como Número do Caminho de Vida

Se fosse possível, você teria sua vida toda mapeada, decidido a seguir do nascimento à morte de uma maneira totalmente ordenada. Você coloca marcos a serem alcançados e pode querer fazer as coisas conforme determinou – entrar na universidade, conseguir emprego, casar, ter filhos na ordem certa e na hora certa. Para seu crédito, na maioria das vezes, você faz o que decidiu fazer. As pessoas podem ficar maravilhadas com a maneira pela qual você controla sua vida.

Você tem consciência de suas habilidades e confia em seus conhecimentos e experiências, mas às vezes sua aparência calma tem a mesma profundidade da pele, e é provável que mantenha o receio de possíveis desastres. Por outro lado, se as coisas não funcionam conforme o planejado, administra muito bem as situações, adaptando as expectativas e passando para o plano B. Na realidade, você lida com as dificuldades reais muito melhor do que com as imaginadas.

Provavelmente, se sente melhor lidando com as coisas práticas – as fantasias e emoções parecem muito abstratas. Se algo não tem utilidade prática ou não serve para satisfazer suas necessidades pessoais, das pessoas queridas ou da humanidade em geral, você não vê porque se agarrar a elas.

Coisas a fazer

- Coloque "relaxar", "sair para comer fora", "ir ao cinema" etc. em sua agenda e cumpra esses propósitos com a mesma rigidez que põe no trabalho e no cumprimento dos deveres
- Faça algo com as mãos, como modelagem, pintura ou cerâmica
- No final de cada dia, escreva três coisas que lhe proporcionaram satisfação

4 COMO NÚMERO DO CAMINHO DE VIDA

Conquistas concretas proporcionam uma sensação de realização a quem tem o 4 como Número do Caminho de Vida.

Sua força seguramente está em aspectos materiais e funcionais, mas não deixe que isso o cegue para a possibilidade de que a vida tenha outras dimensões. O fato de você não poder ou não ter vivido algo não significa que não existe. Se fechar totalmente a sua mente, pode acabar com uma sensação de total falta de sentido e até de esperança. No entanto, se simplesmente considerar a possibilidade de a vida ser mais do que é capaz de imaginar, poderá colocar sua eficiência em algo realmente impressionante.

Sendo autoconfiante e responsável, pode trabalhar incansavelmente para construir algo para si mesmo e para a sua família, inclusive talvez nos feriados e finais de semana. Você obtém satisfação com isso, mas também deve lembrar que trabalhar tanto sem nenhuma folga deixa a pessoa embotada e possivelmente também indisposta. Aplicando o bom senso ao próprio bem-estar, você não apenas fará mais como também terá mais prazer no que faz.

Pessoas famosas

- Henri Matisse 31.12.1869
- Dolly Parton 19.1.1946
- Oprah Winfrey 29.1.1954
- Bill Gates 28.10.1955

AS CINCO FÓRMULAS

4 como Número da Alma

Você anseia ser a rocha em que os outros possam se apoiar e, por melhor que seja nisso, sente-se muitas vezes perseguido pelas situações em que sem querer desapontou alguém. Prover as pessoas de segurança e cuidado é um forte impulso em seu interior. Você entende que o corpo é um produto de destilação do espírito – na verdade, para você todos nós _somos_ nossos corpos, e você pretende nutri-los e protegê-los.

Às vezes, pode se atribuir tarefas impossíveis, tentando preservar o que é essencialmente efêmero. Quem dera que para sempre pudesse realmente ser para sempre; quem dera que algumas coisas realmente durassem e permanecessem imutáveis. No final, você conclui que o que permanece é o amor e que cada momento, se devidamente vivido, é uma espécie de eternidade. Viver no aqui-e-agora e em contato com a evidência de seus sentidos pode proporcionar satisfação, e você tem uma profunda paciência e uma alma gentil.

Experiências táteis proporcionam ao 4 a sensação de que está tudo bem com o mundo.

As artes podem atrair você, e você pode se perder nos detalhes técnicos de pinturas e peças de cerâmica. Você tem menos interesse nos aspectos simbólicos e abstratos –

Mantras e visualizações

- Eu sou uma flor, linda e com raízes profundas
- Roma não foi construída em um dia
- Fazer tudo com delicadeza
- É deprimente ser perfeito
- A pedra rolando bate na zona de conforto
- É melhor se prevenir do que se arrepender
- Sou firme como uma rocha
- Busco o conforto, não a velocidade

você admira uma representação fiel da vida. A terra e a natureza o nutrem, e sentir os pés plantados firmemente no chão proporciona sua satisfação. Ver as plantas crescerem o enche de espanto. Cultivar um jardim pode ser algo inspirador, pois dá a possibilidade de apreciar a mágica "ordinária" da germinação das sementes, que inspira muito mais você do que qualquer coisa esotérica.

Você anseia ser invencível – não necessariamente para ter poder sobre os outros, mas para poder lidar com o que a vida apresenta a você. Considera importante testar sua força e desenvolvê-la para lidar com um número cada vez maior de situações e, por isso, se submete a testes de resistência. Mas esse fato só é percebido por outras pessoas, pois para você acontece no nível subconsciente. As pessoas podem achar que você faz de propósito, querendo tornar a vida difícil, mas podem não entender o porquê. Você está fortalecendo sua musculatura emocional e mental (e possivelmente a física também) e, mais cedo ou mais tarde, elas podem agradecê-lo por isso.

A simples mágica da natureza pode tocá-lo profundamente.

4 COMO NÚMERO DA ALMA

4 como Número do Destino

Você pode achar que sua vida foi estritamente traçada por sua família e/ou pela sociedade em geral, e que sua função é se desincumbir das responsabilidades práticas. É possível que você tenha que prover apoio a outras pessoas, tanto financeiro como físico. Pode parecer que todos os desejos e ambições que você tem são irrelevantes e devem ser suprimidos ou ignorados – afinal, que importância eles têm? Cabe a você cumprir suas obrigações, não é assim?

No decorrer da vida, é provável que você crie muitas coisas de valor duradouro, e, provavelmente, muitas pessoas têm muito a agradecer a você. No entanto, sente muitas vezes que falta algo e pode chegar a se perguntar sobre o motivo de todo esse empenho e o que realmente quer. A verdade é que você obtém uma profunda satisfação em realizações práticas e posses concretas – dinheiro, carro, casa –, porém, por se sentir privado de escolhas, o ressentimento é capaz de estragar tudo. Um dia você acordará e dará valor a tudo que fez e, finalmente, entenderá que está onde quer estar.

Você tem uma capacidade incrível de manter a calma quando tudo ao seu redor é caótico e de, no meio de uma tempestade, ser um porto seguro para outras pessoas. Você consegue manter um senso de perspectiva e é capaz de fazer as coisas aos poucos, até colocar tudo em ordem. No entanto, intimamente anseia por alguém que venha tirar todo esse peso de suas mãos. Porque mantém o controle de tudo – desde documentos legais até as coisas que você mesmo faz, tudo nas pontas dos dedos. No entanto, sobre alguns aspectos menores de sua vida, tem pouco ou nenhum controle, e pode ser bastante infantil. Pode se alimentar

Lições a aprender

- A verdadeira liberdade vem da satisfação de fazer o que precisa ser feito e fazê-lo com disposição
- Identifique o que realmente é obrigação sua, e não o que você apenas aceitou cegamente ou foi jogado em cima de você pelos outros
- Trabalhe para obter benefícios duradouros, mas também ensine os outros a fazer isso sem precisar de você

mal, por exemplo – ou comer para satisfazer outras necessidades –, ou seu comportamento revela frustrações reprimidas. É importante dar vazão a seus sentimentos e transferir o controle de outras áreas a outra pessoa, de modo que você tenha tempo para o lazer.

Quando entender que relaxar e se divertir podem ser atividades úteis, você fará isso com mais frequência.

4 como Número do Aqui-e-Agora

Você tem uma forte presença física, e embora sua atitude seja calma, você pode exercer uma poderosa atração sexual. Provavelmente, causa impacto em seu meio – você tanto é a pessoa que faz a comida e limpa a casa, por exemplo, quanto aquela que muda os móveis de lugar. Você gosta de usar a força física não apenas no sentido de força bruta (o 4 como Número do Aqui-e-Agora não faz com que você seja fisicamente musculoso), mas apenas para ser eficiente. Você também pode ter prazer em praticar esportes, como andar de bicicleta, correr ou caminhar com vigor.

Faça funcionar a seu favor

- Expresse com clareza o que você quer – se você tiver que ir para casa em determinada hora, por exemplo, exponha claramente e vá
- Crie sua aparência física, sobretudo por meio de uma boa alimentação, prática de exercícios e roupas de bom gosto
- Descubra uma prática esportiva na qual pode ser bom – é uma forma incrível de dar vazão a suas energias e aumentar seu bem-estar
- Conserve seus objetos de estimação em lugares visíveis, porém com a consciência de que espaço é um bem que precisa ser valorizado

No entanto, é difícil para você deixar "o quarto dos fundos". Se você também tem a presença forte de números como o 1 ou o 5 em sua constituição, você pode achar muito irritante o fato de as pessoas esperarem que você seja previsível e ter vontade de chocá-las com alguma atitude dramática. Mas isso provavelmente não ocorrerá, porque para você seria se humilhar – muito melhor continuar com a lavagem de louça e se orgulhar da cozinha limpa.

Adquirir bens é importante para você e talvez até valorize a si mesmo e aos outros pelo que têm. Continuar se concentrando demasiadamente nisso, no entanto, pode não contribuir para o seu bem-estar. Pode levar à perda do respeito por si mesmo e a ênfase em símbolos de status pode tornar a sua personalidade menos interessante. Se não se sente bem consigo mesmo, você pode querer mais e mais coisas e acabar num círculo vicioso. Sua missão é entregar-se a curtir as coisas materiais, sem deixar que elas controlem sua vida. Como sua identidade depende até certo ponto de suas posses, você pode se tornar um colecionador de tranqueiras. Se subconscientemente você percebe que sua vida perdeu o sentido, apegar-se às coisas pode parecer uma maneira de preservar o que tem valor para você, inclusive os tempos que já passaram. O mais importante é que você mantenha também as amizades – essas não têm preço.

Você obtém satisfação em atividades que provam sua força.

5 como Número da Personalidade

Vivaz e espirituoso, sempre contando anedotas e fazendo piadas, você costuma estar cercado de gente animada. Sua agenda está sempre superlotada, e o ambiente sempre se anima quando aparece – isto é, se você aparece. Não é que deseje causar insegurança, mas pode ser impulsivo e detesta rejeitar um convite melhor. Você muda de ideia como o vento muda de direção, e provavelmente não vê por que não deveria, pois são tantas as maneiras de ver as coisas e, se você topa com outro ponto de vista estimulante, como seria chato não explorar essa possibilidade!

Como amante da informação, não apenas está ligado na última fofoca, mas também está a par das novidades, como os últimos avanços científicos, as complicações da política internacional e as tramas de sua novela preferida. Você pode ter a reputação de ser bem-informado – até mesmo de ter um "cérebro superdotado" –, mas seus conhecimentos podem não ser muito profundos. Você absorve rapidamente os aspectos interessantes das coisas, mas os detalhes talvez pareçam cansativos. Apesar de ter propensão a lembrar do que lê e ouve, nem sempre acredita em tudo. Você é cético. Embora muitos assuntos tenham a capacidade de atraí-lo, põe sua fé em poucos. Até aí tudo bem, mas lembre-se que o verdadeiro "cético" tem a mente

A comunicação é sua força vital, e você está sempre ocupado em escrever mensagens no celular ou com alguma outra atividade na internet.

aberta e não está fadado a desacreditar de tudo. Participar de redes sociais e trocar mensagens de texto ocupa uma boa parte de seu tempo, e você pode ficar envolvido com a internet durante horas a fio, até se cansar de ficar sentado. Sempre a caminho de algum lugar, adora a mobilidade e, portanto, viaja tanto dentro de sua cidade como para fora dela. Aventurar-se é ótimo, mas você também adora procurar animação e coisas raras no cotidiano. Seu círculo de amigos é provavelmente vasto e extremamente variado. Você tem grande interesse em conhecer pessoas de outras culturas e nunca se cansa de ter novas visões e experiências. Apesar de extremamente interessado em seus semelhantes e amando interagir com eles, é raro se envolver emocionalmente. Talvez por receio de ter suas asas cortadas ou por achar que, deixando-se submeter ao peso da gravidade, você perderá o próprio estilo.

Dicas

- Lembre-se de escutar o que os outros dizem e não apenas falar – você pode perder algo de importância crucial
- Alguns assuntos merecem ser estudados em profundidade – tente fazer isso com algo que ofereça a você tanto variedade como estímulo
- Se você dispersar suas energias, acabará se exaurindo; lembre-se, portanto, de relaxar regularmente
- A vida é a arte de fazer as perguntas certas, não ficar implacavelmente buscando respostas; trate, portanto, de formular suas perguntas com cuidado

5 como Número do Caminho de Vida

A sua missão é estudar e para você é muito importante sentir que sabe uma ou duas coisas e que está aprendendo mais três ou quatro. Se você não tem a oportunidade de entrar na universidade, por exemplo, poderá ficar muito insatisfeito – mas sempre encontrará uma maneira de realizar seus objetivos, porque é desembaraçado e adaptável ao extremo.

Provavelmente, você tem várias habilidades, e é bem possível que realize mais de uma função – talvez como jornalista durante a semana e como eletricista nos finais de semana. Sua mente é ágil, e seu conhecimento em certas áreas é enciclopédico, mas pode também ter habilidades manuais.

A criatividade é algo de muita importância para você. Você não faz as coisas para obter fama – embora goste tanto dos refletores quanto qualquer outra pessoa –, fazer algo parece uma espécie de mágica, e você sente fascínio pelas leis que governam o Universo. Você quer ser capaz de trabalhar com elas e de manipulá-las o máximo possível. Terminada uma tarefa, não vê a hora de começar outra – às vezes, pode não dar muita importância ao que fez, porque depois de dominar alguma coisa ela parece muito fácil. No entanto, adora ensinar as pessoas como se faz algo, porque é um excelente comunicador.

Como "pau para toda obra", o que quer que faça na vida precisa produzir variedade e nunca perder o caráter intrigante; do contrário, você não dará o melhor de si e se sentirá frustrado. Você pode até se tornar irritável e um pouco instável mentalmente se tiver que se conformar a prazos rígidos e a trabalhos repetitivos. No decorrer da vida, provavelmente passará por muitas mudanças. Assim, depois de completar vinte anos talvez esteja em um lugar completamente

Coisas a fazer

- Escreva um diário – é uma maneira de apreender suas vastas experiências de vida
- Inscreva-se em cursos de curta duração, para ter o que fazer sem perder a força de vontade
- Aprenda uma língua estrangeira; se já fala uma, aprenda outra

diferente, interna e externamente. Nunca deixe de se comunicar – as pessoas entenderão sua necessidade de mudança se souberem o que está acontecendo.

Pessoas famosas

- Pierre-Auguste Renoir 25.2.1841
- Che Guevara 14.6.1928
- Mick Jagger 26.7.1943
- Colin Farrell 31.5.1976

Ágil, energético e elétrico, Mick Jagger é um típico exemplo de Personalidade Número 5.

5 como Número da Alma

Você sente uma forte premência de viver plenamente a vida. De forma hedonística, extrai toda a doçura de cada momento e de cada experiência, como as abelhas sugam o néctar. Então, também como as abelhas, sai zumbindo em busca de algo novo. Você tem um anseio profundo e insaciável por viajar tanto física como emocionalmente e está sempre planejando excursões e passeios. Você também pode ser viajante sem sair de sua poltrona, com o nariz enfiado em um livro, enquanto a mente vai longe –, porém é pouco provável que sua mente aguente ficar nisso por muito tempo.

O movimento faz parte da essência de seu caráter. É possível que goste de dançar, porque movimentar o corpo é uma modo de comunicar estados de espírito, emoções e experiências.

Você adora surpresas e descobrir novas coisas excitantes. Às vezes, comete travessuras só para ver o que acontece. Gosta de ver como você mesmo e os outros reagem, porque às vezes também surpreende a si mesmo.

Muitas vezes, percebe que sabe intuitivamente o que as pessoas estão tentando dizer e pode ter o dom da telepatia. Entretanto, apesar de conseguir rapidamente entrar em sintonia, sai da sintonia com a mesma rapidez, deixando a pessoa que se achava conectada a você totalmente perdida e confusa. Você anseia pela comunicação, o que pode ser tomado pelo desejo de se aproximar, porém você pode ser um bocado precavido contra a proximidade emocional, por achar que poderá se envolver. Isso se aplica tanto às suas emoções como às emoções das outras pessoas – você sabe que o envolvimento pode restringi-lo de alguma maneira. Às vezes, a "comunicação" mais difícil é aquela que existe entre dois seres – talvez a desconsidere, reprima ou mesmo tenha medo dos próprios sentimentos e necessidades. Aqui há um paradoxo, porque você tem uma profunda necessidade de liberdade e variedade, mas no final ela pode se tornar árida e sem sentido, sem a possibilidade de diálogo com os outros a quem se entregar de verdade. Um pouco de cuidadosa autoanálise poderia ajudá-lo, uma vez que a comunicação honestamente consigo mesmo irá facilitar interagir com os outros de uma maneira que o satisfaça. Fingir que é o que não é fará com que você se sinta preso em uma armadilha – não pense em fazer isso!

A vida de um 5 pode ser de fato tão imprevisível quanto aparenta.

Mantras e visualizações

- Uma consistência extravagante é o bicho-papão de mentes pequenas
- Viver é buscar satisfazer a curiosidade
- A variedade é o tempero da vida
- A mudança é a única constante na vida
- Tudo faz parte da esplêndida tapeçaria da vida
- As regras foram feitas para ser quebradas
- As malas foram feitas para viajar

5 como Número do Destino

Experiência, dizem, é o melhor professor, e sua vida pode ser cheia de altos e baixos. A primeira vez pode ser por acidente, a segunda por descuido – mas a terceira ajudará caso questione se, de alguma maneira, criou a situação de propósito. Está vivendo à beira do precipício, levando as coisas ao extremo para se sentir vivo? Do que você está fugindo? Há maneiras de viver intensamente sem correr riscos, e há oportunidades que, sendo aproveitadas, tornam a vida mais excitante sem precisar ser destrutiva.

Em sua infância, pode ter havido alguma instabilidade em seu meio. As pessoas podem ter criado melodramas para evitar o contato com seus verdadeiros sentimentos. Você pode ter caído nessa armadilha sem perceber o que acontecia e continuar repetindo esse padrão. Mas a vida não tem que ser assim. Você tem uma mente lógica e perspicaz e pode usá-la para alcançar o equilíbrio.

Você tem capacidade de entender todo tipo de coisas – na verdade, provavelmente é brilhante – e pode ter havido pessoas em sua vida que contaram com você para mostrar como as coisas funcionam. Pode ter sido o cérebro de sua família ou aquele que animava o ambiente, contando piadas em volta da mesa do jantar e encontrando soluções aos problemas. De um fusível queimado a uma complicada declaração de renda, você tem a solução –, mas nem sempre você está por perto para oferecê-la. Há lugares para ir, pessoas para ver: hoje, amanhã e depois de amanhã. É o seu jeito de não se deixar prender. Mas existem outras maneiras de conservar a liberdade, preservar o próprio espaço, fazendo o que você mais sabe – comunicar-se com clareza.

Lições a aprender

- Aproveite as oportunidades de maneira útil e positiva
- Deixe o passado para trás, mas não "jogue o bebê fora junto com a banheira de água suja"
- Faça um esforço para entender a si mesmo e aos outros

Você tem o dom de animar a vida dos outros, e, provavelmente, o impacto que você causa neles é maior do que imagina. Pequenas coisas que você diz podem colocar uma luz sobre suas perspectivas, inspirar novas ideias e possibilidades excitantes – colocando uma lâmpada incandescente tanto em sua mente como na mente das pessoas em sua órbita de influência. Seja ousado, aprenda a mudar e pense bem na mudança que pretende realizar.

Ir a lugares onde ninguém mais se aventurou pode ser extremamente empolgante.

5 como Número do Aqui-e-Agora

Qual será a próxima que ele aprontará? Suas façanhas fazem de você "a sensação do mês" em seu círculo de amigos, e suas atitudes imprevisíveis surpreendem, entretêm e geram apostas. Você nem precisa se esforçar muito – sua sede de novas experiências está sempre levando-o a novos desafios e aventuras, mas às vezes você faz loucuras apenas por prazer. Quem gosta de viver uma rotina monótona?

Se relaxar internamente, poderá ter ideias e respostas rápidas.

É possível que você tenha a reputação de arrojado. Talvez você use roupas customizadas ou escolha peças modernas e extravagantes. Você gosta de chocar e aparentemente não está nem aí para o que as pessoas acham. Não por ser insensível, mas antes de tudo por não ter tempo para se preocupar com isso. Há tantas coisas que atraem seu interesse que sua mente se distancia do que pode ocupar as mentes de outras pessoas. De qualquer maneira, se uma pessoa não se importar com você, haverá muitas outras te dando sorrisos.

Ser alguém com quem não se pode contar é algo que você, de certo modo, transforma em arte. Os amigos estão acostumados com seus atrasos de uma hora ou mais, porque você bate papo com todo mundo que encontra pelo caminho. É comum que marque dois compromissos ao mesmo tempo ou simplesmente não apareça. Os amigos podem finalmente ficar espertos e marcar com você uma hora antes do horário certo do encontro, imaginando que assim você chegará na hora; então, justamente dessa vez, você resolve aparecer na hora marcada, cansa de esperar e vai embora atrás de algo mais interessante.

Tendo o 5 como Número do Aqui-e-Agora, pode se sentir pouco à vontade consigo mesmo se tiver uma presença forte de números mais estáveis como 2, 4 e 8 em sua constituição. Você pode não entender por que se distrai e se pega saltando de uma coisa a outra. Aprenda a confiar em sua inventividade; se relaxar, será capaz de obter respostas rápidas e se surpreenderá com as descobertas. Sua incrível memória pode trazer os dados exatos no momento em que se fazem necessários. Você pode avaliar uma situação em questão de segundos e ter soluções práticas e inventivas num estalar de dedos. Apesar de parecer um bocado estranho, o fato é que funciona. Você é despachado, adaptável e cheio de informações. Por que tem o medo inconfessável de ser considerado estúpido? Tenha uma conversa com você mesmo.

Faça funcionar a seu favor

- Muitos diferentes grupos de amigos deixarão você à vontade para expressar diferentes aspectos de si mesmo
- Adquira o hábito de dizer um "talvez" decisivo, para não deixar as pessoas decepcionadas ou constrangidas
- Procure se envolver com o máximo possível de atividades excitantes e falar às pessoas o que pensa a respeito delas ou escrever sobre elas
- Tente ocupar uma coluna de um jornal local ou paroquial
- Pode até ser agradável ter um ou dois alter egos na internet – mas não vá longe demais

6 como Número da Personalidade

Em geral, quando está jogando charme, sabe como espalhar a luz do sol em toda a parte. Instintivamente, cria beleza e equilíbrio onde quer que esteja – é aquele que se prontifica a ajeitar os quadros do amigo para que eles fiquem pendurados da maneira certa e proporcionem uma visão agradável. Quando se trata de sua casa, tudo é muito bem escolhido, criando um ambiente que seja o mais harmônico e agradável aos olhos.

Dicas

- Aprenda a dizer o que sente de um jeito calmo e agradável – isso ajudará a aumentar a harmonia a longo prazo
- Se você não pode fazer tudo perfeito, faça um quarto ou mesmo um canto com perfeição – um espaço que possa apreciar
- Como todas as formas de beleza tranquilizam você, pinte as unhas e use anéis e pulseiras, pois você vê mais suas mãos do que seu rosto
- "Veremos", "vou manter você informado" e "se possível" devem ser seus lugares-comuns, para não se comprometer demais
- Divirta-se o quanto puder falando a respeito de outros, mas diga sempre algo agradável

Você adora quando as pessoas aparecem com flores e provavelmente tem paciência para arranjá-las. À mesa, espera que todos tenham se servido antes de pegar os próprios talheres dirigindo a conversa para assuntos leves e interessantes. A política é assunto terminantemente proibido; quando a conversa entra em detalhes sórdidos de operações escusas –, você, delicadamente, muda de assunto.

Provavelmente é admirado pela aparência impecável, unhas bem tratadas, roupas combinando e nenhum fio de cabelo fora de lugar. Mesmo quando relaxa em roupas folgadas, continua atraente, porque sua cor combina com você e não se esqueceu de colocar as joias. Você sabe como fazer de si mesmo o melhor, mas isso vai além da superfície. Sente que é importante criar uma atmosfera tranquila e sempre encontra um jeito de acalmar os ânimos. Como excelente pacificador, em geral encontra algum propósito ou tópico em torno do qual as pessoas estejam de acordo, e, quando as

Você precisa de algo atraente para olhar e as unhas estão sempre à vista.

opiniões são divergentes, usa a tática para levar todo mundo a um terreno comum.

De temperamento calmo e tolerante, seu pavio é longo, mas pode se tornar extremamente áspero diante de qualquer injustiça e quando se coloca ao lado dos injustiçados. Você passa a imagem de perfeição; portanto, qual é o problema? Você pode reprimir seus sentimentos em favor da harmonia e, por esse motivo, às vezes eles podem sair em um jorro. Fofocar é a sua fraqueza – adora "futricar". Como é tão importante para você encontrar tudo perfeito, pode às vezes ficar extremamente invejoso. Com seu jeito calmo, pode ser extremamente competitivo, e esse aspecto provavelmente causará estresse. Procure lembrar que ninguém está fazendo comparações, e não é preciso provar nada a ninguém.

6 como Número do Caminho de Vida

Exercer um papel significativo em sua comunidade é essencial para você, e essa pode ser sua vocação. Quando criança, seu sonho talvez tenha sido ser médico, enfermeiro ou professor, e, mesmo que você não tenha de fato assumido uma dessas profissões, alguma relação com cuidado, cura e educação estará presente no que você faz.

Nem sempre é fácil para você chegar a uma decisão, e tem a necessidade de sentir que a sua escolha conta com o apoio do grupo do qual você faz parte. Você convoca reuniões e promove discussões, facilitando o processo para que todos cheguem a um consenso. Você tem muita capacidade de visualizar o quadro geral, e sua abordagem é sempre inclusiva – você olha ao redor e rapidamente encontra um denominador comum. Esse é um recurso fantástico em situações que exigem diplomacia e tato. Provavelmente, se sente responsável pelo conforto, bem-estar e sucesso de todos ao seu redor, e esse é o compromisso ao qual você se dedica. No entanto, às vezes quer abraçar o mundo com as pernas e se esforçar demais por todas as pessoas. Isso, ocasionalmente, pode levar você a fazer justamente o que mais gostaria de evitar – decepcionar alguém. Também implica deixar de lado o seu amor pela paz quando a situação esquenta, de modo que no exato momento em que mais necessitam de você, pode se afastar para cheirar as rosas.

Coisas a fazer

- Invista em uma ou duas obras de arte originais, especialmente se você conhece o artista – mesmo com um investimento modesto, sentirá satisfação
- Faça uma pequena faxina a cada semana, nem que seja apenas de um armário ou gaveta – o atravancamento é desprovido de estética
- Encontre um grupo apropriado em que sua participação seja importante

Como membro de um grupo, é fantástico, e geralmente consegue manter as partes unidas, não tanto por sua capacidade de liderança, porém por ser hábil em causar empatia. Onde quer que esteja, consegue criar uma espécie de família. Você é capaz de transformar uma sala de espera, uma cozinha coletiva ou outro espaço qualquer em um cantinho aconchegante, apenas acrescentando alguns toques de requinte. Cultura e arte são extremamente importantes para você. A influência do fator 2 x 3 presente em sua natureza significa que incentiva os outros a usar a criatividade e se encontrar por meio de brincadeiras. Você mesmo pode ter talentos artísticos, mas expressá-los não é tão importante quanto se sentir cercado de graça e beleza – é isso que conta na sua vida.

Pessoas famosas
- Francisco Goya 30.3.1746
- T. S. Eliot 26.9.1888
- Elisabeth Kübler-Ross 8.7.1926
- George Walker Bush 6.7.1946
- Jane Goodall 3.4.1934

6 como Número da Alma

Beleza e tranquilidade são tão necessárias a você quanto o ar que respira e, de fato, sem elas você pode ficar doente. O lado positivo disso é que é capaz de ver beleza onde os outros veem apenas coisas triviais e até repulsivas. Se há alguma coisa agradável para ver, você se concentra nela – se uma única flor brota de um monte de lixo, você volta a sua atenção para a beleza de suas pétalas e, se possível, ignora o lixo.

Há um ditado chinês que diz: "Não tenha nada em sua casa que não tenha utilidade ou beleza", e você o segue até onde for possível, dando muita atenção ao apelo visual. Se houver meia chance, sua casa ficará parecendo algo saído de uma revista de luxo, e você adora comprar cortinas, móveis e ornamentos. Consegue criar um ambiente agradável com fragrâncias, velas e o próprio *je ne sais quoi*. Você gosta de entreter, apesar de preferir uma refeição descontraída na cozinha a um jantar formal ou festa extravagante. Às vezes, vai longe demais para agradar as pessoas e, se você tem números como 1 ou 4 em sua constituição, pode se levar à loucura com perguntas como *"Por que concordei com isso?"* Seu coração mole pode ser explorado por pessoas que confundem bondade com fraqueza. Sendo profundamente sensível aos problemas do mundo, considera muitas notícias deprimentes. Você é um defensor da justiça e pode ter dificuldade em aceitar que as pessoas sejam cruéis umas com as outras. Talvez seja melhor ouvir música, algo que você provavelmente adora, e o faz a maior parte do tempo em que está a sós. Não é que fique a sós com frequência – você ama sua família, e seus amigos podem formar outra "família", uma vez que nutre a necessidade de fazer parte de um grupo afetivo. Você talvez seja bastante sentimental em relação a alguma coleção de fotografias e lembrancinhas, todas ligadas a momentos especiais. Em geral procura consolo em hábitos refinados, que proporcionam a sensação de ordem e equilíbrio – chá às três da tarde, banho perfumado antes de dormir –, mas não deixe que se transformem em obsessão. Pode desejar filhos, mas não esqueça que é a pequena criança interior que mais necessita de amor. Quando se sente internamente confiante, seu brilho se irradia para fora e reveste de beleza tudo ao seu redor.

Você adora ouvir música. Faça isso para espantar os males.

Mantras e visualizações

- Um objeto de beleza é sempre um motivo de alegria
- Paz a qualquer preço – ou quase
- Se a música é o alimento do amor, continue ouvindo
- Perder-se em alguma coisa – ou em alguém – que vale a pena é a maior das bênçãos
- Deus está em Seu Paraíso, tudo está perfeito no mundo
- Eu sou parte da família planetária

6 como Número do Destino

A família é de uma forma ou de outra indispensável para você e, possivelmente, teve um papel importante, como o de atenuar as coisas em sua família de origem. Você pode ter atuado como mamãe ou papai para os irmãos menores, quando os pais estavam ausentes, ou, talvez, tenha procurado apaziguá-los quando brigavam.

Diante de uma desavença grave, você se recusava a escolher, talvez com a esperança de que, sendo leal a ambas as partes, pudesse impedir uma separação. Se o divórcio chegou a acontecer, pode ter sido especialmente traumático para você, a não ser que tenha sido muito bem administrado, com a intenção de preservar um pouco de harmonia.

Lições a aprender

- Uma família é formada de indivíduos que se mostram como são – do contrário, não se trata de uma família verdadeira
- Lembre que as formas externas podem ser ilusórias – não acredite nas aparências
- Alimentar o corpo é importante, mas alimentar a alma é vital, e o melhor prato é o amor incondicional

Você pode tentar arduamente se comparar aos vizinhos, tendo o carro mais elegante e o jardim mais bonito, porém é mais provável que você tenha valores mais profundos e queira parecer ter uma família perfeita. Se fosse possível existir tal coisa como "família perfeita", seria você a criá-la; no entanto, é muito importante lembrar que em uma família de verdade cada um tem o direito de ser o que é e ser aceito como tal. É melhor haver algumas rusgas honestas do que fingimentos açucarados, pois esses servem apenas para aumentar os problemas a longo prazo. Quando as coisas vão mal, você pode se culpar – essa é uma atitude tola, pois certamente faria absolutamente tudo para manter a solidariedade familiar. Acreditar que você é capaz de controlar esses problemas – e deveria fazê-lo – pode ser uma forma de presunção. Abrir mão do controle e com isso preservar a própria calma será muito melhor para todos os envolvidos.

Está em seu poder formar e manter um lar.

AS CINCO FÓRMULAS

Ter uma casa e uma família é extremamente importante para você, e pode muito bem ser o impulso mais forte que move você. Alimentar e nutrir são suas principais prioridades. Você pode ser tornar uma "supermãe" ou um "superpai", sempre lutando pelo melhor de seus filhos. No entanto, note que sua família de origem continua exercendo influência poderosa, e você precisa tomar cuidado para não colocar seus pais ou irmãos à frente de seu parceiro. Se perceber que está girando em torno de sua grande família, enquanto em sua casa as pessoas ficam por conta própria, precisa se perguntar a que você está se apegando e a quem realmente deve agradar. Aprenda com o passado, deixe-o para trás e recrie o melhor dele em sua vida adulta – ninguém é melhor do que você para criar uma vida doméstica abençoada.

Escolher corretamente as pessoas às quais agradar é de importância crucial.

6 COMO NÚMERO DO DESTINO

6 como Número do Aqui-e-Agora

Você não atende ao telefone antes de estar totalmente satisfeito com a aparência e quando faz sua aparição com paramentos de estilista, inspira, sem mencionar que é motivo de inveja. Provavelmente, obtém alguma satisfação secreta nisso, porque, pra dizer a verdade, você pode estar inseguro em relação ao seu poder de atração, e essa imagem deslumbrante esconde o medo de ser feio ou, de alguma maneira, não possuir atrativos.

Com uma forte presença do elemento 6, talvez considere a hipótese de fazer uma cirurgia plástica, e essa possibilidade é ainda maior se o 6 aparece como seu Número do Aqui-e-Agora. A imagem está acima de tudo, e você pode até arriscar perder algumas características de sua identidade para tentar corresponder a um ideal totalmente vazio de essência. Embora seja um cenário extremo, o que você faz normalmente é se esforçar para ser, como tudo o que tem consigo, o mais agradável que puder. Por que não?

No entanto, nem tudo é cosmético. Você tem necessidade de tornar tudo ao seu redor o mais confortável possível em todos os níveis. Isso quer dizer que sua palavra preferida talvez seja "sim" – ela simplesmente salta de sua boca antes de você en-

Aprenda a desfrutar sua boa aparência sem se preocupar.

Faça funcionar a seu favor

- Preste ajuda apenas quando for solicitada – há muitas pessoas precisando de você
- Pratique dizer não a coisas pequenas – aos poucos ficará mais fácil dizer não a coisas mais importantes
- Atenha-se aos próprios princípios mais importantes, assim estará respeitando a si mesmo e conquistando o respeito de outros
- Ser "capacho" não é uma posição agradável – aprenda a se erguer e sair dessa

tender o que está acontecendo, tão natural para você é fazer o que os outros querem. Isso pode parecer fraqueza, mas não é – simplesmente se sente melhor quando "segue a corrente". Outras pessoas podem parecer "mais fortes", mas isso provavelmente tem a ver com o fato de estarem menos sintonizadas com os sentimentos dos outros e, portanto, não sentem quando há uma atmosfera de desarmonia. Pessoas como você são como o cimento que mantém o grupo unido, mas precisa tomar cuidado para não se perder nesse processo.

O adjetivo "sociável" cabe bem a você e provavelmente adora organizar passeios e excursões para o grupo. Restaurantes de luxo são seus preferidos e é possível que seja um grande hedonista, que leva os outros a cair em deliciosas tentações. Você protege os vulneráveis e quem achar que é um tipo molenga terá que recuar em suas ofensivas, porque as provocações o fazem arreganhar os dentes. No entanto, há situações ante as quais precisa aprender a não meter o nariz, deixando as pessoas travarem as próprias batalhas. O grau com que desenvolve sua consciência coletiva de maneira sensível e equilibrada terá profundo efeito sobre o grau de sua satisfação. Você se sente bem quando consegue mobilizar todo mundo para pôr em ordem a quadra de esportes, a escola ou a casa de idosos, mas, se tentar se envolver com o que acontece atrás das portas fechadas de seu vizinho, vai acabar se dando mal. Seja prudente.

7 como Número da Personalidade

"A Terra chamando o Número 7 – favor se apresentar!". Você parece muitas vezes estar "perdido nos próprios pensamentos" e, mesmo quando está com toda a atenção voltada para um propósito ou para uma pessoa, uma parte sua parece não estar totalmente presente. Você talvez esteja refletindo profundamente sobre o que está acontecendo ou pensando em outra coisa. Pode ser difícil para os outros entender isso, ou os motivos, e você não tem nenhuma intenção de explicar. Talvez porque goste de ser inacessível, porém é mais provável que não consiga expressar em palavras o que está se passando em sua mente.

Dicas

- Aprenda a meditar ou praticar alguma outra forma de disciplina mental que o ajude a se desligar – assim poderá pensar com mais clareza
- Quando sentir medo, use a lógica implacável, como: "Quando no meu passado ocorreu 'o pior'? Provavelmente nunca"
- Descubra algo que realmente mereça ser investigado – não perca tempo analisando trivialidades
- Desenvolva a intuição com um tema como o Tarô
- Estude para obter uma boa formação – você sente que está em seu pico quando se dedica a algum estudo

Às vezes parece um coelho atrapalhado diante das câmeras, e as pessoas acham que você vai melar tudo, mas estão equivocadas. Embora sua maneira de alcançar resultados pareça misteriosa, o fato é que você os alcança, e normalmente são impressionantes. As coisas simplesmente "acontecem" ao seu redor.

Como tem padrões extremamente altos de desempenho, você pode ser seu pior inimigo, se preocupando incessantemente em "fazer a coisa certa" ou tentando descobrir os meios mais eficientes para lidar com as situações. Você já ouviu a frase "Não se mexe em time que está ganhando!"? Às vezes complica demais a vida e, de tanto procurar pistas, deixa de enxergar o óbvio ao redor. No entanto, é extremamente intuitivo e se der atenção àquela vozinha que sussurra em seu interior, ela jamais o levará para a direção errada.

Devanear pode ser o prelúdio de uma ação inspirada.

Você tem o dom de ver certos fatos com muita clareza. Podem ser coisas importantes; por exemplo, como uma pessoa realmente se sente ou se algo vai funcionar, e suas percepções podem ser surpreendentes. Com seu magnetismo e ar misterioso, talvez fascine algumas pessoas. Outras percebem sua profundidade e se aproximam em busca de conselhos para problemas importantes. Nessas ocasiões, suas percepções podem surpreender até você mesmo, pois simplesmente "sabe" sem que ninguém tenha contado. Vidência? Provavelmente, mas suas conclusões resultam de observações argutas e às vezes subconscientes, que, juntas, podem chegar a um resultado maior do que a soma das partes envolvidas. Quando consegue relaxar e confiar em si mesmo, se surpreende com a clareza do que é capaz de ver.

173

7 como Número do Caminho de Vida

Ávido por conhecer, você busca a sabedoria nela mesma, mas também porque sabe que ela dá poder. Você quer o máximo possível de opções na vida – não exatamente por necessitar de variedade e excitação, mas por acreditar instintivamente que a quantidade proporciona segurança quando se trata de habilidades.

Coisas a fazer

- Reserve, regularmente, um tempo para ficar a sós e aprender a desfrutar da própria companhia
- Descubra algo interessante para investigar, como a árvore genealógica de sua família
- Faça regularmente palavras cruzadas e quebra-cabeças – eles ajudarão a manter sua mente flexível e a desviá-lo de pensamentos negativos

Com a mente aguçada, você se torna mais eficiente e positivo.

7 COMO NÚMERO DO CAMINHO DE VIDA

"Segurança" é na verdade uma de suas metas. Não a segurança material buscada pelo 4, ou a segurança nos relacionamentos que é o foco do 2. Você busca uma segurança mais profunda, que envolve um entendimento verdadeiro de como o mundo e as pessoas que vivem nele se harmonizam. Esse entendimento pode dar o controle em suas mãos, de uma forma sutil. Uma vez que angariar conhecimento, você pode guardá-lo para si mesmo – as pessoas podem nem saber que você o possui, e você pode passá-lo apenas a alguns poucos privilegiados.

Provavelmente, você tem interesse no paranormal. Isso pode ser porque intui a existência de toda uma área de potenciais a dominar. Você tem a introvisão e a autodisciplina do *Magus* e pode adentrar territórios com os quais outros ousam apenas sonhar. Ou você pode estar decidido a desmascarar algo que considera "não científico", querendo provar que existem certas leis que regem a existência e que estas já foram estabelecidas. Em qualquer caso, sua obstinação pode se transformar em obsessão, de modo que é vital criar equilíbrio em sua vida com prazeres simples e coisas que apenas "sente" e "faz" sem analisar.

Para você, tirar o melhor proveito de si mesmo e uma boa educação são essenciais. Esta deve ter bases amplas, ser capaz de prover abundância de informações para que possa escolher uma especialidade. Você precisa de desafios mentais para que sua mente funcione de maneira positiva, pois, sem isso, você às vezes pode entrar em depressão. Você também precisa seguir sua intuição sem medo de errar; a intuição é como um músculo que se fortalece quando usada regularmente. Às vezes percebe que progride mais quando "segue a corrente". É difícil para você acreditar que tudo possa acontecer facilmente, mas às vezes o maior mistério da vida está em contemplar a verdade de que é assim que as coisas são.

A realidade nem sempre é o que parece, e há algo que nós mesmos criamos; portanto, seja otimista em todas as situações.

Pessoas famosas

- Santa Teresa D'Ávila 28.3.1515
- Winston Churchill 30.11.1874
- Eric Clapton 30.3.1945
- Susan Sarandon 4.10.1946
- John F. Kennedy 29.5.1917
- Paul Gauguin 7.6.1848

7 como Número da Alma

O mundo não foi feito para almas como a sua. A realidade é demasiadamente banal e chata. A verdade é que você sabe, no fundo de seu coração, que a "realidade" não é absolutamente real, e você anseia por mergulhar abaixo da superfície da vida e explorar outros mundos e outros estados de ser. Talvez acredite em fadas e alienígenas e até tenha interesse em bruxaria – na verdade, é bem típico de pessoas com esse número ter um pôster de extraterrestre na parede do quarto com a inscrição "Eu gostaria de acreditar".

Por outro lado, você pode encontrar todo encantamento que necessita apenas contemplando os padrões de uma folha ou plantando-se e ficando totalmente imóvel em uma floresta, esperando que os texugos e veados apareçam.

É muito provável que procure ativamente tempo para ficar a sós. Como é muito sensível, pode se sentir bombardeado tanto por imagens e sons como pelas expectativas e opiniões dos outros. Às vezes, considera que seria feliz se fosse a última pessoa sobre a face da terra. Em outras, anseia por um contato intenso e encantado com outras pessoas. Sua vida interior é extremamente profunda, e sua imaginação tão poderosa a ponto de se transformar em realidade. Às vezes, acredita que ela é mesmo capaz disso. Afinal, o que é "real"? O que enxer-

Mantras e visualizações

- Tudo é possível
- A oração pode mudar o mundo
- As melhores coisas da vida não são vistas nem ouvidas – são sentidas no coração
- O divino está em todos os lados à nossa volta, em cada passarinho, cada árvore e cada flor
- Responsabilidade começa nos sonhos
- Assim na Terra como no Céu

gamos no mundo é apenas uma invenção do nosso cérebro e fazemos parte de uma massa de energia em movimento. Conceitos como esses te fascinam e podem trazer consolo quando a pressão é demasiada.

Você considera sua privacidade vital e, se ela é invadida, pode ficar extenuado e agitado. Nunca deveria ser forçado a entrar numa situação em que outra pessoa escolhe por você – é profundamente prejudicial não ter suas opiniões respeitadas. Interiormente, é bastante frágil, e ficar a sós é uma forma de proteger essa fragilidade. Mas isso nem sempre funciona bem, e você pode ser acusado de "orgulhoso". Se existe em sua constituição uma presença forte de números mais extrovertidos e amistosos, como Três ou Seis, talvez sinta vergonha de sua necessidade de isolar-se, mas essa atitude pode ser terapêutica e fortalecedora. As belezas da natureza fazem seu coração cantar, e uma das manifestações mais tocantes de sua sensibilidade pode ser o envolvimento com a preservação da vida selvagem.

Ter tempo para estar em contato com o eu interior que sabe das coisas é vital para o 7.

7 como Número do Destino

O ambiente em que você cresceu sempre apresentou para você algum tipo de mistério. Você pode não ter sabido bem o que estava acontecendo. A sua família pode ter guardado segredos dos quais se envergonhava ou seus pais podem ter sonegado propositadamente informações para proteger você. O mais provável é que você tivesse uma percepção extremamente sensível do que ocorria abaixo da superfície. Isso pode às vezes ter causado preocupações, pois temia que algo que ameaçasse sua segurança.

Agora você assume a responsabilidade de se antecipar aos acontecimentos para proteger a si mesmo e aos outros de ameaças ocultas. Muitas vezes está no rumo certo e repetidas vezes fica comprovado que viu as coisas corretamente. É muito difícil se deixar enganar. Às vezes chega a ser um pouco paranoico – mas não há necessidade disso.

O seu destino o levará pelo "caminho menos trilhado". Mesmo que faça alguma coisa bastante trivial, e sua vida pareça bem comum, logo abaixo da superfície se encontra um toque de originalidade. Você pode estar em posse de um segredo que precisa proteger e talvez considere que recebeu responsabilidades que os outros jamais entenderiam. Tende a ser um pouco solitário. Trabalha para alcançar metas a longo prazo, cuja realização leva anos, e mantém planos em segredo por temer que, se outras pessoas souberem, poderão ridi-

cularizá-los ou obstruí-los. É comum que as pessoas se sintam realmente surpreendidas quando você consegue algo extraordinário ou faz algo totalmente fora do comum.

Um estilo de vida "alternativo" pode atrair – talvez seja mais fácil seguir sua estrela se você "cai fora" e, em casos extremos, passa a viver em um trailer ou numa barraca montada no campo. Às vezes, vive como um ermitão. É possível que você se reinvente e volte à cena com uma imagem totalmente diferente. As pessoas se sentem fascinadas por você e acreditam que guarda um segredo que ninguém mais compartilha. Em suas horas mais difíceis, aparece com uma resposta ou com um modo de agir que ninguém jamais seria capaz de imaginar.

Você pode viver com o pé na estrada ou sonhar com uma vida em meio a uma floresta.

Lições a aprender

- Você precisa parar de imaginar o pior – imaginar o melhor vai permitir que você o crie
- Certifique-se de que suas metas têm significado profundo – você investe tanto que elas não podem servir apenas para obter controle ou engrandecimento de si mesmo
- A fé pode mover montanhas

7 como Número do Aqui-e-Agora

O que está acontecendo atrás daquelas cortinas de fumaça? Seus amigos imaginam todo tipo de coisas, mas você raramente revela algo. Talvez porque não tenha muito para revelar quando chega lá. Se o restante de sua natureza é constituída por números como 2 ou 4, por exemplo, pode estar mais interessado no que há para jantar (e com quem vai jantar) do que em buscar o sentido da vida.

No entanto, tendo o 7 como Número do Aqui-e-Agora, haverá propensão a ser um pouco fantasmático – no melhor dos sentidos. O seu modo de agir é bastante incomum, e você é imprevisível – até mesmo um bocado chocante. Você é capaz de dizer em voz alta aquilo que todo mundo está pensando mas não diz. Explicar a si mesmo pode ser muito difícil, especialmente quando se trata de seus sentimentos, e, por mais que tente, você não consegue se fazer entender. Às vezes, não vê por que se explicar, e pode dar vazão a um acesso de raiva. É possível que acredite que as pessoas deveriam entender certas coisas sem que precisassem ser ditas.

Faça funcionar a seu favor

- Se você quer realmente guardar sentimentos para si mesmo, ponha um sorriso na cara – com uma atitude positiva, deixará claro que tudo não passa de um jogo
- Confiança gera confiança – talvez você precise revelar um pouco mais de si mesmo se quiser que outras pessoas revelem as próprias verdades
- Aprenda a aceitar mesmo sem entender – por exemplo, não se entende o que é o amor, pense: onde estaríamos sem ele?
- Tome cuidado com o que deseja, pois é bem provável que consiga e, com isso, fique preso em sua armadilha

Por ser alguém que jamais mostra sentimentos abertamente, a pessoa a quem revela algo em confiança é privilegiada. Sendo você mesmo leal, tem as mais altas expectativas a respeito de quem considera um amigo. Você é extremamente sensível, realmente atento àquilo que as pessoas pensam a seu respeito, e elas podem não fazer ideia do quanto as opiniões a seu respeito o afetam. Você sente o astral de quem está ao seu redor, e isso altera o seu estado de espírito. Às vezes, considera tão difícil lidar com certas "vibrações" que simplesmente precisa se afastar. Aprender a se "limpar" espiritualmente vale o esforço necessário.

Representar papéis talvez seja algo atraente, e pode ser que se apresente com um enorme lenço e brincos de argola para imitar a cigana que vê a sorte no bazar beneficente mais próximo. Você pode se perder em devaneios e até se viciar em filmes e novelas escapistas, desde novelas de ficção científica a romances – quanto mais extravagante, melhor. Quando entender que pôr o foco em alguma coisa faz com que ela realmente aconteça em sua vida, poderá se divertir um bocado manifestando o que deseja. Entretanto, frequentemente descobre que o que tanto desejou não era nada demais, por isso é importante concentrar sua atenção em coisas que tenham benefício duradouro e significado maior.

A vida é um mistério. Mergulhe em todas as suas complexidades.

7 COMO NÚMERO DO AQUI-E-AGORA

Recursos e poder são sua moeda corrente, e você sabe usá-los bem.

8 como Número da Personalidade

Das grifes de roupa que usa até sua linguagem corporal arrebatadora, algo em você está sempre dizendo "Note-me, eu sou importante". Provavelmente, acha que é tarefa sua assumir o controle, e os desafios trazem à tona o seu melhor. Como o 4, você é extremamente prático, porém tem uma visão mais ampla e organizar em larga escala é algo que considera natural. Como o 1, você é um líder, mas não sai disparando a torto e a direito – se certifica de que há uma rota bem planejada e pessoas que realmente estão do seu lado.

Você é capaz de ser um administrador tanto no trabalho quanto no lazer – pode ser um recurso fantástico para ajudar a planejar a festa de casamento de um amigo, por exemplo, e não ficaria assustado diante das complicações envolvidas nas providências quanto ao bolo, às roupas e à distribuição dos convidados nos assentos. De fato, com sua "cabeça financeira", teria os custos do evento perfeitamente calculados e orçados, conseguindo fazer o melhor negócio com a introdução de alguns itens. Dizer às pessoas o que elas devem fazer não é nenhum problema para você – consegue se comportar facilmente como o Diretor Presidente de uma empresa multinacional (é bem possível que um dia obtenha esse cargo) –, e elas instintivamente o respeitam. Com seu charme e autoconfiança, consegue tirar o melhor de todos, desde que evite qualquer

Dicas

- Lembre que só se enriquece quando enriquece os outros da mesma maneira – isso também inclui atribuição de responsabilidades
- Poder "para" e não poder "sobre" deve ser o propósito almejado
- Disponha-se a ser "santificado com moderação" por verdadeiras realizações, e não colocado em um pedestal onde o único caminho é para baixo
- Guarde sempre um ovo em um ninho, este nunca é posto em risco

alusão à autocracia. No entanto, tem dificuldade para delegar, porque poucos estão à altura de suas exigências e, se não tomar cuidado, poderá se exaurir tentando ser "chefe de cozinha e lavador de copos" ao mesmo tempo.

Entre seus amigos, gosta de ser influente – ser o primeiro da lista de convidados ou exercer um papel importante. Você gosta igualmente de ser reconhecido pelo sucesso conquistado e provavelmente também por suas riquezas. Se a sua personalidade funcionar positivamente, sem dúvida será muito próspero, uma vez que tem faro para os investimentos e grande oportunidade para isso. Entretanto, como seu orgulho não admite fraquezas, se as coisas vão mal, julga quase impossível pedir ajuda. Lutando sozinho, com a expressão sorridente, pode enfrentar a falência ou a perda da própria casa ou empresa sem que ninguém desconfie. Por sorte, a perspicácia salva a sua pele, e você consegue se erguer das cinzas como uma fênix.

O céu é o limite quando você realmente expressa quem é.

8 COMO NÚMERO DA PERSONALIDADE

8 como Número do Caminho de Vida

A busca de poder é forte, e você tem um impulso inexorável pela busca de segurança material, amplitude de escolha e espaço para ações efetivas. Provavelmente tem plena consciência das estruturas de poder na coletividade – em uma grande empresa, na sociedade em geral e perto de onde mora. Instintivamente, sabe quem toma as decisões e por que; em alguma área de seu interesse, seu progresso será contínuo.

Costuma julgar a si mesmo a e aos outros pelas posses que têm – procure não fazer isso, pois poderá levar a aborrecimentos e até mesmo à sua derrota. Se tentar ganhar demais com muita rapidez, poderá ir além da conta tanto financeiramente como em outros sentidos. Esteja certo de que, se não se apressar, construirá uma base sólida e alcançará o sucesso. O *status* é de importância vital para você.

Não está interessado em mesquinharias como "querer ter o que o vizinho tem" – mas em fazer uma mudança construtiva no mundo. No entanto, se não tiver um propósito firme, poderá ser tentado a cortar caminho para simplesmente impressionar. Um exemplo extremo disso é a pessoa que mora em uma mansão e não tem como pagar as prestações, ou faz gastos extravagantes, torrando dinheiro, ultrapassando o limite do cartão de crédito e adiando o inevitável dia do acerto de contas. Você é realmente muito suscetível a isso.

Decidido e determinado, leva a si mesmo muito a sério. Pode ser muitas vezes considerado opressivo pelos outros, o que é estranho, porque bem no fundo tem plena consciência da capacidade alheia e frequentemente se sente em desvantagem. Sendo competitivo e hierárquico, fica de olho

Coisas a fazer

- Obtenha conhecimentos em negócios e finanças – escolha com bom senso um curso para estudar
- Observe atentamente a vida e a filosofia de vida de seu exemplo de pessoa bem-sucedida – tome nota do que pode aprender com ela
- Crie um plano estratégico quinquenal e o reveja regularmente

Pessoas famosas
- Michelangelo 6.3.1475
- Andrew Carnegie 25.11.1835
- Douglas MacArthur 26.1.1880
- Joan Collins 23.5.1933
- Jane Fonda 21.12.1937
- George Harrison 25.2.1943

no cargo máximo e até querendo desalojar seu ocupante. Justamente por isso, pode se sentir ameaçado pelos desafios dos colegas e subordinados. É importante cultivar uma autoestima mais forte e a consciência realista de suas capacidades e igualmente uma atitude de tolerância e consideração pelos semelhantes – só assim irá se sair brilhantemente. Você está destinado a ocupar algum cargo de direção e pode até se tornar um magnata. No entanto, talvez seja melhor ser um peixe grande em um pequeno tanque do que mover-se em direção ao mar aberto, que pode estar infestado de tubarões. No final, terá que encontrar um poder maior em seu interior e um sentido espiritual no que faz, para que suas conquistas o enriqueçam em todos os níveis.

Concentrar sua ambição de forma que ajude todos os envolvidos trará satisfação.

8 como Número da Alma

Causar um impacto, fazer diferença – essa é a sua tendência natural, e, caso não consiga ser alguém importante, alguma coisa em seu interior murcha. No entanto, se seguir as sugestões de sua intuição, saberá que caminho conduz aos holofotes e limusines. Você tem uma ambição implacável e pode seguir seu curso a qualquer preço, mas isso talvez não seja óbvio para os outros e um de seus talentos pode ser o de pegá-los desprevenidos. Um dia podem descrever você como um "sucesso da noite para o dia", quando, na verdade, você trabalhou arduamente durante muitos anos.

A segurança material e as melhores coisas da vida são bálsamos à sua alma. Entretanto, isso não quer dizer que você seja fundamentalmente materialista. Você tem consciência da capacidade que o conforto material tem para proporcionar liberdade de tempo e escolha. Se não tiver a preocupação com o local de onde virá a próxima oportunidade, poderá obter muitas outras realizações. Após conquistar o mundo, descobre que o último domínio é alcançar o controle sobre si mesmo. Você pode desenvolver uma vontade de ferro, mas quando descobre que a imaginação é sempre mais

Mantras e visualizações

- Estou construindo minha vida tijolo por tijolo
- Para a frente e para cima
- O segredo do sucesso é ser constante em meu propósito
- O verdadeiro poder é ter poder sobre mim mesmo
- A minha vontade anda de mãos dadas com a minha imaginação
- Eu sou como uma árvore imponente: raízes profundas, tronco forte e galhos de longo alcance
- Eu sou uma força com a qual se pode contar

A arte de sonhar sonhos possíveis faz de você um vencedor.

forte do que a força de vontade, põe o esforço no sentido de direcionar suas fantasias para assim reformular sua vida.

Um de seus maiores desafios é abandonar o controle sobre as pessoas com as quais se importa. Com frequência, você vê muito claramente o que precisa ser feito e sabe como fazê-lo. É incrivelmente difícil ficar de lado assistindo àqueles que ama cometerem erros e até mesmo se machucarem e precisar morder a língua para não dizer "Eu te avisei". É importante entender que fez o melhor que pôde e procurar não dominar. Às vezes, o melhor que você pode dar é a liberdade de cometer erros – é claro que sempre ajuda quando você está ali para juntar os cacos.

8 como Número do Destino

Em sua infância, questões relativas a poder e status eram provavelmente importantes para você e para as pessoas ao seu redor. Sua família talvez se sentisse em desvantagem em certo sentido e que tinha de lutar para manter a posição ou de alguma maneira era menosprezada. Também é possível que sua família fosse influente, com imagem e *status* a preservar. Isso pode ter criado em você um senso de responsabilidade e, talvez, a consciência de uma missão a cumprir. Pode ter julgado que cabia a você cumprir essa responsabilidade, e isso talvez tenha feito com que se sentisse sobrecarregado. Conquistas concretas lhe proporcionam maior prazer e satisfação.

É possível que você seja bastante sistemático e tenha um esquema a seguir em sua vida, com muitos detalhes e prazos determinados. Em geral realiza o que se propôs fazer, o que te favorece. A força de seu caráter é notável, e as pessoas tendem a segui-lo porque você impõe respeito. É importante usar esse poder com sabedoria e não se tornar provocador ou agressivo.

É provável que tenha uma personalidade do "Tipo A" e pode se forçar a ir além do limite de sua resistência. Por mais que alcance, você nunca está satisfeito e quer sempre fazer mais, ter mais e ser mais. Pode parecer a todos ao redor que você já "tem tudo", mas sempre deseja algo maior e melhor. Quando exausto, pode ficar deprimido. É também será uma pena se não parar um pouco para apreciar o que tem. Quantos pares de sapatos uma pessoa consegue usar? E de quantos aposentos você de fato precisa para sentir que chegou aonde queria? Finalmente, entende que "não vai levar nada" e que o legado mais duradouro que pode deixar é o de generosidade e bondade.

Lições a aprender

- Fracassar pode ser duro, mas não tentar é muito pior a longo prazo – o fracasso deixará você mais forte; portanto, seja corajoso
- Ter o suficiente é tão bom quanto um banquete
- As pessoas o seguirão mais pelo que você *é* do que pelo que você *faz*; portanto, confie em você mesmo

Você pode fazer tudo que estiver ao seu alcance para evitar o fracasso em qualquer coisa, e tudo bem quando significa – como normalmente é o caso – que investe 100% em tudo que faz. Mas às vezes seus medos levam a melhor, e você simplesmente deixa de buscar aquela promoção ou se submeter àquele exame. A possibilidade de ser humilhado parece um pesadelo, mas para vencer é preciso participar, e você precisa admitir que negar-se uma oportunidade é o pior de todos os fracassos. Lembre--se de que *todas* as pessoas bem-sucedidas fracassaram muitas e muitas vezes, e o que distingue os vencedores dos perdedores é a capacidade de aprender com os erros.

O sucesso proporciona um prazer inebriante, mas fazer o melhor possível também traz satisfação.

8 como Número do Aqui-e-Agora

Por que você tem sempre tanto para fazer? E por que, por mais que realize, sempre falta alguma coisa? Tem um ditado que diz que, precisando que algo seja feito, deve pedir a uma pessoa ocupada – e parece que todo mundo decidiu que essa pessoa é você. Como o sujeito do mito grego [de Sísifo], fica empurrando a pedra morro acima para, ao chegar lá, perceber que ela rolou morro abaixo e será necessário começar tudo de novo.

Faça funcionar a seu favor

- Quando se exibe, você se deprecia – deixe que sua dignidade e autoridade falem por si mesmas
- Nunca se compare aos outros – o seu valor é incontestável e você não tem que competir com ninguém
- Reconheça quando não pode fazer alguma coisa, isso é um sinal de maturidade e bom senso
- Se você quer excelência, concentre-se em uma área administrável

Talvez devesse fazer uma pausa para se perguntar por que permite que as responsabilidades acabem com você? Você não tem que ser sempre o responsável. Por algum motivo, se sente culpado, como o bom perfeccionista que é, quando as coisas saem errado, mas de vez em quando precisa colocar os óculos de proteção e dizer: "esse problema não é meu!".

Criar boa impressão é uma questão de máxima importância, e você pode se vestir de um modo que demonstre poder ou dê uma impressão de riqueza, fazendo reluzir por um instante seu relógio de marca famosa. Você tem muito bom gosto, mas às vezes tende a controlar a sua empresa. Se permitir que outras pessoas tomem a palavra e expressem pontos de vista, elas terão opinião melhor a seu respeito e, por saber mais o que agrada as pessoas ao seu redor, estará em posição mais forte.

Relaxar e causar uma boa impressão – isso trará poder.

Se for honesto, precisará reconhecer que, às vezes, tem o olho maior do que a barriga, e isso é muito assustador, pois odeia a mera ideia de se deixar humilhar. Se perceber que foi longe demais, é muito melhor reconhecer. Pedir ajuda é sinal de coragem e força, não de fraqueza, e fazendo isso, conquistará maior respeito a longo prazo.

É muito provável que você seja dotado de um "supercérebro" e que seus amigos o procurem para saber como se faz isto ou aquilo. Quando a situação exige conselhos sábios e conhecimentos sólidos, é a pessoa mais apropriada, mas se realmente não souber, jamais finja que sabe. Se for desmascarado, se sentirá péssimo. É melhor dizer "Não sei ao certo, mas vou procurar saber e procuro você"; dessa maneira, poderá aprender algo que talvez tenha utilidade no futuro.

9 como Número da Personalidade

Pessoas doutas e de mente aberta, tolas e supérfluas, almas perdidas e corações solitários – todos vêm bater à sua porta. Em outros tempos, pode ter sido a mulher sábia da aldeia ou o missionário itinerante. Subconscientemente, detém as experiências de todos os oito números, e com isso é capaz de entender quase tudo que um ser humano pode sentir e fazer.

"Tout comprendre, c'est tout pardonner" ["entender tudo é perdoar tudo"], diz o ditado francês e você tem uma atitude totalmente liberal, sempre disposto a ver o melhor em todo mundo e possibilitar que cada um o encontre em si mesmo. Sim, você pode ter um pouco de "Poliana", mas seu otimismo é em geral justificado, pois sempre encontra um jeito de fazer com que cada um manifeste o melhor de si. Você também pode dar esperança – revelando o lado claro das coisas, colocando os problemas em perspectiva e sugerindo o significado espiritual por trás deles.

As pessoas podem achar que você tem tudo em ordem em sua vida, e provavelmente passa essa impressão. Você mantém a cabeça erguida e se sobressai entre muitos – demonstra equilíbrio em seu estilo e com-

Dicas

- Fazer uma lista de ditados sábios aos quais recorrer quando a situação parecer desanimadora
- Às vezes precisará ser paciente e saber esperar – ter fé que novos significados e uma nova inspiração virão para você
- Não está escrito em lugar algum que você deve ser melhor do que todo mundo; portanto, seja simplesmente o que é
- Envolver-se em algo maior do que você mesmo irá trazer a satisfação máxima

portamento. Otimista, idealista e brincalhão, parece muitas vezes estar em busca de um sonho, interessado em viver de maneira vibrante e apaixonada. Entretanto, às vezes parece se desligar das coisas. Pequenas coisas o deixam fascinado e em algumas ocasiões chega a se mostrar ingênuo – ou pelo menos afasta temporariamente o descrédito. Você tem uma necessidade urgente de realização e, no fundo, pode ficar muito deprimido se achar que não está conseguindo alcançá-la. Apesar de inspirar os outros e ajudá-los a acreditar tanto em si mesmos como em um poder maior, você mesmo pode estar atravessando "a noite escura da alma", quando sente que a fé o abandonou.

Ocasionalmente, outro lado seu assume o controle e você pode se mostrar cínico e negativo – "estive lá, fiz isso, comprei a camiseta". Nessas ocasiões, nada na vida parece valer o esforço e talvez fique chateado consigo mesmo e critique tanto a si mesmo como aos outros. Nessas horas, é melhor não forçar a barra. Se tentar desfrutar qualquer coisa que aparecer à sua frente, logo encontrará inspiração e mais uma vez embarcará em uma viagem de descobertas.

Em geral, é você quem sabe das coisas, mas também esteja preparado para aprender.

9 como Número do Caminho de Vida

Você está em busca da verdade, seja lá qual for – e, de fato, a própria natureza da "verdade" pode ser seu objeto de reflexão. Seu caminho é o do professor ou filósofo, e você talvez esteja se esforçando para se livrar dos apegos pessoais, porque sabe no fundo que sua "missão" é fazer algo pelo coletivo.

É claro que isso não quer dizer que você não possa ou não queira se aproximar das pessoas e levar o tipo de vida que todo mundo leva. Mas não consegue se ligar muito às coisas mundanas e triviais, e haverá ocasiões em que seus interesses terão que ficar em segundo plano porque estará envolvido em projetos maiores pelo bem da humanidade e do planeta.

Brigitte Bardot se empenha na luta em defesa dos direitos dos animais.

Subconscientemente, tem uma forte e ampla conexão com tudo que a humanidade criou e viveu através dos tempos e, de alguma maneira, se sente responsável por isso. Você pode se sentir compelido a realizar mudanças profundas e até se tornar um líder espiritual. Obras de caridade e causas humanitárias e ambientais e, às vezes, também questões políticas podem absorvê-lo totalmente ao ponto de você subir em uma caixa de sabão na rua para divulgar ao mundo sua mensagem de reforma. Você pode ser extremamente abnegado, porém, como tudo tem seu lado avesso, você pode manifestar um traço de egoísmo em suas visões fanáticas ou dogmáticas. Liberdade para todos pode ser sua máxima, mas talvez tenha dificuldades em conceder essa "liberdade" a quem discordar de você ou de sua versão da "verdade".

Seu senso de missão é contagiante e provavelmente é determinado ao extremo. Em virtude do seu profundo conhecimento da natureza humana, sabe como motivar o coletivo e pode ser muito eficiente para fazer publicidade na mídia ou persuadir pessoas famosas e influentes a apoiar sua causa – a pessoa ou causa que puder contar com você tem muita sorte, porque você coloca sua alma e sua fé apaixonada nela, decidido a alcançar o sucesso máximo. Você tem muito para dar ao mundo, porém é muito importante que não perca o contato com os aspectos ordinários – talvez tenha medo de ser puxado para baixo, mas, na verdade, esse contato o enriquecerá, e uma festa de aniversário de alguém da família pode ser mais importante do que um comício político. O amor é a energia mais poderosa que existe.

Pessoas famosas

- Albert Schweitzer 14.1.1875
- Carl Gustav Jung 26.7.1875
- Charles Lindbergh 4.2.1902
- Brigitte Bardot 28.9.1934

Coisas a fazer

- Encontre uma causa que valha a pena defender – e lembre que não precisa ficar preso a ela por todo o sempre
- Escolha bem entre os livros de conscientização e tenha sempre um em sua mesinha de cabeceira
- Procure viajar para o exterior uma vez por ano para conhecer pessoas de outras culturas

9 como Número da Alma

Você ouve a música das esferas e o grito de cada criança que vive abandonada neste mundo. Às vezes sua percepção do sofrimento se torna tão insuportável que você tem vontade de se apressar a dar tudo que tem para ajudar os milhões que passam fome – como representante típico do clássico "coração de mãe". Em outras ocasiões, fica encantado diante do simples milagre da vida, com todas suas cores e formas, e a chance de ser feliz que existe para todos, se simplesmente abrirem os olhos às perspectivas espirituais.

Você pode se sentir atraído para a paz dos *ashrams*, mosteiros e igrejas, porque eles satisfazem uma necessidade profunda em você. Provavelmente é, de alguma maneira, religioso, porém mesmo que não tenha nenhuma crença específica, você tem consciência da dimensão espiritual. É possível que seja às vezes um pouco puritano e pode até se encolher por dentro quando seus amigos são explícitos demais em relação a suas vidas sexuais ou experiências íntimas como o parto.

Não é que veja algo errado no corpo humano, mas sente que falta algo ou existe algo distorcido quando a espiritualidade é deixada de lado. Sexualmente, pode ser intensamente apaixonado, mas não gosta de banalizar o ato sexual – como, por exemplo, usando a "linguagem pornográfica", que acabaria com

Mantras e visualizações

- É o amor que faz girar o mundo
- Eu sou vigiado por anjos
- Minha consciência viaja entre as estrelas
- Quanto mais eu dou de mim mesmo mais eu tenho
- É mais gratificante viajar do que chegar
- Sempre existe um arco-íris em algum lugar
- Todos nós temos uma centelha divina

todo tesão. Você deseja ser levado a alturas celestiais em um êxtase emocional.

Todas as manifestações culturais e artísticas lhe importam, e a música pode transportá-lo a outro mundo. Você tem o desejo secreto de se tornar um artista excepcional e, quando números mais mundanos como 4 e 8 têm presença forte em sua constituição, pode sentir sua genuína criatividade reprimida. Você precisa dar valor a qualquer coisa criativa que produz como ser único e portador da centelha divina, porque, Você precisa se colocar acima do lugar--comum em tudo que faz.

ao se comparar com os grandes mestres, pode se perder na escuridão do desespero. Isso não tem nada a ver com ser competitivo (apesar de haver um forte desejo de ser "especial") – porém com a capacidade de alcançar uma dimensão cósmica. Sua fonte espiritual acena constantemente para você, e você busca incessantemente lampejos da luz divina que possam transportá-lo em sua direção.

9 como Número do Destino

A sua família de origem talvez tenha sido, ou considerado que era, especial de alguma maneira. Isso pode ter acontecido como consequência de uma capacidade criativa ou de uma inteligência excepcional, da prestação de algum serviço à comunidade ou pela participação na comunidade religiosa local. Possivelmente o compromisso que a ligou ao sistema de crenças foi diferente ou mais intenso do que acontece com a maioria. Talvez tenha colocado em você a expectativa de levar adiante a tradição familiar e, provavelmente, também seus elevados padrões de exigência em alguma esfera.

Em algum lugar em seu interior, existe a convicção de que cabe a você ser um bom exemplo. Mostrar boas maneiras pode ser muito importante, e você tem pouca paciência com as pessoas que mostram falta de consideração ou demasiada informalidade. Você é um exemplo de cortesia e consideração e é possível que atue como guia e mentor para outros. Quando era criança, as pessoas talvez tenham observado que você era "uma cabeça de velho sobre os ombros de um jovem" e membros mais velhos da família podem ter procurado você em busca de conselhos. Provavelmente acredita em seu discernimento e é extremamente perceptivo, capaz de elevar as pessoas acima dos próprios interesses e receios mesquinhos para uma posição de clareza.

Você respeita hierarquias e julga que tornar-se uma pessoa melhor é uma questão chave. Considera a educação vital, porém essa educação vai muito além de fazer algum curso acadêmico ou aprender novas habilidades – você busca conhecimentos que possam expandir sua perspectiva. Por ser extremamente eclético, sua casa pode ser um refúgio para escritores, intelectuais, estudantes estrangeiros e representantes de diferentes disciplinas espirituais. Para você, os livros são essenciais, e talvez goste de

Descobrir coisas novas e ter acesso ao conhecimento sempre motivarão o 9.

levar uma vida doméstica diferente da maioria – seguindo, por exemplo, as ideias de Rudolf Steiner, com um mínimo de tempo para a televisão ou muito ecologicamente consciente, reciclando absolutamente tudo. Você pode ter em sua casa um santuário ou insistir em alguma observância religiosa – pode, também, ser profundamente avesso a religiões, fazendo da ciência ou do humanismo uma espécie de "religião". Qualquer que seja o caso, sente que é importante criar um modo de vida diferente daquele seguido pelo rebanho, porque não quer cair em um modo de vida inconsciente. Isso pode fazer com que pareça esnobe, mas acredita que viver é ir além do ordinário e cotidiano – são pessoas como você que nos tiraram das cavernas e nos mostraram as estrelas.

Lições a aprender

- Amar os semelhantes em vez de julgá-los inferiores – esse é o modo de colocá-los acima de sua condição
- Desenvolver a própria criatividade, mesmo que ela fique abaixo de seus padrões de excelência
- Dar pelo prazer de dar, não porque de alguma maneira o engrandece

9 como Número do Aqui-e-Agora

Seja batendo numa lata para arrecadar fundos ou juntando o lixo jogado no parque, é comum encontrar você fazendo algum tipo de boa ação. Assumir o papel de liderança de sua comunidade é uma consequência lógica do que já faz e, portanto, pode se tornar o dirigente do conselho paroquial ou de algum comitê instituído para ajudar a melhorar a vida comunitária. Você pode tanto prestar ajuda à igreja do vilarejo como organizar uma assembleia pagã ou formar um grupo de conscientização – provavelmente, é considerado uma pessoa generosa, elogio que o deixa muito satisfeito.

Há pessoas que podem chamá-lo de "sabe tudo", mas você provavelmente as descarta como "meras invejosas" ou simplesmente deixa que passem despercebidas. Você é digno demais para dizer algo desse tipo.

Apesar de ter mais do que seu quinhão de sabedoria e força de caráter, se vê muitas vezes concordando com seus amigos e, com isso, indo contra suas melhores conclusões. Isso ocorre porque sente empatia com o ponto de vista de todo mundo – afinal, existem tantas maneiras de ver as coisas quanto existem pessoas. Por isso, pode às vezes se colocar em situações comprometedoras.

Quando isso acontece, é preciso se afastar para descobrir no que realmente acredita. Sentindo-se mais seguro a esse respeito, normalmente consegue negociar seu modo de agir sem desrespeitar os outros, o que julga essencial. Você tem muita necessidade de ser especial – "alguém superior". Não é que você se dê ao trabalho de se comparar com os vizinhos – a ética deles é mais importante do que o puxadinho que acabaram de construir. Às vezes, pode ser um pouco crítico. Procure não pensar dessa maneira, porque mais do que ninguém sabe que existem muitas razões para as pessoas reagirem como reagem. Você também deve tentar não julgar a si mesmo.

A vida parece muito excitante, e você se sente muito entusiasmado diante de uma grande variedade de coisas. Quase tudo em você prima pela excelência; suas roupas têm estilo e você tem certo carisma. Outras pessoas podem admirar seu estilo de vida e as coisas que faz e perceber que é alguém que se destaca naturalmente. Você pode não concordar – o receio de ser medíocre e ordinário o sufoca. Dê crédito a si mesmo.

Você adora fazer parte de algo que torna o mundo melhor.

Faça atuar em seu favor
- Certifique-se de que as coisas com as quais você se envolve proporcionam algo em um nível pessoal para não acabar se sentindo exausto
- Seu melhor é bom o bastante
- Tome consciência de quantas vezes pensa "eu deveria fazer isto ou aquilo" – quem disse? Livre-se disso
- Reserve um tempo para ficar a sós e entrar em contato com sua espiritualidade

Números 11 e 22

Esses dois Números Mestres (ver pp. 60-7) também apresentam as características do 2 e do 4, respectivamente. Os Números Mestres operam em uma oitava superior e nem todo mundo responde a seu chamado. Se constatar a presença desses números em sua constituição, poderá fazer uma escolha. Você quer assumir essa responsabilidade extra? Os caminhos do 11 e do 22 podem não ser fáceis, mas podem ser gratificantes. Sua presença é mais intensa como Números da Personalidade.

11 como Número da Personalidade
Como bom ouvinte, ouve com o coração e com os ouvidos e é muito intuitivo. Você tem dons de cura – sua simples presença pode ser suficiente, embora sinta que nunca faz o bastante. Sensível e excitável, capta as coisas subliminarmente e pode nem sempre saber de onde veio uma sensação. Procure

se acalmar e respeitar sua intuição sem se deixar levar. No fundo, sente que foi colocado neste mundo em virtude de algum propósito e tem altas expectativas acerca de si mesmo. Pode haver algum traço de mártir em você, o que não quer dizer que tenha uma "personalidade de vítima" (embora também possa apresentar um traço disso às vezes), significa uma disposição para se entregar inteiramente a uma boa causa. Contudo, chega a se esfalfar por sentir que dar o seu melhor não basta. Lembre-se que não precisa salvar o mundo, e tudo o que você fizer será levado em conta.

11 como Número do Caminho de Vida

É relativamente incomum um 2 como Número do Caminho de Vida *não* ser reduzido primeiro ao 11, mas as energias do 11 estão disponíveis a você, elevando-o acima da órbita pessoal do 2 ao chamado coletivo do 11. Não fique, portanto, obcecado com as questões triviais. Coloque suas ambições sempre no contexto mais amplo possível. Considerando a humanidade como sua parceira, conseguirá realizar coisas importantes.

Sua verdade interior o guiará quando expressar seu Número Mestre.

11 como Número da Alma

Identificar-se com o 11 como Número da Alma significa a possibilidade de se relacionar mais com os sonhos do que com as pessoas reais ou com o mundo como ele é, e você pode estar em busca de uma causa maior, na qual possa se perder. Você precisa de uma importante missão espiritual para devotar o seu fervor.

Dicas
- Ouça a voz interior para descobrir sua missão
- Lembre que a verdade tem muitas faces e, portanto, sua verdade pode não ser a mesma de outros

A fazer
- Procure dentro de si mesmo um talento especial

Mantra
- Se você não tem nenhum sonho, como transformar um sonho em realidade?

O 11 pode incentivar você a fazer da família a prioridade número um de sua vida.

11 como Número do Destino

Para responder às exigências do 11 como Número do Destino, você pode impor grandes sacrifícios a sua família e considerar a humanidade uma "família". Você quer despertar as pessoas e ajudá-las a ver uma realidade mais ampla. Como a sua visão é muito clara, pode tornar-se fanático e dogmático, embora o seu chamado seja para despertar os outros para a própria visão e não impor a sua.

Lições a aprender

- Ater-se ao espírito da lei, não tomá-la ao pé da letra

Faça atuar a seu favor

- Crie um vínculo forte com a própria fonte espiritual pela prática de orações, meditação, ritual ou qualquer outra prática que pareça apropriada

11 como Número do Aqui-e-Agora

Você parece ter uma mensagem e as pessoas podem respeitá-lo por sua espiritualidade ou simplesmente achar que você está delirando. É possível que às vezes fique decepcionado com o fato de que a maioria dá tão pouca importância às verdades mais profundas, mas você está fazendo mais bem do que percebe.

22 como Número da Personalidade

Os outros podem perder o foco, mas você é capaz de encontrar um caminho nos detalhes aborrecidos e lançar bases à construção de algo importante. Sente que cabe a você a tarefa de construir para o futuro, não para você mesmo, mas para os outros. Você é extremamente prático, mas sua consciência aguda dos sentimentos e necessidades alheios pode significar que seu caminho será árduo, porque sabe que alguns sacrifícios precisam ser feitos pelo bem de todos, e as necessidades de muitos contarão mais do que os desejos de poucos. Com paciência e dedicação, leva a vida passo a passo, jamais perdendo o destino de vista. Entretanto, embora seja forte para todos os demais, às vezes perde o pé e sua vida pessoal pode ser afetada. Jamais esqueça que também tem necessidades e, se quiser eficiência, elas devem ser satisfeitas antes de tudo mais.

22 como Número do Caminho de Vida

A sintonia com as energias do 22 ergue você acima do âmbito do trabalho cotidiano, que é tão importante para o Quatro, e eleva as conquistas a uma área muito vasta. Mesmo que você continue sendo um parafuso da roda, saiba que essa roda é muito grande. Assim, o Caminho de Vida de seu 22 poderá fazer de você um cientista pioneiro, por exemplo, mas se não tiver muita satisfação em trabalhar em um laboratório, será a vanguarda de seu campo de atuação, obtendo resultados concretos de longo alcance.

Dicas
- A vida é a arte do possível – comece com isso
- Ser prático começa com cuidar de si mesmo

Coisas a fazer
- Certifique-se de que seus esforços estão sendo dirigidos a um propósito significativo – não tente convencer a si mesmo do contrário

Mantra
- Grandes carvalhos nascem de pequenas bolotas

AS CINCO FÓRMULAS

22 como Número da Alma

Você anseia pelo verdadeiro poder capaz de mudar o mundo e sonha em construir uma Utopia; você sabe que isso é possível e até consegue visualizar sua construção. Você se considera um idealista prático. No entanto, as mesquinharias o incomodam. A concentração numa meta específica impedirá que fique extenuado.

22 como Número do Destino

Quando ainda criança, talvez você tenha precisado assumir uma grande responsabilidade pela vida das pessoas próximas. Mesmo que não tenha sido exatamente esse o seu caso, deve ter alcançado a consciência do quadro maior e de quanto de trabalho é necessário para conseguir algo que valha a pena. Sente que é vital adquirir qualificações reconhecidas para fazer a diferença num campo mais vasto possível. Tornar-se redundante seria uma catástrofe para você, porém é muito improvável que isso aconteça, uma vez que é altamente capaz e desembaraçado.

O Número 22 pode levar você a dedicar a vida à busca de benefícios práticos.

22 como Número do Aqui-e-Agora

Apenas nomes relativamente compridos como "Horatio" produzirão um Número 22 como Aqui-e-Agora. Se esse é o seu caso, certamente está envolvido em algum plano mestre, organizando algo para as pessoas em larga escala. Você pode ser considerado um "milagreiro", mas também ser tomado como óbvio, uma vez que os outros podem ter dificuldade de avaliar a dimensão de suas realizações.

Lições a aprender
- Adquira as qualificações apropriadas para transformar seus sonhos em realidade

Faça atuar a seu favor
- Não disperse os próprios talentos – esqueça a festa na empresa para dedicar-se ao projeto beneficente

4. Correspondências

Cada número mantém certas ligações concretas com elementos do mundo material. Esses elementos têm uma vibração que harmoniza e ajuda a dar expressão a um número manifestando o que ele tem de melhor. Qualquer um desses elementos pode ser usado em qualquer fórmula numerológica – apenas concentre-se no que você quer. As correspondências também podem ser usadas para colocar você em contato com algum número ausente em sua constituição.

Correspondências para o Número 1

Todas as correspondências para o 1 fazem aumentar seu ímpeto, independência e capacidade de iniciativa. Principais sugestões: imagens de girassóis fazem a alma do 1 irradiar felicidade. Usar as cores vermelha ou laranja faz a personalidade 1 causar o máximo de impacto.

Cristais

- A CORNALINA ajudará você a superar quaisquer sentimentos de dúvida e negatividade. Ao mesmo tempo, essa pedra estimula a paz e a harmonia e ajuda a se relacionar com os outros sem perder seu dinamismo especial. Para causar um impacto excepcional, use essa pedra como anel no dedo indicador.

O girassol tem propriedades que refletem a aparência vibrante dessa flor.

- ÂMBAR. O calor do âmbar ajudará você a expressar seus talentos com naturalidade e confiança. Se você está se sentindo sob pressão ou que seus esforços carecem de foco, acenda uma vela e sente-se no chão ao lado dela. Pegue um punhado de cristais de âmbar e espalhe-os à sua volta, de modo que você e a vela fiquem dentro do círculo. Feche os olhos e imagine sua energia e concentração aumentando até se sentir forte e imune às pressões externas. Guarde seus cristais de âmbar e repita o procedimento quando achar necessário.

Flores
- GIRASSOL. Dizem que se você cortar uma flor de girassol antes do pôr do sol e fizer um desejo, ele será realizado antes do pôr do sol do dia seguinte. Essa flor radiante faz você sentir que tudo é possível. Coma as sementes para se inspirar.
- CRAVO. Os cravos vermelhos são mais eficientes para curar tanto a mente como o corpo e aumentar a força.

Ervas, plantas, óleos e resinas
- ERVA DE SÃO JOÃO ajuda a manter a depressão sob controle. Pode-se tomá-la como chá, mas dizem que colocar qualquer parte da erva embaixo do travesseiro faz a pessoa sonhar com seu futuro.
- LARANJEIRA. Os chineses consideram a laranjeira um símbolo de boa sorte. A fragrância de óleo essencial de laranjeira é uma das mais estimulantes. Segundo a tradição, sementes de laranja podem prover respostas. Pense numa pergunta do tipo sim/não sobre a qual gostaria de ter a resposta enquanto come a fruta. Conte as sementes – se seu número for par, a resposta é não; se for ímpar, a resposta é sim.

A cor laranja é promissora e elevará o seu astral.

Cores
- O vermelho proporciona a energia necessária para realizar suas ambições.
- O laranja, por ser uma cor vibrante e expansiva, é ótimo para você usar em suas tonalidades terracota ou pêssego, se achar que o tom original é demasiadamente impetuoso.
- Contrastes fortes e cores vívidas em geral são os melhores para a sua personalidade.

Correspondências para o Número 2

Todas as correspondências para o 2 intensificam a harmonia e a cooperação. Principais sugestões: A safira estimula o 2 a expressar o melhor de si em qualquer lugar. A presença de erva-cidreira na casa afasta toda negatividade.

Cristais
- PEDRA-DA-LUA. A delicada pedra-da-lua ajuda a harmonizar e trazer benefícios às relações amorosas. Também protege sua natureza sensível e as mantém em segurança. Colocar uma pedra-da-lua embaixo do travesseiro é garantir que as preocupações fiquem para trás e a pessoa tenha um sono tranquilo.
- SAFIRA. Essa é a pedra da sabedoria, que ajuda a manter as coisas em perspectiva. A safira azul eleva a mente acima das mesquinharias e incentiva a pessoa a se expressar com calma e eficiência. A safira verde ajuda a entender os outros. A safira rosa atrai para a vida da pessoa o que ela deseja e permite que ela lide de maneira positiva com as próprias emoções.

Safira (verde)

Flores
- FLOR-DE-LIS. Dizem que os lírios plantados no jardim afastam as visitas indesejadas e mantêm o seu dono fora da "esfera das fofocas". Diz-se que o primeiro lírio branco da estação traz força.
- JASMIM. Usar jasmim seco atrai o amor profundo e significativo (contrário ao do mero desejo). Aqueça óleo de jasmim para purificar o ar e poder meditar ou refletir com a cabeça fresca.

Ervas, plantas, óleos e resinas
- ERVA-CIDREIRA. Mergulhe um galho dessa erva no vinho ou suco e tome a bebida com um amigo ou namorado para fortalecer e purificar o vínculo entre vocês. O óleo essencial é ótimo para acalmar os nervos e os ataques de pânico e afastar a depressão.
- SALGUEIRO. Segundo a tradição, todas as partes dessa árvore protegem contra a negatividade. Bata na madeira do salgueiro para ter boa sorte. Um antigo costume diz que, se você quer saber se vai encontrar a pessoa de seus sonhos no próximo ano, deve jogar um sapato contra um salgueiro na véspera do Ano Novo. Se o sapato acertar, a resposta é "sim" (você pode repetir o

procedimento dez vezes). Use cestos feitos de salgueiro para sentir que sua vida está sob controle.

Cores

• O prateado intensifica a receptividade e todos os tons de cinza manifestam as qualidades de sutileza e discernimento.
• Tons de azul, turquesa e verde ajudam a manter a calma e a imparcialidade e reforçam as melhores qualidades de serenidade e afetividade.
• Cores suaves e tons pastel ajudam a colocar a pessoa em harmonia com suas qualidades de consideração e aproximação cuidadosa.

Os lírios são considerados importantes em muitas áreas esotéricas.

Correspondências para o Número 3

Todas as correspondências para o 3 estimulam a criatividade e o prazer de viver. Principais sugestões: A sálvia pode impedir que a personalidade 3 se torne hiperativa, enquanto a madressilva pode libertar a alma do 3.

Citrina

Cristais
• O simpático RUBI ressalta seu entusiasmo pela vida e mantém sua atitude positiva, assim você causa uma boa impressão. Ele também o encorajará a seguir o que seu coração manda. Usando essa pedra, você se tornará mais jovial. Quando sentir exaustão, coloque três pedras intactas de rubi em volta de uma vela vermelha, acenda a vela e sinta a força dos rubis o energizando. Ande com os rubis junto ao corpo quando precisar de força.

• A auspiciosa CITRINA ajudará você a ter uma boa noite de sono se colocada embaixo de seu travesseiro. Ela também pode estimular a percepção sensorial, permitindo que interrompa a tagarelice mental e se concentre. Use-a nos dedos ou em volta do pescoço, de preferência em contato com a pele, para proporcionar energias extras. Ela também pode ajudar você a vencer o medo de se comprometer, quando esse medo é inapropriado.

Flores
• DENTE-DE-LEÃO. Alegre e irrepreensível, o dente-de-leão é associado a muitos costumes populares. Para enviar uma mensagem à pessoa amada, sopre a sua flor na direção dela enquanto visualiza o que pretende dizer. O chá feito com sua raiz pode acalmar a mente e permitir acesso à intuição.

• MADRESSILVA. Considera-se que essa planta trepadeira de perfume adocicado traga proteção, dinheiro e poderes extrassensoriais. Cultivada perto de sua casa, ela aumentará a sua sorte. Esfregue algumas flores frescas em sua testa para relaxar e ver as coisas com clareza.

Erva, árvores, óleos e resinas

- SÁLVIA. Quando usada, traz sabedoria. Para realizar um desejo, escreva-o em uma folha de sálvia e coloque-a embaixo de seu travesseiro por três noites seguidas. Se você sonhar com o seu desejo, é porque ele se tornará realidade. Se não, enterre a folha e comece tudo de novo.
- CRAVO-DA-ÍNDIA. Aqueça o óleo do cravo-da-índia para purificar e intensificar a atmosfera. Leve um ou dois cravos-da-índia junto ao corpo para atrair o sexo oposto – a fragrância (que não deve ser óbvia) atua como um afrodisíaco.

Cores

- O amarelo enaltece você, mantendo sua mente clara e positiva. As tonalidades quentes devem ser evitadas e usadas de preferência as mais frias. O dourado é ainda melhor, por aumentar ainda mais seu brilho natural.
- O turquesa aprofunda a sua criatividade e o coloca em contato com a paz e a beleza.
- Qualquer coisa brilhante ou reluzente se harmoniza com sua personalidade vibrante.

A sálvia é considerada importante por suas propriedades reveladoras da verdade.

Correspondências para o Número 4

Todas as correspondências para o 4 ajudam a realizar e alcançar objetivos práticos. Sugestões mais importantes: A obsidiana pode ajudar você a deixar de se perder nos detalhes. A fragrância do patchuli dá profundidade à personalidade 4.

Cristais
- OBSIDIANA. Esta é uma pedra maravilhosa para proporcionar uma base firme e proteção. É também uma pedra da paz. Se você aprofundar seu olhar para dentro de uma obsidiana, ela poderá ajudá-lo a entrar em contato com seu lado espiritual e com as mensagens enviadas pelo seu subconsciente. Se estiver precisando colocar sua vida em ordem, pegue duas pequenas pedras de obsidiana e coloque-as embaixo de seus pés descalços, feche os olhos, acalme-se e visualize as coisas se ordenando por si mesmas.
- JASPE. Esta pedra traz saúde, beleza, cura e proteção. Ande com uma junto ao corpo se está se sentindo desafiado. A jaspe marrom é especialmente boa para fixar os pés no solo. Coloque uma vela verde no centro de um círculo de pedras de jaspe verde e visualize a si mesmo (ou pessoa em questão) totalmente saudável, para atrair a cura.

Flores
- AMOR-PERFEITO. Esta flor atrairá afeto para você e suavizará suas necessidades. Plante amores-perfeitos em canteiros com forma de coração para atrair amor.
- MIMOSA. Espalhe flores de mimosa em volta de alguma área que deseja purificar, para sentir sua mente e seu espírito livres. Tomar banho com mimosa na água afasta a negatividade e a impede de retornar.

Ervas, plantas, óleos e resinas
- PATCHULI. O cheiro de terra do patchuli desperta seu lado sensual e aumenta seu poder de atração sexual. O patchuli em forma de incenso aromatizado pode trazer você de volta ao básico, centrando seus pensamentos no aqui-e-agora e colocando as coisas em perspectiva.
- CIPRESTE. Cultivado perto de casa, o cipreste tem a qualidade de proteção. O per-

Obsidiana

Flores de mimosa para afastar a negatividade.

fume do óleo essencial de cipreste alivia o sofrimento e as emoções negativas – se você está necessitando de um bom choro, esse perfume permite que seus sentimentos fluam para você seguir em frente.

Cores
- O marrom ressalta seu lado prático, mas também intensifica as qualidades sutis e o bem-estar físico que caracterizam você.
- As propriedades suavizantes da maioria dos tons do verde ressaltam sua criatividade e curam tensões e excessos.
- Talvez você se sinta à vontade com cores mais escuras, mas ênfases em tons mais claros elevarão seu estado de ânimo.

Correspondências para o Número 5

As correspondências para o número 5 favorecem a comunicação e dão vida às coisas. Sugestões mais importantes: Usar uma pedra de ágata ajuda a mantê-lo no Caminho de Vida do número 5. A cor azul ajuda a mantê-lo focado no 5 como número do Aqui-e-Agora.

Cristais

- AVENTURINA. Esta pedra ajuda a aguçar as percepções, aumentar a inteligência e tornar a pessoa mais criativa. Ande com ela para ter boa sorte. Segure-a entre as palmas das mãos para acalmar as emoções e permitir que você as processe e dê expressão a elas.
- ÁGATA. Você pode usar uma pedra grande de ágata como sua bola de cristal. Concentre o olhar profundamente nela para clarificar seus pensamentos e obter as respostas que busca. O uso da ágata permite que você fale a verdade e expresse claramente sua opinião. Coloque uma pedra de ágata azul rendada no centro de um círculo de velas azuis, para arejar a atmosfera e permitir que todos digam o que pensam sem provocar desavenças. Tenha uma pedra de ágata azul rendada em sua mesa de trabalho para manter a calma.

Pedra de ágata azul rendada

Flores

- ALFAZEMA. Essa é uma fragrância maravilhosa para todos os propósitos de afastar a ansiedade e clarificar a mente. Tenha um galho de alfazema consigo quando fizer exames ou provas, para manter a mente focada e ter sorte. O óleo de essência de alfazema pode ser queimado como incenso para criar paz e harmonia. Ele também pode ser passado diretamente sobre a pele para aliviar irritações.
- LÍRIO DO VALE. Esta flor pode ajudar a melhorar a memória. Quando colocada dentro de casa, essa flor agradável eleva o estado de espírito de todos e traz felicidade.

Ervas, plantas, óleos e resinas

- O FUNCHO era considerado uma erva para proteger a casa. O chá de funcho facilita a digestão, que pode ficar conturbada se sua mente estiver tumultuada ou você estiver alterado. Ande sempre com um sachê de sementes de funcho para afastar quaisquer pensamentos negativos.
- HORTELÃ-PIMENTA. Antigamente, essa erva era usada em trabalhos de cura e purificação. A hortelã-pimenta é um bom descongestionante para limpar a mente e ajudar

A hortelã-pimenta é estimulante e ajuda você a pensar com clareza.

você a pensar mais rápido. Apesar de ser uma planta estimulante, cheirar hortelã-pimenta ajuda a dormir, então coloque um galhinho embaixo do travesseiro para ter um sono repleto de sonhos felizes.

Cores

- Azul, especialmente o azul-claro celeste, ajuda a sua mente a funcionar em seu melhor estado e a mantê-lo calmo, tranquilo e controlado. Ele também eleva o seu ânimo – as tonalidades mais escuras do azul podem manifestar seu lado espiritual.
- O amarelo reflete o lado luminoso de sua personalidade.
- Tecidos brilhantes, cetins etc. Tudo que brilha e irradia muitas cores serve para ressaltar sua versatilidade e natureza dinâmica.

CORRESPONDÊNCIAS PARA O NÚMERO 5

Correspondências para o Número 6

As correspondências para o 6 promovem harmonia e cooperação, incentivando o espírito comunitário. Sugestões mais importantes: O lápis-lazúli permite que o 6 como Número do Destino se expresse no nível máximo, enquanto o quartzo aquece a alma de um 6.

Quartzo rosa

Cristais
• QUARTZO ROSA. Essa pedra suave atrairá uma relação romântica e abrirá seu coração a todos que merecem sua ajuda e afeto. Ela também o manterá afetuoso e tolerante e, com isso, também satisfeito. Use uma pedra de quartzo rosa em forma de coração para atrair o amor. Para adoçar sua vida amorosa, coloque-o no canto direito de seu quarto (o qual, de acordo com o Feng Shui, é a área correspondente à parceria: ver pp. 80-3). Se você está interessado em atrair um parceiro, escolha duas pedras iguais de quartzo rosa e coloque-as nesse mesmo canto.

• LÁPIS-LAZÚLI. Essa pedra ajuda a despertar o lado espiritual. Para invocar sua alma gêmea, pegue uma pedra de lápis-lazúli bruta e use-a para esculpir uma forma de coração numa vela cor-de-rosa. Acenda a vela, coloque a pedra perto dela e fixe os olhos na chama, visualizando seu amor vindo até você. Essa pedra fortalece a fidelidade – troque de pedra com a pessoa amada para que fiquem juntos.

Flores
• ROSA. Essa é a flor que tem mais afinidade com o amor e se harmoniza com sua natureza. Espalhe pétalas de rosa pela casa para que haja felicidade no lar. Um chá feito de botões de rosa tomado antes de dormir estimula sonhos com o futuro. Coloque pétalas de rosa em sua banheira para sentir-se deslumbrante.

• PRÍMULA SILVESTRE. A magia da primavera surge com as delicadas prímulas silvestres. O seu perfume contém o mistério da terra e tem propriedades curativas. Use a prímula silvestre para preservar a juventude e coloque uma flor embaixo do capacho de sua porta para afastar visitas indesejadas.

Ervas, plantas, óleos e resinas

- TOMILHO. Usar um galho de tomilho no cabelo, diz a crença, torna você irresistível. O tomilho também permite que você veja fadas. Cheire-o para criar coragem e aumentar a energia. Incense-o para purificar sua casa de toda negatividade.
- BAUNILHA. Ande com uma fava de baunilha para recuperar a vitalidade e concentrar a mente. O cheiro e o gosto de baunilha estimulam o desejo. Coloque uma fava de baunilha em seu açucareiro para criar uma atmosfera amorosa.

Cores

- O rosa-choque é cálido, porém calmante. Quando usado, manifesta os aspectos positivos e delicados de sua personalidade e atrai as pessoas para você.
- O azul suave tem efeito calmante e permite que você mantenha sua serenidade e equilíbrio.
- Cores combinadas, tons pastel e misturas e padrões suaves são apropriados a sua natureza sensível e perspicaz.

O chá de botões de rosa pode ser agradável em muitos sentidos.

CORRESPONDÊNCIAS PARA O NÚMERO 6

Correspondências para o Número 7

Os elementos apropriados para o número 7 permitem que você veja além das aparências e estimulam seu sexto sentido.
Sugestões mais importantes: Use uma pedra de berilo para seguir o Caminho de Vida do 7 quando ele se mostrar difícil. Cheire mirra para tirar o melhor proveito do 7 como Número do Aqui-e-Agora.

Cristais

- QUARTZO TRANSPARENTE. Andar com uma pedra pontuda de quartzo transparente estimula os poderes extrassensoriais da pessoa. Colocado embaixo do travesseiro, o quartzo estimula sonhos reveladores. Para melhorar o seu bem-estar, coloque um cristal de quartzo dentro de um copo transparente com água de uma fonte, deixe o copo exposto à luz do sol por um dia, retire a pedra e beba a água.
- BERILO. Essa é a pedra originalmente usada como bola de cristal. Se quiser experimentar, segure a sua pedra de berilo envolta em um pano branco, olhe profundamente para ela, deixe sua mente entrar em estado de sonolência e veja o que se revela por si mesmo. Use o berilo para reter a informação. Quando se sentir letárgico, segure uma pedra de berilo na mão e deixe que as energias suaves, porém intensas, o fortaleçam. Se perdeu alguma coisa, segure o berilo e visualize o objeto extraviado. A sua intuição mostrará onde o objeto está.

Flores

- PAPOULA. Essas flores radiantes, porém de vida efêmera, nos fazem lembrar a importância de "aproveitar o momento". A papoula também é associada à fuga deste mundo, por meio de drogas como o ópio. As sementes de papoula são usadas em composições para induzir o sono. Para obter a resposta a uma pergunta, escreva em um pedaço de papel branco e coloque-o num saquinho com sementes de papoula. Coloque o saquinho embaixo do travesseiro e ao acordar você saberá a resposta.

Drusa de quartzo cristalino

O arranjo das pétalas do lótus pode despertar o lado místico em seu interior.

- LÓTUS. No Oriente, o lótus é tradicionalmente respeitado como símbolo místico da vida e da essência do Universo. Andar com qualquer parte dessa flor atrai as bênçãos dos deuses.

Ervas, plantas, óleos e resinas
- MIRRA. A mirra em forma de óleo incensado promove a paz e a purificação. É um meio de auxiliar a meditação – acrescente incenso de olíbano para obter uma fragrância agradável.
- EUCALIPTO. Essa é uma planta curativa que traz proteção. Para melhorar a saúde, coloque uma vela verde acesa entre um círculo de folhas de eucalipto e, enquanto a vela queima, visualize a si mesmo ou a pessoa que precisa de cura com perfeita saúde (*não* "melhorando").

Cores
- Tons de azul-escuro, púrpura e preto aumentam sua dignidade e mistério.
- Matizes de lilás e branco imaculado repercutem sua espiritualidade.
- Combinações incomuns de cores ousadas combinam com sua veia radical e inventiva, e lampejos de vermelho brilhante trazem uma mensagem de renovação.

Correspondências para o Número 8

Os elementos próprios para o número 8 promovem o sucesso e o poder. Use o jaspe sanguíneo para energizar seu 8 como Número da Personalidade; se tiver o 8 como Número do Destino, maximize sua sorte com a presença de hera em sua casa e jardim.

Cristal de ônix

Cristais

- JASPE SANGUÍNEO. Essa pedra era usada na antiga Babilônia para derrotar os inimigos, e você pode usá-la com o mesmo propósito nos dias de hoje. Ela dará coragem para enfrentar todos os desafios que a vida apresentar, e pode ajudá-lo a seguir o ditado "Vingança é um prato que se come frio!". O jaspe sanguíneo também ajuda a atrair riquezas.

- ÔNIX. Essa pedra pode dar proteção a você e às pessoas de quem você gosta e, igualmente, trazer força. Além disso, pode ajudá-lo a focar sua intuição e fazer de você o dono de seu destino. O ônix também é capaz de ajudá-lo quando precisar guardar algo para si mesmo. Se estiver necessitado de proteção extra, acenda uma vela preta na frente de um espelho. Coloque oito cristais de ônix em um semicírculo em volta da vela, afastado do espelho, e coloque uma nona pedra oito centímetros à direita dele. Visualize toda energia negativa atravessando a nona pedra, entrando na chama da vela e depois atravessando o espelho. O vidro constitui uma entrada para a dimensão espiritual – qualquer entidade negativa que tenha sido direcionada para você retorna agora a quem a enviou. Quando concluir a sua visualização, apague a vela, recolha suas pedras e purifique-as deixando-as por uma noite em uma vasilha com arroz integral.

Flores

- CRAVO-DE-DEFUNTO. Use essa flor em seu banho para conquistar o respeito de todos que encontrar. Leve-a no bolso se for preciso enfrentar algum julgamento, e a justiça estará a seu favor.

- BOCA-DE-LEÃO. Qualquer parte dessa flor usada junto ao corpo impedirá que as pessoas enganem você. As flores de boca-de-leão podem ser usadas da mesma maneira que as pedras de ônix, para mandar toda negatividade de volta a quem enviou.

A natureza é uma advertência tranquila para que tenhamos uma visão simples das coisas.

Ervas, plantas, óleos e resinas

- HERA. Essa erva trará boa sorte se levá-la consigo ou cultivá-la em volta de sua casa. Ela também repele toda negatividade, afasta as desgraças e assegura a fidelidade da pessoa amada.

- CONFREI. Essa erva tem a reputação de manter você e seus bens seguros enquanto viaja – coloque algumas folhas de confrei em sua mala. Ela é mais eficiente se cultivada em seu próprio jardim, porque liga você a sua casa. A raiz do confrei traz sorte com dinheiro.

Cores

- O dourado passa a ideia de afluência e positividade e pode mantê-lo animado quando as coisas passam por cima de você.
- Bege, cinza, caramelo e outras cores relativamente neutras são compatíveis com seu ar de autoridade e maturidade.
- Cores escuras e/ou suaves que sejam realçadas com joias caras darão a impressão de gosto impecável e de sucesso.

Correspondências para o Número 9

As correspondências para o número 9 estimulam o idealismo e a consciência superior.

Sugestões mais importantes: O uso de brincos de labradorita pode manter sua Personalidade 9 sintonizada às vibrações mais elevadas, e a Alma 9 viaja para as alturas com a fragrância do incenso de olíbano.

Cristais

- **AMETISTA.** Essa pedra sagrada estimula as qualidades de reflexão e ajuda a desenvolver a sabedoria. Colocada junto de sua cama, pode estimular sonhos proféticos. Ela constitui uma companhia maravilhosa durante a meditação. Use-a para ajudar a manter a concentração e foco nas metas importantes de sua vida. Ela também pode ajudá-lo a se precaver da culpa e do autoengano. Essa é uma pedra que promove a paz – use uma ametista em contato com a pele para evitar o estresse. Ela pode elevar seu astral, preveni-lo do medo e fazê-lo focar numa realidade mais ampla. É um potente amuleto para ser usado em viagens.
- **LABRADORITA.** É uma pedra mística que pode elevar sua consciência e também prover proteção espiritual se houver muitas pessoas drenando suas energias. Ela aumentará sua fé em si mesmo e o ajudará a atravessar períodos de mudança. Usada em forma de pingente, ela estimula emoções positivas e permite que você sinta empatia sem se comprometer.

Pedra de ametista

Flores

- O CRAVO-DE-DEFUNTO dourado vivo o ajudará a conquistar o respeito de todos que encontrar, se você espalhar algumas dessas flores em sua banheira. Considera-se que o cravo-de-defunto colhido quando o sol está a pino fortalece o coração. Uma grinalda de cravos-de-defunto à porta de sua casa ajudará a manter afastadas todas as pessoas que lhe desejam mal.

• A ÍRIS é usada para purificar a casa desde a época dos romanos – coloque flores frescas no ambiente que você quer revitalizar. A flor tem três pontas, as quais simbolizam a fé, a sabedoria e a coragem. Acenda uma vela de cor púrpura perto de uma planta dessa flor para estimular essas qualidades.

Ervas, plantas, óleos e resinas

• INCENSO DE OLÍBANO. Usada como óleo essencial, essa poderosa fragrância é maravilhosa para a meditação. Ela afasta toda negatividade e eleva a alma. Ela pode ajudá-lo em seu desenvolvimento espiritual. Queime-a como varinha de incenso para aumentar a vibração de um espaço específico.

• NOZ-MOSCADA. Ela pode ser usada como amuleto de boa sorte. Espalhe noz-moscada moída em volta de uma vela verde e acenda para atrair dinheiro.

Cores

• A abundância da cor púrpura o ajudará a causar a impressão de importância e espiritualidade.
• O vermelho vivo reflete a sua paixão e envolvimento com a vida.
• Cores vistosas, estilos étnicos e contrastes ousados podem fazer uma afirmação de sua individualidade.

A noz-moscada tem outros usos além da culinária. Ela pode ajudá-lo a atrair a boa sorte.

5. Outros Números Importantes

Além dos cinco números principais em sua vida, existem outros que exercem influência sobre você. Quando estiver acostumado à lógica das Cinco Fórmulas, será interessante notar como eles podem refinar seu entendimento. Você perceberá que determinado número se repete algumas vezes, o que aumentará a importância dele, ou que outro número quase não aparece, ou está totalmente ausente de suas fórmulas — e isso também tem importância.

Números Ausentes

Para descobrir se há algum número ausente em sua constituição, examine a data completa de seu nascimento e todos os algarismos que aparecem em seu nome. Se você nasceu nos anos de 1900, os números 1 e 9 não podem ser considerados ausentes, embora estejam presentes nas datas de nascimento de todos que nasceram no século XX; se, no entanto, forem os únicos exemplos da presença do 1 e do 9, podemos dizer que são relativamente ausentes.

Eis um exemplo:

DANIEL JOHN MORRIS

14.7.1980

415953 1685 469991

O Número do Destino de Daniel é 4; dois números são 9: o Número da Alma e do Aqui-e-Agora; seu Número do Caminho de Vida é 3; e seu Número da Personalidade é 5.

O 9 é um número particularmente importante para Daniel, porque aparece em duas de suas Cinco Fórmulas e quatro vezes como algarismo em seu nome. O número totalmente ausente (que não aparece em sua data de nascimento, na representação numérica do nome ou nas Cinco Fórmulas) é o 2, e esse fato se revelará significativo em sua vida.

Os números ausentes indicam experiências que você deseja evitar, talvez em virtude de acontecimentos de vidas passadas; mesmo que não acredite em reencarnação, será algo com o qual precisará lidar. As pessoas em que esse número surge com força provavelmente o incomodam ou irritam. No entanto, se descobrir que o número ausente aparece muitas vezes nas fórmulas de seus amigos – especialmente como Número da Personalidade ou Número do Aqui-e-Agora – é um indício de que tem procurado o que lhe falta, e isso é muito saudável.

1 como Número Ausente

Posicione-se. Talvez tenha receio de dizer o que pensa, de assumir a liderança mostrando, de alguma forma, que é único ou original. Agindo assim poderá permanecer confinado no quarto dos fundos, reprimindo sua criatividade e raramente se expondo de maneira singular. Personalidades alfa provocam sua insegurança ou dominam você, e é possível que guarde ressentimento, fique mal-humorado na presença delas ou se recuse a cooperar. Você precisa aprender a tomar iniciativa – começando pela definição de suas ambições e tendo a coragem de segui-las sem precisar dar satisfação a ninguém. Recomece quantas vezes for necessário e entenda que tem o direito de ser *você*, de ser como é. Insista naquilo que acredita e sabe ser o certo. Talvez nunca

Quando aprender a se autoafirmar, perceberá como a prática torna tudo mais fácil.

OUTROS NÚMEROS IMPORTANTES

236

seja um grande líder ou inovador, mas certamente pode aprender a se expressar. Se descobrir que muitos de seus amigos têm o 1 repetido em suas fórmulas, é porque está lidando bem com o que falta em você. Sem dúvida, está aprendendo com eles a ser assertivo. Dar apoio e conselhos pode ser uma boa função a exercer, mas esteja sempre atento para não perder de vista a sua individualidade.

2 como Número Ausente

Impaciente e sem tato, é possível que salte de uma gafe a outra, deixando uma fila de pessoas irritadas no caminho. As entrelinhas ficam despercebidas até que, de repente, tomam conta e você não consegue mais lidar com o que de fato é importante. Raramente alguém se dispõe a apoiá-lo quando precisa de ajuda. Será necessário desenvolver maior consciência de suas atitudes e de como elas afetam outras pessoas. Não é que pretenda ser indelicado, mas certas coisas simplesmente jamais passam pela sua cabeça – você pode mudar isso com um pouco de reflexão. Adquira o hábito de contar até 10, olhando antes de saltar e prestando atenção nas relações àquilo que você diz. Se descobrir que muitos de seus amigos têm o 2 como presença forte, é porque, inconscientemente, tem aumentado sua empatia e, consequentemente, deixando de ferir a sensibilidade

Ficar pensando em seus problemas só piora as coisas – melhor ir a algum lugar e fazer alguma coisa.

delicada de quem tem esse número. Pergunte a eles como se sentem e ouça as respostas atentamente.

3 como Número Ausente

Sorria. A vida não precisa ser tão séria. Sendo negativo atrairá negatividade, e, quando tentar se "divertir", poderá parecer uma atitude forçada e você acabará dizendo ou fazendo algo errado e se sentindo um desmancha-prazeres. Você deseja ser criativo, mas parece que a espontaneidade sempre se esquiva; mesmo que domine as técnicas, há pouco entusiasmo. Você precisa aprender a vender seu peixe, colocar tudo à mostra e dar uma boa risada. Procure as coisas que o fazem rir – o humor não é desperdício de tempo, e brincar é a maneira de aprender e crescer, como toda criança sabe. Procure estabelecer contato com a criança em seu interior – ela poderá ajudá-lo a recordar as coisas que adorava fazer quando criança ou simplesmente a ficar à toa. Há originalidade dentro de você, portanto, relaxe e deixe que se manifeste livremente. Se descobrir que passa muito tempo com pessoas com o 3 fortemente presente, esse é um indício de que procura manifestar aquela presença interna que adora se divertir e, sem dúvida, curte a vida, mesmo que às vezes você a espante com seu comodismo e superficialidade.

OUTROS NÚMEROS IMPORTANTES

Relaxe! A tensão é uma barreira contra tudo que vale a pena na vida.

4 como Número Ausente

Você não tem como escapar das coisas básicas da vida com as quais todos nós devemos lidar, como dias de chuva, segunda-feira, contas a pagar, cheques sem fundo e pias entupidas; portanto, trate de arregaçar as mangas e colocar as mãos na massa. Às vezes, seus descuidos chegam a torná-lo vulnerável a acidentes, e a sua falta de praticidade pode colocá-lo em encrencas. Se possível, evita o trabalho pesado e, apesar de todas as ideias brilhantes que tem para o mundo, sua falta de planejamento impede que elas se realizem e, na maioria das vezes, acabam sem dar em nada. Você precisa ter disciplina e entender que lidar com as coisas básicas da vida é, na verdade, uma forma de trazer uma espécie de liberdade. Não busque atalhos. Como será inevitavelmente confrontado por desafios, trate de cumprir suas obrigações e, com isso, descobrirá mais formas de dar vazão ao seu desembaraço do que esperava. Se tem muitos amigos com uma forte presença do 4, é porque está tentando arduamente desenvolver essas virtudes, mesmo que esteja levando cada um deles à beira da loucura. Tente cumprir horários, leve dinheiro suficiente e guarda-chuva e cumprimente-se com batidinhas nas costas por todas as coisas sensatas que foi capaz de realizar.

5 como Número Ausente

Na vida há apenas uma coisa certa: a mudança; deste modo, é melhor se acostumar com isso. Mesmo os planos articulados com o maior zelo possível podem ser transformados em fumaça pelo acaso, e, neste caso, a sua zona de conforto não será um lugar seguro para se esconder. Você tende a ter medo do novo e não experimentar. A descoberta e a aventura te deixam gelado, o sexo parece cheio de armadilhas, e qualquer coisa imprevisível é sufocada ao nascer. Você precisa de uma verdadeira experiência de vida para aceitar sua humanidade e se deixar levar. Frequentemente surgem emergências – é como se o Cosmos estivesse dizendo para saber que virá o inesperado. Aprenda a surfar nas ondas da tempestade, e enfrente o que está além da esquina assumindo uma postura de curiosidade. Descubra aspectos ocultos em si mesmo e receba as pessoas imprevisíveis e voláteis em sua órbita. Se elas já estão por perto é porque está aprendendo a lidar com tudo que foge às regras – e até mesmo a gostar disso de vez em quando.

6 como Número Ausente

Quanto mais rápido crescer e assumir a responsabilidade pelos seus atos, mais cedo tomará consciência do amor a sua volta. "A gente escolhe os amigos, não a família", você pode resmungar, porém é bem possível que evite as obrigações envolvidas na amizade da mesma forma que se ressente com as exigências dos pais, parceiros, filhos e da casa. O trabalho doméstico pode ser

OUTROS NÚMEROS IMPORTANTES

uma tarefa maçante; o Natal e os aniversários, um verdadeiro terror; gente que espera coisas de você, uma amolação. Quando entender a verdade contida na frase "é mais abençoado dar do que receber", estará no caminho do equilíbrio. As pessoas continuarão impondo o que você considera exigências exageradas até que comece a gostar de ser necessário e a valorizar e criar a beleza e a harmonia. Se em suas relações há muitas pessoas com presença forte do Seis, é porque está mais suave e seu coração está se abrindo para o amor. Quanto mais você der, mais receberá.

7 como Número Ausente

Não se preocupe – talvez o que você mais teme nunca venha a acontecer, a não ser que seus pensamentos negativos tenham força suficiente para realizar seus medos. Você costuma esperar pelo pior e vê presságios de desgraças em cada esquina. De vez em quando está certo, mas a sua intuição capta demais as coisas ruins, deixando escapar as boas. Provavelmente acredita que a vida seja uma sucessão de problemas e tudo que nos espera após a morte é o esquecimento. É possível que tenha que lidar com reveses e má sorte até encontrar um pouco de fé em si mesmo e aprender a usar a imaginação de forma criativa. Os acontecimentos continuarão a lhe aguilhoar até você descobrir que há um sentido nas coisas e entender que o mais importante não é visto

É possível refrear sua mente – faça um esforço determinado para contar suas bênçãos.

com os olhos. Abra-se à possibilidade do Invisível – outros mundos, outras dimensões. Permita-se sentir a experiência do espanto. Se vive cercado de "malucos" hippies renascidos e outros com forte presença do 7, está se saindo muito bem. Começa a perceber que é uma "poeira estelar".

8 como Número Ausente

A vida é dura, só os fortes sobrevivem, e você não se sente um deles. Tomar decisões financeiras é algo que exige muito esforço e, quando tem algo a ver com negociar, você não tem ideia do que fazer. Pode ter muitos recursos, porém acha difícil aplicá-los. O que conquistou talvez pareça insípido e sente que está privado de satisfação, talvez em virtude de uma saúde precária ou de relacionamentos insatisfatórios. O verdadeiro sucesso deixará de evadir-se quando abandonar o medo do próprio poder e assumir o controle. Concentre-se em suas capacidades e deixe de ser tolo. Se receber a proposta de um cargo de autoridade, aceite. Candidate-se às promoções, progrida, enfrente os desafios e confronte as situações desagradáveis. Você nem sempre conseguirá o que busca, mas aceitará o aprendizado e vencer se tornará algo mais habitual. Se estabelece relações com muitas pessoas com forte presença do 8, é porque está descobrindo o que significa ser eficiente e que é uma força com a qual pode contar.

9 como Número Ausente

A vida é muito mais do que aquilo que acontece na sua rua. Não acha que está na hora

de abrir sua mente e olhar para as estrelas? Tudo que você quer é levar uma vida tranquila e em paz e que tudo siga seu curso totalmente ordenado desde o nascimento até a morte, mas, por algum motivo, vive sendo colocado em situações assustadoras, em que as pessoas precisam de sua ajuda. De pequenos dramas a batidas de carro, de corações partidos a corações enfartados – as pessoas parecem simplesmente cair diante de sua porta, e é isso que você mais *odeia*. Porém existe um mundo grande e vasto lá fora, e você precisa participar. Quanto mais rápido se dispuser a isso, mas cedo encon-

trará satisfação em ajudar, em vez de estimular o pânico. Nós não temos como controlar as desgraças, mas estender a mão faz a gente se sentir muito melhor. No entanto, se você tem muitas pessoas com forte presença do 9 ao seu redor, provavelmente já está de alguma maneira prestando ajuda a outros e aprendendo a gostar de fazer isso.

Nenhum Número Ausente

Se todos os números estão representados em sua constituição, isso quer dizer que você tem equilíbrio e um espectro completo de experiências. Provavelmente entende e assume as

Às vezes, a coisa mais importante na vida é fazer a pergunta certa.

mais diferentes perspectivas pode fazer um pouco de tudo durante a vida, sem ter nenhuma emoção excessivamente mais intensa do que outra. Isso é ótimo, mas às vezes pode lhe entediar um pouco. Examine o(s) número(s) que aparece(m) menos em sua constituição e veja se consegue sentir algo novo ou se desenvolver um pouco mais em sua(s) respectiva(s) área(s). Jamais seja complacente – sempre haverá um desafio diferente a enfrentar, outro nível a ser alcançado.

Os Números Acima de Nove

Os números mais importantes são aqueles que vão de 1 a 9, e todos os outros podem ser reduzidos a eles. No entanto, existem nuanças de sentido ligadas aos Números Acima de Nove, presentes em sua vida porque representam o resultado da soma dos algarismos de sua data de nascimento ou de seu nome, antes de serem reduzidos a um algarismo só. Esses Números Acima de Nove são particularmente importantes se constituem a sua data de nascimento. Eles contêm tanto a influência dos algarismos de sua composição como daqueles da soma final. Onze e 22 são Números Mestres e, por esse motivo, foram abordados separadamente – ver pp. 206-11.

DEZ: A sua vitalidade e determinação são intensificadas por uma sabedoria e percepção sutil, mas você pode ser extremamente obstinado. Sua criatividade é especialmente poderosa.

DOZE: Você tem uma necessidade intensa de se expressar e o faz de maneira dinâmica, sem deixar de nutrir empatia pelos outros, o que torna você eficiente, embora às vezes seja também uma raposa esperta!

TREZE: Esse não tem que ser um número de azar, mas a percepção espiritual precisa vir acompanhada de responsabilidade e criatividade usadas de maneira realista – então você será capaz de mover montanhas!

CATORZE: Você quer fazer acontecer e tem uma história para contar. Porém, pode ficar perdido nos próprios pensamentos. Você precisa de concentração e lucidez.

QUINZE: Sensual e afetuoso, às vezes pode perder o controle em virtude dos próprios desejos. Se ouvir o que os outros têm a dizer, encontrará maior satisfação.

DEZESSEIS: Introspectivo e inquisitivo, quer tanto proximidade como independência. Aprenda a confiar em sua intuição e a se deixar levar.

DEZESSETE: Você é muito enérgico e está ciente da atuação do Destino em sua vida. Determinado a atingir seus objetivos, também está em sintonia com significados mais profundos.

DEZOITO: Consciente das necessidades e sentimentos dos outros, pode ser pragmático e decidido a alcançar resultados. Procure evitar as brigas por poder e a fazer julgamentos.

OS NÚMEROS ACIMA DE NOVE

O 13 pode ser um número de grande poder se você tiver coragem.

OUTROS NÚMEROS IMPORTANTES

Trinta e poucos anos – perus de festa!

246

DEZENOVE: Entusiasta e inspirado, quando descobre a maneira certa quer passá-la para os outros. Você precisa prestar atenção a certo traço de hipocrisia, porém é ambicioso e enxerga longe.

VINTE: A imparcialidade o move, e as parcerias são vitais. Você tem opiniões fortes, mas também pode ser assolado por dúvidas que o deixam mal-humorado.

VINTE E UM: Criativo e despreocupado, quer alegrar o mundo. Você deseja tanto dirigir como colaborar e pode se ver entre a cruz e a espada, mas sabe tirar proveito da abundância.

VINTE E TRÊS: A vida é uma aventura, e a sua sensualidade é intensa. Você atrai as pessoas com seu charme e vitalidade, mas às vezes embarca em aventuras num mundo que é só seu.

VINTE E QUATRO: Satisfazer as necessidades básicas de outros é extremamente importante, e você é um legítimo provedor. Porém é importante atentar para o fato de que não pode ser responsável por tudo.

VINTE E CINCO: Ousado e intuitivo, pode mostrar interesse e desprezo alternadamente. Siga o que seus instintos mandarem e expresse suas verdades.

VINTE E SEIS: Carismático e também incentivador, pode ir longe por sentir as necessidades dos outros. A sua carência de ser necessário não precisa se tornar uma aventura de poder.

VINTE E SETE: Honesto e empático, pode se sentir golpeado pelas realidades da vida. Às vezes, não existe o certo ou errado. Se pensar positivamente, poderá operar milagres.

VINTE E OITO: Enérgico e criativo, tem disposição, ímpeto e faro, mas também pode ser obstinado; sendo assim, dê espaço às outras pessoas.

VINTE E NOVE: Suas emoções são maiores do que a vida, e você pode ser impetuoso, apesar de buscar justiça. É importante não esperar demais da vida e das parcerias.

TRINTA: Como legítimo peru de festa, gravita em torno dos holofotes. Apesar de ser expressivo e extrovertido, às vezes tem dúvidas quanto à importância de tudo isso.

TRINTA E UM: Você pode ser bastante resistente e saber aplicar sua imaginação de forma prática e dinâmica, porém é possível que seja pessimista de vez em quando.

Consoantes: Seu Eu Quiescente

As consoantes presentes em seu nome indicam onde e como a corrente sonora é interrompida quando seu nome é pronunciado. O resultado da soma dos números correspondentes às consoantes indica o seu eu quiescente – o "você" que existe quando está completamente a sós e relaxado. Esse "você" tende a desaparecer assim que alguém entra em seu espaço. Seu eu quiescente aparece em sonhos e fantasias e pode se revelar através de expressões corporais e de características físicas. Ele pode desaparecer assim que uma conversa tem início. Há nele certo ar de mistério, um segredo que é seu, mas também é possível que permaneça escondido de você totalmente ou em parte. Pense a respeito do seu eu quiescente. Você pode estar mais ocupado expressando suas características dominantes e deixando de lado essa pista essencial.

Número 1 como eu quiescente

Bem no fundo, pretende ser um pioneiro, admirado pelos outros pela total ousadia e bravura. Você deseja destacar-se. Na verdade, aparenta ser mais vigoroso, forte e autocentrado do que imagina.

Número 2 como eu quiescente

Você quer ser amado e protegido e sonha com alguém de quem possa cuidar num lugar tranquilo. Talvez cause, em um primeiro momento, a impressão de ser tímido, amável e afetuoso.

Número 3 como eu quiescente

Um pouco de notoriedade seria ótimo. Você fantasia em se tornar a pessoa preferida por todo mundo – atraente e talentosa. Inicialmente, aparenta ser alegre, extrovertido e amável.

Número 4 como eu quiescente

Você pretende ser leal, confiável e honesto, para que todo mundo coloque fé em você e o considere eficiente. Provavelmente, aparenta ter muita perseverança e dignidade.

Número 5 como eu quiescente

O cigano selvagem, o espírito livre, secretamente adoraria não ter nenhum laço e viajar sem destino. Pode ter inúmeras fantasias sexuais. Instintivamente, aparenta ser muito sensual e amante da liberdade.

Número 6 como eu quiescente

Ter uma casa agradável onde acolher amigos e familiares é o que mais deseja no fundo de seu coração, além de poder ajudar e curar. Você dá a impressão de ter bom gosto, ser retraído e afetuoso.

O número 5 como Eu Quiescente é de pessoas independentes.

Número 7 como eu quiescente
Bem no fundo, gostaria de ser místico, cientista ou sacerdote, alguém que pudesse ficar a sós para refletir. Você dá a impressão de ser uma pessoa recolhida, refinada e um pouco distante.

Número 8 como eu quiescente
Você sonha com riquezas, poder e sucesso e passa a ideia de ser mais confiante do que imagina – as pessoas acham que já chegou ao topo quando na realidade está muito longe dele!

Número 9 como eu quiescente
Você adoraria servir a humanidade e se vê como um artista, líder ou amante famoso. Você dá a impressão de ser uma pessoa empática, apaixonada e muito alegre.

6. Relacionamentos

As relações com outras pessoas são os elementos mais importantes na vida da maioria de nós. A numerologia pode nos ajudar a entender uns aos outros.

Relacionamentos Numerológicos

Relações existem em diversos níveis. Como indivíduos, já somos suficientemente complicados; quando estabelecemos uma relação, as complicações se duplicam. O seu perfil numerológico exerce influência tanto sobre o que você espera quanto sobre aquilo que investe em qualquer relacionamento, além de determinar as próprias ideias que você tem a esse respeito. Os diferentes tipos de relacionamento trazem à tona diferentes aspectos de sua personalidade. A numerologia não determina se um relacionamento vai ou não funcionar. O que ela faz é dar uma ideia dos elementos fáceis e difíceis e mostrar aquilo com o que você precisará lidar.

Para comparar seu perfil numerológico com o de outra pessoa, comece colocando suas Cinco Fórmulas em ordem, na posição vertical, a partir do Número da Personalidade, seguindo com o Número do Caminho de Vida, Número da Alma, Número do Destino e Número do Aqui-e-Agora. Relacione ao lado os números equivalentes de seu parceiro, para poder compará-los diretamente (ver p. seguinte). Dessa maneira, poderá observar como vocês interagem. Se ambos têm muitos números iguais – por exemplo, se ambos têm o 1 como Número da Personalidade, o 8 como Número do Caminho de Vida e o 2 como Número da Alma – serão muito parecidos em diversos sentidos. Isso pode ser tanto um aspecto positivo quanto um grande desafio.

Por exemplo, se ambos têm o 1 como Número da Personalidade, cada um entenderá a necessidade de independência do outro, mas também poderá acabar fazendo as próprias coisas ou se irritando com o outro se atravessar o seu caminho. Ter o mesmo Número do Caminho de Vida significa que ambos estão no mesmo rumo, com valores semelhantes. Isso é bom para os negócios, mas também pode significar que ignoram as escolhas um do outro. Ter o mesmo Número da Alma é um bom augúrio para relacionamentos românticos, mas uma possível desvantagem é um nível alto de expectativas e, quando as coisas vão mal (talvez pelo fato de outros números em seus perfis serem menos compatíveis), pode haver uma profunda decepção. Ter o mesmo Número do Destino pode estabelecer um vínculo muito estreito, mas não necessariamente confortável; e ter o mesmo Número do Aqui-e-Agora pode resultar em competição, o que talvez seja motivador em parcerias de amizade.

O resultado mais encorajador para relacionamentos importantes provavelmente é en-

TABELAS COMPARATIVAS

Eis um exemplo de como dispor as cinco fórmulas de duas pessoas para estabelecer as comparações. Você pode usar o espaço em branco das páginas 388-91 para anotar suas fórmulas.

	JAKE HUNT 1+1+2+5+8+3+5+2	ANNA MARKS 1+5+5+1+4+1+9+2+1
PERSONALIDADE	3	8
CAMINHO DE VIDA	3.7.1982 = 3	8.3.1985 = 7
ALMA	9	3
DESTINO	9	2
AQUI-E-AGORA	9	3

contrar os mesmos números, porém em lugares diferentes. Se o seu Número do Caminho de Vida é 7 e o Número da Alma de seu parceiro é 7, ele ou ela terá a capacidade de inspirar a seguir seu caminho sem ser sufocado. Números iguais em diferentes lugares estimulam, estabelecendo interconexões significativas dentro da parceria. Contudo, no final a escolha é sua, e você pode, conscientemente, fazer a relação funcionar, se existir, é claro, vontade de ambas as partes.

RELACIONAMENTOS

Número 1

À primeira vista, pode parecer que as relações não são muito importantes para esse número, mas se o 1 tem presença forte em sua constituição, você sabe que isso não é uma verdade absoluta. O 1 deseja encontrar alguém especial e pode ser muito idealista em relação a isso. Alguns têm uma imagem formada sobre o tipo de parceiro que querem e podem passar a vida procurando por ele, possivelmente passando por muitas decepções sem desistir. Os 1 podem repetir entusiasticamente vez após vez os mesmos erros, em busca do sonho persistente que nunca deixa de prover inspiração.

Alguns, mais cedo ou mais tarde, escolhem seguir um caminho solitário e, embora seja verdade que os 1 são mais felizes quando estão sozinhos do que muitos outros números, o fato de ter a presença forte desse número em sua constituição não o condena a levar a vida de uma "pessoinha triste e esquisita" – longe disso. Você pode ser extremamente dedicado, com muito para dar ao outro. Às vezes, pode ser devotado aos interesses e bem-estar do outro, até mesmo em detrimento de si mesmo. Porém, geralmente há algo de unilateral em sua abordagem, e você precisa tomar cuidado para que o outro não se sinta como um de seus "projetos". Talvez tenha dificuldade de enxergar o outro – ele pode ser visto pelas lentes de suas crenças. Apesar de ser a última pessoa a querer restringir as escolhas de alguém, há momentos em o parceiro sente assim, uma vez que se esforça para ser visto por você.

Dicas

- Cada parte deve preservar seu bocado de independência
- A partilha de tarefas e atividades concretas deve ser limitada – as coisas funcionam melhor se cada um tem a própria área à qual se dedicar
- Lembre-se que mesmo sem perceber pode fazer suposições ou iniciar algo por conta própria – tenha em mente a necessidade de discutir e comunicar seus interesses
- Bons relacionamentos surgem muito mais pelo trabalho árduo do que pela química ou amor à primeira vista: se lembrar disso, alcançará o sucesso

COMPATIBILIDADE COM O 1 DOMINANTE

John é o chefe de Anna. Tendo o 1 como Número da Personalidade e do Caminho de Vida, é extremamente impetuoso. A personalidade 8 de Anna corresponde à ambição dele, enquanto o 3 como Número da Alma de ambos indica que provavelmente se sentem à vontade na companhia um do outro, contando piadas e passando juntos momentos divertidos. Contudo, o 7 como Caminho de Vida de Anna sugere que ela necessita de um trabalho que tenha um importante propósito espiritual. Como o 7 está totalmente ausente no perfil de John, ele talvez não seja capaz de satisfazer essa necessidade de Anna.

	JOHN AMOS 1+6+8+5+1+4+6+1	ANNA MARKS 1+5+5+1+4+1+9+2+1
PERSONALIDADE	1	8
CAMINHO DE VIDA	1.9.1962 = 1	8.3.1985 = 7
ALMA	3	3
DESTINO	5	2
AQUI-E-AGORA	2	3

Para ter ótimas relações, basta lembrar-se de alguns elementos básicos, em parte porque há um limite para aquilo que espera de seu parceiro. Respeito verdadeiro, apoio, companheirismo com independência – tudo isso está a seu alcance se lembrar que você e seu "outro significativo" são como as colunas que suportam um templo, lado a lado, porém separadas.

Como namorado e parceiro de vida

Você é um apaixonado e devotado em potencial. Se achar que determinada pessoa é "a certa", poderá persegui-la durante anos. Especialmente se você tem o 1 como Número da Alma. Se o 1 for seu Número do Caminho de Vida ou da Personalidade, será especialmente idealista sobre a relação e detestará a ideia de se separar, considerando a separação uma espécie de fracasso. Se o 1 é o seu Número do Aqui-e-Agora, gosta de sentir que agarrou o melhor "partido", mas não deixe que a sua competitividade o cegue para os valores essenciais. Se o 1 é o seu Número do Destino, pode querer que o parceiro eleve o seu *status*. Não há nada de errado nisso – as relações envolvem questões complicadas e não apenas vinho e rosas. Entretanto, esse propósito deve estar subordinado a sentimentos verdadeiros. Você sabe muito bem disso, mas pode avaliar perdas a caminho do comprometimento, antes de perceber que fez a escolha errada. É importante sempre dispor de uma cláusula que sirva como garantia à possibilidade de fuga, tanto pelo bem do outro como de você mesmo, e tente não esperar mundos e fundos. As relações são aquilo que você faz delas. Dito isso, evite a obsessão de manter uma relação ruim – se é hora de cair fora, faça as suas malas!

Como amigo

Leal e devotado, investe muito em seus relacionamentos e pode sentir grande empolgação quando acha que encontrou alguém que sente, pensa e age como você. Provavelmente é um amigo por toda a vida, mas o melhor risco é não se aproximar *demais*, deixando que as diferenças entre vocês fiquem mais evidentes do que seria confortável. Estabeleça claramente o que deseja de um amigo – ninguém vai estar do seu lado o tempo todo, e você não precisa apoiar alguém em todas as dificuldades. Manter espaços em suas amizades ajudará a mantê-las tanto quanto a proximidade permitir.

Como sócio nos negócios

Esta é uma área que exige muita reflexão. Se o 1 tem presença forte em sua constituição, especialmente como número da Personalidade ou do Caminho de Vida, trabalhar com outra pessoa pode ser muito difícil, até impossível. Se pretende iniciar uma sociedade, precisa antes se assegurar de que terá autonomia total em sua esfera de ação e poderá confiar realmente no comprometimento da outra pessoa; mesmo que tecnicamente você não seja o chefe, tampouco será mandado por alguém. Respeitando as devidas condições, poderá se dar bem trabalhando com outros, porém, se as coisas derem errado, a situação será péssima – portanto, pense bem.

Em geral, quando gritamos muito alto é quando menos somos ouvidos.

NÚMERO 1

O número 1 não é de nenhuma forma um ser tão solitário quanto podemos supor.

COMPATIBILIDADE

Com 1 Funciona perfeitamente bem. Se cada um seguir um rumo, o casal poderá aparentar ser o mais feliz do mundo.

Com 2 Será uma parceria muito criativa e divertida desde que o 2 tenha outras pessoas que ofereçam aconchego, do contrário poderá se tornar enjoativa. Valorize e celebre as diferenças.

Com 3 Juntar seu dinamismo à disposição animadora do 3 pode trazer eficiência, enquanto você não se atolar nos inconvenientes aspectos pragmáticos.

Com 4 A atitude pé no chão do 4 pode significar a realização de conquistas maravilhosas para ambos. Entretanto, você precisa tomar cuidado para não acabar brigando e julgando que o 4 pretende frustrá-lo ou atá-lo totalmente. Ele quer apenas tornar seus planos viáveis.

Com 5 Juntos, vocês podem criar coisas e situações maravilhosas, e essa parceria pode trazer benefícios a toda comunidade. No entanto, ambos são voláteis – é necessário parar, pensar e contar até 10. A comunicação é a chave.

Com 6 Essa parceria levará os dois a refletir em profundidade a respeito da vida e aprender com ela. Talvez vocês sintam a força do destino em ação, e, caso a ideia inspire a ambos, poderá transformá-los e elevar a relação ao nível espiritual.

Com 7 Vocês atuam em diferentes níveis. Se houver respeito mútuo, poderão construir algo duradouro; do contrário, é provável que acabem brigando pelo poder – não deixe que as coisas cheguem a esse ponto.

Com 8 Os dois pretendem ser o chefe, mas enquanto negociarem a área de independência de cada um e o 8 for o responsável pela estrutura geral, essa parceria pode significar uma vida de mudanças e aventuras.

Com 9 Ou vai ou racha. Vocês precisam de algum propósito em comum, e, se ele estiver bem alicerçado, a parceria irá longe. É quando haverá maior necessidade de fazer concessões – mas pode valer a pena!

RELACIONAMENTOS

Número 2

As relações são absolutamente essenciais e você pode se sentir incompleto sem elas. Tendo o 2 como seu Número da Alma, deseja profundamente aquela pessoa especial que preencherá a sua vida, e esse pensamento está sempre no fundo de sua mente. Com o 2 como seu Número da Personalidade, provavelmente sempre existe alguém de boa aparência ao seu lado. Com o 2 como seu Número do Caminho de Vida, ter um relacionamento de longa duração provavelmente é uma de suas principais ambições. Com o 2 como seu Número do Destino, sente quase a obrigação de formar uma boa parceria e, se não consegue, se sente culpado.

PRESENÇA FORTE DO 2

Ellen é mãe de Anna. Em seu perfil numerológico há uma presença forte do 2. Para Anna, esse é o Número do Destino, sugerindo que ela talvez considere que a mãe determina o rumo de sua vida. Ellen pode se sentir ameaçada pelo ambicioso 8 e pelo reservado 7 de Anna, mas o 3 que elas têm em comum indica que têm muito a desfrutar juntas.

	ELLEN MARKS 5+3+3+5+5+4+1+9+2+1	ANNA MARKS 1+5+5+1+4+1+9+2+1
PERSONALIDADE	2	8
CAMINHO DE VIDA	2.9.1953 = 2	8.3.1985 = 7
ALMA	11/2	3
DESTINO	2	2
AQUI-E-AGORA	3	3

Você tem muito para dar a qualquer relacionamento, e, muitas vezes, sente-se profundamente abalado e iludido se acontece uma separação. Afinal, deu tanto, se empenhou tanto – o que mais poderia ter feito? O problema é que possivelmente faz *demais*, e isso talvez seja opressivo para o outro. Às vezes, seu parceiro pode sentir, ao olhar para você, que vê um reflexo de si mesmo, e isso pode ser desagradável e frustrante. Para fazer a parceria funcionar, precisa de uma "relação" com algo além de seu parceiro. Pode ser um passatempo ou outra tarefa, alguma atividade artística ou musical, mas deve ser algo só seu. Dessa forma, seu parceiro irá perceber e valorizar quem você realmente é, com toda sua vibração.

O 2 também pode ser um número de conflito e, em certas ocasiões, iniciará uma discussão com críticas e reclamações. O motivo mais profundo é o desejo de enfrentar e resolver os problemas em busca da união perfeita. Não é surpreendente que essa estratégia raramente funcione, e é mais provável que as diferenças aumentem. Então, ficará aborrecido – o 2, em seu pior estado, pode ser extremamente hostil. É melhor se esforçar para ver aspectos positivos e procurar ser realista, porque nem sempre tudo deve ser perfeito e maravilhoso para haver uma boa parceria.

O 2 adora estar numa relação, mas nem sempre ela é isenta de dificuldades.

Dicas

- Tire os óculos cor-de-rosa – a vida real e as pessoas reais podem ser suficientemente boas
- Não leve as coisas tão a sério – uma pessoa pode achar você imperfeito e mesmo assim amá-lo muito
- Se estiver insatisfeito com alguém, faça comentários sobre o *comportamento* da pessoa e não sobre a própria pessoa
- Se alguém magoar você, diga o que está sentindo sem fazer julgamentos

Como namorado e parceiro de vida

Nada é complicado demais quando se dedica a satisfazer as necessidades pessoais de seu parceiro. Organizando e limpando, fazendo compras e cozinhando, entende que sua função é oferecer apoio enquanto seu parceiro sai para conquistar o mundo. Isso pode funcionar bem quando há uma divisão de trabalho que satisfaça ambas as partes – e que ambas respeitem. Às vezes, no entanto, pode se sentir desapontado se o outro não cumpre sua parte do contrato. Porém é possível que imagine que seu parceiro assumiu determinada incumbência quando, na realidade, ele não assinou nenhum contrato. É muito importante que expresse seus desejos e sentimentos, porque seu parceiro não é capaz de ler seus pensamentos. Tome cuidado também para não se tornar um "capacho", porque então será pisado. Satisfeita sua necessidade de segurança, palavras tranquilizadoras, beijos e abraços, o seu talento "natural" é criar um ambiente tranquilo e agradável. Se não esquecer de dar à pessoa que você ama o próprio espaço, ela sempre voltará para você.

Como amigo

Você adora ter um "melhor amigo" e pode ter um pouco de ciúme se alguém tentar se aproximar demais. Se seu amigo está com algum problema, você larga tudo para estar com ele. O único problema é que pode sufocar seus amigos e depois ficar se perguntando por que eles se afastaram. Você pode ser um pouco dependente demais das opiniões e aprovações dos amigos. Pratique dizer não às vezes. Como, no entanto, sempre demonstra simpatia, disposição para confortar e ajudar – quem poderia querer mais?

Como sócio nos negócios

Você é um ótimo parceiro de negócios quando pode assumir uma função secundária, organizando a parte administrativa, conversando com os clientes, oferecendo cafezinho e sorrindo. Seu sócio deve tomar as decisões, prover o ímpeto e "matar os dragões". Quem está preparado para fazer isso pode contar com você como um anjo a seu lado. De seu ponto de vista, precisa ter a certeza de que pode confiar em seu sócio – esteja atento às "letrinhas pequenas de pé de página" e não espere muita consideração, porque talvez não venha. É também importante deixar suas emoções fora do ambiente de trabalho o máximo possível – você entrou nesse negócio para ter lucro. Reserve os abraços afetuosos para outros contextos.

A imagem de um casal feliz toca o coração de quase todas as pessoas.

COMPATIBILIDADE

Com 1   Essa relação pode ser extremamente excitante, com muita empolgação, tombos e risadas, mas se sentir que seus sentimentos estão sendo pisados, terá que lutar para defender seu espaço com bom senso e não extrapolar emocionalmente. Se cada um faz a parte que lhe cabe, a relação pode se sair brilhantemente.

Com 2   Essa relação pode ser tanto o céu como o inferno, porque ambos são muito carentes e também muito irritáveis. Os sentimentos se mostram facilmente alterados e vocês precisam discutir os problemas antes que eles escapem ao controle. É proibido ficar emburrado. É importante criarem algo de valor prático e usarem juntos.

Com 3   Pode haver brigas – é importante que você não confunda as brincadeiras do 3 com falta de atenção. Procure se assegurar de ter muito para fazer, muitos lugares para ir e pessoas para ver.

Com 4   Você vai adorar desempenhar o papel de "Família Feliz", e todo mundo será bem-vindo a sua casa. Você tem ideias maravilhosas, e o 4 as coloca em prática. Procure não se aborrecer.

Com 5   Você irá voltar-se para dentro de si mesmo e a relação fará de você uma pessoa mais sensata. Uma química misteriosa pode fazer com que sempre volte para obter mais, mas essa não é uma aventura sem consequências.

Com 6   A relação pode se fixar em símbolos de status e em comparações com os vizinhos. No entanto, vocês devem ter uma bela casa e sentir que estão realmente chegando a algum lugar como casal.

Com 7   Cada um tem algo para ensinar ao outro, uma vez que têm perspectivas muito diferentes, mas juntos poderão viajar mental e concretamente. Uma parceria intrigante.

Com 8   Pode parecer que vocês têm uma forte ligação, mas a empatia pode ser ilusória. Cada um precisa do próprio espaço e nenhum tem que se esforçar demasiadamente para controlar as coisas. O respeito mútuo opera milagres.

Com 9   Apesar de serem pessoas muito diferentes, é possível que você sinta que tem o que quer, mantendo o fogo da casa aceso até o 9 entrar. Se ouvir o que o seu parceiro quer, as coisas poderão funcionar bem.

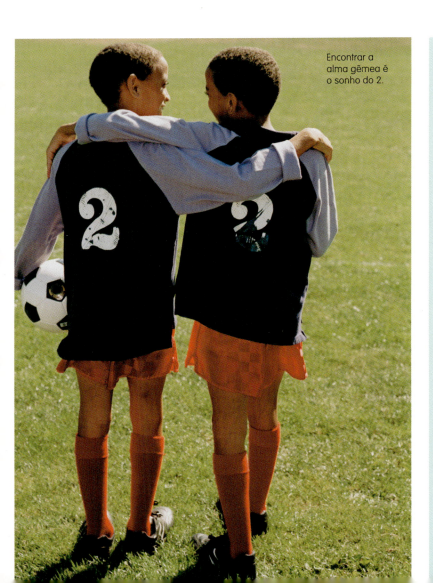

Encontrar a alma gêmea é o sonho do 2.

NÚMERO 2

Número 3

Alegre, despreocupado e amistoso, é fácil para você entrar em qualquer tipo de relacionamento. Você recebe convites para festas enquanto espera na fila do caixa no supermercado e no ponto de ônibus conhece alguém com quem inicia um romance. Assim como é fácil começar é também fácil terminar, porque logo se aborrece. Como as primeiras impressões são aquelas que contam, pode ser incapaz de resistir a alguém com charme, audácia e que provoque aquele deslumbramento de "cair morto". Porém, mais cedo ou mais tarde, descobre que a beleza é aparente e pode se decepcionar ao constatar que abaixo da superfície as coisas não são tão fascinantes. Não que você tenha propensão a escavar fundo; na maioria das vezes, prefere ficar na superfície mesmo. Isso vale também no que diz respeito às suas emoções – votos solenes não fazem seu estilo.

Dicas

- O casal que brinca unido permanece unido
- Em qualquer parceria que você entrar, procure antes assegurar-se de que irá trazer muita variedade para a sua vida
- Não julgue um livro pela capa – as coisas mais interessantes podem vir num embrulho simples
- Mudar de parceiro pode trazer "o mesmo de sempre" – às vezes, vale mais a pena animar a relação que já tem

Tendo o 3 como Número da Personalidade, é provável que esbanje confiança. Você tem facilidade para atrair as pessoas, mas tenta com demasiado afinco impressioná-las no início – lembre-se que não precisa ser o centro das atenções o tempo todo para agradar e ter sucesso. Com o 3 como seu Número do Caminho de Vida, pode haver um séquito de pessoas querendo sua amizade ou amor e talvez seja difícil se estabilizar com alguém. Gostando ou não, no final precisará refletir profundamente sobre suas companhias para passar o tempo, se quiser evitar a insatisfação. Com o 3 como seu Número do Destino, pode achar que é tarefa sua entreter as pessoas. Também pode ter medo de ficar aprisionado e ter as asas cortadas. É importante entender que a pessoa certa, ao trazer à tona seus talentos em potencial, ajudará a sentir-se *mais* livre. Se 3

PRESENÇA FORTE DO 3 COMO NÚMERO DA PERSONALIDADE

Karen é a irmã mais nova de Anna. Ela tem uma presença forte do 3 como seu Número da Personalidade. Anna provavelmente se sente relaxada e leve em sua companhia, porque estimula seu 3 tanto como Número da Alma como do Aqui-e-Agora. Karen sente que pode deixar para trás sua imagem sensível do 4 para expressar a Personalidade alegre e perseguir seus criativos Caminho de Vida e Destino.

	KAREN MARKS 2+1+9+5+5+4+1+9+2+1	ANNA MARKS 1+5+5+1+4+1+9+2+1
PERSONALIDADE	3	8
CAMINHO DE VIDA	3.9.1989 = 3	8.3.1985 = 7
ALMA	7	3
DESTINO	3	2
AQUI-E-AGORA	4	3

é o seu Número da Alma, você encontra muito prazer em todas as associações. Você tem muita generosidade ao expressar seu amor, e sua sexualidade é desinibida, mas procure aceitar que nem todo mundo consegue ser tão relaxado e generoso.

Onde quer que o número 3 apareça em sua constituição, trará um toque de capricho e galanteio. Você pode ser sensível ao toque e sensual, mas detesta se sentir preso, e o 3 muitas vezes cria o Eterno Triângulo Amoroso, no qual você é "a outra" ou "o outro". Quando isso acontece é porque está evitando se envolver. Você reluta em criar um compromisso com um parceiro de vida, porém é possível que encontre satisfação em relações permanentes nas quais sua liberdade é respeitada, e então ser totalmente fiel a elas.

Como namorado e parceiro de vida

Nenhum instante aborrecido. Se não está falando pelos cotovelos, está embarcando em alguma nova aventura. Qualquer parceiro pode ter dificuldade de acompanhar você – e ele deve ser bom ouvinte e ter estabilidade e segurança em si mesmo, ou ser um peru de festa como você. Com quem quer que esteja, sempre mantém o olhar voltado para outras pessoas atraentes. É muito melhor se a coisa não for levada demasiadamente a sério, porque, se for assim, logo irá se distrair ou mudar de ideia. O que é atraente para você em um dia, no outro se torna aborrecido, e qualquer relação precisará oferecer diversão e uma grande variedade de experiências. Exatamente quando alguém está prestes a desistir por considerar que a relação com você é um flerte incorrigível, você mergulha em uma relação duradoura. O que aconteceu talvez seja um mistério até mesmo para você, mas finalmente a ideia de rompimento parece um gancho, sem mencionar a tristeza e a chatice – e você se deixa fisgar.

Como amigo

Você é uma companhia maravilhosa para quem deseja passar bons momentos, alguém com disposição inesgotável para divertir e com quem dar boas risadas. Você está sempre disponível, pronto a abraçar e sorridente, mas, apesar de ter muitas coisas para dar, a exclusividade não é uma delas. A ideia de "melhor companhia" não será atrativa se representar

Dar risada juntos pode aproximar um casal.

alguma restrição. Você adora ser companheiro, desde que não se espere muito de você. O que você vê é o que você tem – porém é maravilhoso e quem está reclamando?

Como sócio nos negócios

"Sucesso" é o seu segundo nome e você traz sorte a qualquer parceria, desde que não seja atado ao esquema monótono das "nove às cinco". Você é quem fala e espreita a grande chance e precisa de um sócio que dê estabilidade e se incumba do planejamento. Se não é demasiadamente descuidado e não leva as despesas à beira de cair no vermelho, é uma bênção para qualquer pessoa ambiciosa.

O empreendedorismo do 3 precisa ser mantido sob a mira do sócio.

COMPATIBILIDADE

Com 1 Muitas conquistas concretas, enquanto o 1 mantém você nos trilhos e leva seus talentos em consideração. Se ficar cheio de ter um chefe, pense em todos os benefícios e esqueça o assunto com boas risadas.

Com 2 "Rápido no gatilho" – sensual como amante, mas o 2 pode ser grudento enquanto o 3 gosta de flertar. Converse sem brigar. Nos negócios, vocês se complementam com a tolerância.

Com 3 Juntos vocês formam um lindo casal. Podem tornar o mundo um lugar melhor ou criar um lar maravilhoso desde que não entrem em competição.

Com 4 Queira ou não, você terá que refletir profundamente a respeito da vida. A estrutura do 4 pode ajudá-lo a ser eficiente e encontrar satisfação; portanto, trabalhe para isso.

Com 5 Você pode conquistar o mundo ou acabar com os chifres presos. Encare suas metas a partir de diferentes ângulos e tenha sempre em mira algo inspirador para buscarem juntos.

Com 6 Esta é uma viagem de descoberta para vocês dois. A parceria funciona melhor se tiver um envolvimento com a comunidade, ou se vocês viajarem juntos.

Com 7 As pessoas podem se surpreender diante de duas pessoas tão diferentes se darem tão bem, mas isso acontece. O 7 desperta seu lado espiritual e vocês podem se tornar inseparáveis e invencíveis.

Com 8 Vocês precisam definir as rotinas e cada um ter uma área na qual se concentrar. Essa relação funciona melhor se vocês conseguirem transcender interesses egoístas. A "busca de poder" do 8 pode despertar sua ira ou o seu incentivo.

Com 9 Vocês viverão uma grande festa e, quando acabar, saberão se existe algo mais profundo ou se tudo não passou de uma aventura fugaz. De qualquer maneira, ficará na memória.

Número 4

A pessoa que cunhou a frase "intimidade traz desrespeito" não foi alguém com muitos 4 em sua constituição. O provado e comprovado lhe agrada, e o amor tende a aumentar em vez de desaparecer. A via para entrar em seu coração talvez seja tornar-se indispensável pela simples presença no dia a dia, assim você passa a contar com essa pessoa. Confiar e poder contar são essenciais para que abra o seu coração, o que não acontece imediatamente. No entanto, quando finalmente acontece, pode ser totalmente fiel e comprometido. Você quer apoiar seu parceiro na alegria e na tristeza, e embora seu apoio seja mais prático do que emocional, você demonstra seu amor em tudo que faz.

Tendo o 4 como Número da Personalidade, provavelmente vai perguntar a todos os amigos em comum a respeito do caráter da pessoa que pretende conhecer melhor. Se 4 é o seu Número do Caminho de Vida ou do Destino, pode muito bem se casar com a pessoa que namorou na infância ou, quem sabe, encontrar o caminho de volta depois de um tempo – com você, a primeira "mordida" é a que fica. Se 4 é o seu Número da Alma, a sua lealdade chega quase a doer, e você é realmente capaz de levar a sério o "até que a morte nos separe" – ser chefe de família é algo profundamente importante no qual você investe muito. Com o 4 como Número do Aqui-e-Agora pode às vezes ser levado a permanecer com a pessoa errada, porque acha difícil romper depois que seus amigos passaram a considerar vocês como um "casal". Você odia-

ria ser visto como "traidor", o que é uma atitude nobre que conta a seu favor, mas pode deixar você atolado.

Presente em qualquer lugar de sua constituição, o número 4 acrescenta uma boa dose de estabilidade a todas as associações. Você se sente à vontade com limites claros em qualquer relação, de maneira que cada um faz o que foi combinado. Você gosta de saber onde está pisando, diz o que pensa e pensa o que diz (apesar de nem sempre expressar tudo que sente). Qualquer relação funciona melhor para você quando se estabeleceu por acordo mútuo uma rotina, e você se abre cada vez mais para o parceiro quando vê que ele está no mesmo lugar e fazendo regularmente as mesmas coisas. Entretanto, também tem um lado mundano brincalhão e um senso mordaz de humor.

Dicas

- Assegure-se de que todas as questões práticas envolvidas em qualquer relacionamento sejam definidas, desde o começo, com justiça e honestidade. Isso impõe que as questões de dinheiro sejam discutidas em detalhes para não correr riscos
- Precaução é uma coisa e medo é outra completamente diferente. Às vezes, diante de uma decisão, "sentir o medo e enfrentá-lo" deve ser tomado como lema
- Você pode não dar valor às aparências, porém, como os outros dão, maximize suas chances usando roupas apropriadas
- Pode ser difícil imaginar por que os outros se exaltam ou precisam de excitação, mas você deve encarar como um fato e lidar com isso de modo compassivo

Como namorado e parceiro de vida

Embora a beleza exterior talvez não contem muito, você é extremamente sensual e sexy quando relaxado. Entretanto, uns amassos no sofá podem ser tão excitantes para você quanto o sexo propriamente dito. De acordo com os padrões, você reserva gestos românticos para ocasiões especiais, como dar rosas vermelhas no Dia dos Namorados. Satisfazer as necessidades materiais tanto do outro como as próprias é muito importante. "Quando o lobo entra pela porta, o amor escapole pela janela" é o tipo de coisa que pode dizer. O amor numa choupana não soa muito romântico para você – pois pretende ser capaz de pagar as prestações da casa própria. Quando comprometido, trabalha arduamente para pagar as contas. Você pode se apaixonar, mas no fundo considera a amizade mais importante, porque sabe que ela dura.

Como amigo

Da preparação do cardápio à mudança de casa, você está presente para dar uma mão – na realidade, se sente quase ofendido se não é chamado para ajudar. Seu círculo de amigos é relativamente estável, e pessoas novas são convidadas a participar apenas muito lentamente; você gosta de manter contato com aqueles que foram colegas de escola e adora essas reuniões. Você mantém quase sozinho a estrutura dos relacionamentos sociais, e quando alguém perde o caderno de endereços, você sempre tem um disponível. Num mundo de incertezas, a sua amizade é uma preciosidade inestimável.

Como sócio nos negócios

Você é um sócio maravilhoso para quem deseja por perto alguém confiável que garanta uma cópia dos arquivos, organize os fichários e sempre compareça sem falta na hora de abrir o negócio. Você fica feliz que seu parceiro vislumbre o mundo, desde que o traga para dentro do negócio. Bater papo e paparicar não é definitivamente seu estilo. Se puder contar com alguém que faça essas coisas, ambos dão risadas por todo o caminho até o banco.

O 4 adora compartilhar bens materiais com seus sócios.

A VIDA DE UM 4

Paul é pai de Anna. A ênfase do 4 como número de seu Caminho de Vida e do Destino fez dele uma pessoa confiável e moderadamente bem-sucedida. A Personalidade 8 de Anna encontra nele uma base segura, mas a presença do 7 como Caminho de Vida pode significar um sentimento de que ele não entende o que ela faz, e às vezes chega a considerá-lo de visão curta.

	PAUL MARKS 7+1+3+3+4+1+9+2+1	ANNA MARKS 1+5+5+1+4+1+9+2+1
PERSONALIDADE	8	8
CAMINHO DE VIDA	8.1.1948 = 4	8.3.1985 = 7
ALMA	5	3
DESTINO	4	2
AQUI-E-AGORA	5	3

COMPATIBILIDADE

Com 1   Essa pode ser uma associação muito viva e rentável – cada um com as próprias habilidades. Mantidos esses limites, almocem ou joguem uma partida de tênis juntos de vez em quando.

Com 2   Uma vida doméstica muito agradável – sua casa está entre as melhores. A relação pode ser muito confortável, mas os ânimos às vezes se alteram, e o clima pode ficar sufocante. Portanto, aprenda a conversar.

Com 3   Diferentes como a água do vinho, mas rola uma química entre vocês, seja numa relação de casal, negócios ou amizade. Você precisa trabalhar para abrir sua mente, ou, pelo menos, aceitar as coisas como elas são.

Com 4   Essa pode ser uma sorte que dura por uma noite, mas nenhum de vocês se importa desde que seja no mesmo barco ao mesmo tempo. Se as coisas se encaixam, dinheiro e status devem chegar.

Com 5   Essa parceria será uma jornada para ambos. Às vezes haverá desconforto, mas também uma experiência de realização e satisfação.

Com 6   Como têm as mesmas prioridades, vocês se complementam de uma maneira confortável. Entretanto, precisam tomar cuidado para não ficar com os quadris grudados.

Com 7   Vocês dois sentem a presença de algo inatingível um no outro, e isso os mantém ligados. Vocês podem brigar, mas no final serão felizes. Não analise – negocie.

Com 8   Vocês se dão bem em termos materiais e práticos, e o sexo provavelmente é maravilhoso. Às vezes, pode sentir que perdeu o pé, mas mantenha-se confiante. E você é cocriador desta relação.

Com 9   Se aprenderem a valorizar um ao outro, um dia celebrarão bodas de diamante. Do contrário, podem ficar presos num atoleiro, com um colocando a culpa no outro. Assumam a responsabilidade de construir com base no que a relação tem de bom.

Quando a outra metade é empreendedora, o 4 pode mirar alto.

NÚMERO 4

Número 5

Com uma presença forte do 5 em sua constituição, você espera que seus relacionamentos tragam excitação, apesar de ficar irritado ou impaciente se alguém tenta envolvê-lo em confusões. Provavelmente é muito popular, mas às vezes decepciona as pessoas por tentar agarrar todas as oportunidades ao mesmo tempo ou simplesmente se distrair. No entanto, o fato de deixar as coisas incertas pode servir para que você seja mais cobiçado – todo mundo sabe que quando está por perto o clima tende a esquentar.

Por entender que cada um tem uma história para contar, você tem ávido interesse nas pessoas e faz muitas perguntas. A sua intensidade pode ser muito lisonjeira, mas às vezes estraga um pouco as coisas por interromper no meio da frase o que estava dizendo ou chamar mais alguém. Estar no centro de uma multidão barulhenta é algo que lhe cai bem, e muitas vezes fica escutando o que a pessoa detrás está dizendo enquanto assente com a cabeça e sorri àquela que está em sua companhia.

Com o 5 como Número da Personalidade ou do Aqui-e-Agora, "quanto mais melhor" é o seu lema no que diz respeito a todos os tipos de relacionamento. A uma possível reputação de frivolidade, você responde sor-

Dicas

- Aceite que, para manter qualquer relacionamento, precisará assumir algum compromisso – descobrir com o tempo que ninguém confia em você pode se tornar um motivo de aborrecimento
- Use a própria capacidade de comunicação para falar sobre seus sentimentos; se não tem certeza de quais são, diga isso
- Evite racionalizar o que sente
- Excitamento e variedade são essenciais – nunca tente viver sem eles, mas procure sempre injetá-los no relacionamento existente

O 5 pode ocasionar muitas mudanças nas parcerias, mas o amor duradouro só vem com a pessoa certa.

rindo e dando de ombros – até aparecer alguém que o leve a sério. Então, talvez tenha que usar todos os seus poderes de persuasão. Se 5 é o seu Número do Caminho de Vida ou do Destino, pode achar muito difícil se fixar com o mesmo parceiro, amigo ou colega, ou talvez mantenha um vasto círculo de amigos – os sites de relacionamento social são verdadeiras dádivas divinas para o 5, que é obcecado por contato. Com o 5 como seu Número da Alma, um "encontro de mentes sinceras" é essencial, e você anseia conhecer alguém que esteja no mesmo comprimento de onda e com quem possa chegar a um entendimento através de conversas estimulantes.

Com a presença do 5 em qualquer parte de sua constituição, a pessoa tem predisposição para muitas mudanças, encontros inesperados e talvez ligações incomuns. Provavelmente, viajará muito para se manter em contato e poder criar e desfrutar relacionamentos com pessoas de diferentes

PRESENÇA FORTE DO 5 COMO NÚMERO DA PERSONALIDADE

Sally é mãe de Jake. Com o 5 como Número da Personalidade – intensa e imprevisível – e de seu Caminho de Vida, estimulou a criatividade e o espírito brincalhão do 3 dele. No entanto, o lado 9 dele talvez se desespere diante da natureza "borboleta" da mãe e pode levá-lo a se perguntar por que ela não apoia integralmente seus projetos.

	SALLY HUNT 1+1+3+3+7+8+3+5+2	JAKE HUNT 1+1+2+5+8+3+5+2
PERSONALIDADE	5	3
CAMINHO DE VIDA	5.2.1951 = 5	3.7.1982 = 3
ALMA	2	9
DESTINO	6	9
AQUI-E-AGORA	6	9

culturas ou origens. Nas relações, como em todas as outras coisas, talvez pergunte "por que não?", e com isso criará situações interessantes. Qualquer que seja o vínculo, a comunicação é a chave – você precisa de gente na mesma sintonia intelectual e que possa propor pontos de vista alternativos.

Como namorado e parceiro de vida

Seus "sapatos voadores" estão sempre bem lustrados, e você se reconhece como um paquerador incorrigível. Depois de "amar e deixar uma jovem ou um jovem em cada porto" – é bem capaz de passar uma série de noites em encontros casuais, dando esperança a cada uma dessas pessoas – e dar o fora por meio de uma mensagem de texto. O seu poder de atração sexual crepita, sua libido é intensa e você espera que seu parceiro o mantenha em êxtase. Sim, você é um pouco avesso a envolvimento, mas também é capaz de criar uma relação profunda e significativa com alguém com quem tenha uma sintonia mental. Você pode considerar a possibilidade de um *ménage a trois* ou outro arranjo não convencional e, se for honesto consigo mesmo, não se submete humildemente a qualquer padrão tradicional. Isso significa que é capaz de colocar numa relação o tipo de honestidade emocional que poderá, com um pouco de sorte, selar por toda a vida.

Como amigo

Você aprecia alguém com quem possa conversar, que seja flexível e realmente o estimule intelectualmente. Também é im-portante ter um "cúmplice" que o acompanhe em suas aventuras. Muitas pessoas o consideram um amigo, e você é de fato uma pessoa fácil de lidar. Mas, no fundo, exige muito para julgar que alguém é um "amigo" de verdade, e essas exigências são baseadas em afinidade mental e no mérito que você atribui a suas opiniões. Seus amigos dão muito valor a sua maneira peculiar e imparcial de ver as coisas, como também a sua capacidade de fazê-los rir, por mais difícil que a situação pareça – se existe uma saída, você a encontrará.

Como sócio nos negócios

Provavelmente, você é o cérebro por trás da organização, despachado e bem informado. É capaz de vender qualquer coisa a qualquer um e é mestre em estabelecer redes de contatos. Possivelmente toma conta da publicidade, da página na Internet e de coisas similares. Inquieto e com baixo nível de tolerância ao tédio, precisa de um sócio estável que aguente firme, cumpra os prazos e prepare o chá. Procure não levá-lo à loucura.

RELACIONAMENTOS

O 5 encontra a felicidade doméstica acolhendo a variedade e a discussão.

COMPATIBILIDADE

Com 1 Felizes e em harmonia – cada um segue o próprio rumo, mas os encontros são sempre estimulantes; com a sensação maravilhosa por terem realmente feito algo de bom para o mundo.

Com 2 É mesmo difícil entender essa relação, e o 2 pode parecer demasiadamente grudento e carente, mas a atração persiste e você continua tentando analisá-la.

Com 3 Juntos vocês podem fazer o mundo pegar fogo, mas podem surgir conflitos de poder quando ambos quiserem ser o centro das atenções. Dinheiro e posses podem vir, mas também ir embora se não houver algum controle. Pense nisso!

Com 4 Vocês se complementam perfeitamente, mas, se não fizerem um esforço para superar preconceitos, podem ter dificuldade de perceber. Essa relação é capaz de tornar ambos menos egoístas.

Com 5 Muita falação, mas quem ouve? Vocês talvez acabem sozinhos ou descobrindo que são verdadeiras almas gêmeas, seguindo a mesma direção.

Com 6 Essa é uma parceria criativa, desde que não deixem as rabugices e mesquinharias estragarem tudo. Talvez precisem reduzir as expectativas até poderem esclarecer as diferenças.

Com 7 Cada um considera o outro fascinante e passam juntos momentos maravilhosos. Mas precisam ter um projeto em comum para desenvolver e fazer com que a relação seja mais do que apenas sexo e rock'n'roll.

Com 8 Vocês podem mover montanhas e estabelecer algumas bases sólidas para uma vida em comum, o perigo é que o 5 pode se sentir aprisionado. Negocie para ganhar mais espaço.

Com 9 Essa relação tem todas as chances de ser cheia de vida e totalmente fora dos padrões. Em um minuto você se sente no próprio elemento, mas no seguinte se pergunta se perdeu o chão. É importante manter o diálogo.

Número 6

Sua maior satisfação está em associações com outras pessoas, e você se empenha arduamente para manter relações de todos os tipos. Como autêntico romântico, o amor é sempre sua meta, embora seu idealismo possa trazer decepções. Não seja por isso! A esperança sempre se renova e logo você volta a se envolver. Comprometer-se não é problema e, com isso, você coloca a harmonia acima dos próprios desejos, embora às vezes possa ser um pouco egoísta no que diz respeito a suas necessidades básicas, segurança e bens de estimação que o cercam.

Você prefere qualquer relação que se enquadre em seu grupo de amigos – nada daquela "detestável mania de casal" de se colocar como "nós contra o mundo". Criar algo junto, sair em grupo, interagir com outros casais – tudo isso é importante para você em qualquer relação.

Com 6 como seu Número da Alma, você se lança de corpo e alma em relacionamentos amorosos e chora facilmente, de alegria ou de tristeza. O 6 como Número do Caminho de Vida ou do Destino eleva os relacionamentos e a vida familiar quase ao nível de uma vocação. Com 6 como seu Número da Personalidade ou do Aqui-e-Agora, você se preocupa muito com a imagem que passam como casal – você adora que ele seja visto como um par perfeito. O número 6 em qualquer parte de sua constituição pode tornar você competitivo nos relacionamentos. Enquanto outras pessoas se queixam de seus parceiros e procuram apoio para as si-

Dicas

- Como a maioria das pessoas está interessada em se relacionar com *você* e não com um elenco de milhares de amigos ou familiares, não exija demais delas em relação a isso
- Não guarde ressentimento – em vez disso, concentre-se em algo positivo
- Mantenha a inveja ou o ciúme sob controle, aprendendo a amar e valorizar suas qualidades positivas
- Faça um esforço para manter vivo o romantismo – não espere que ele simplesmente "aconteça"

PRESENÇA FORTE DO 6 COMO NÚMERO DA PERSONALIDADE

Sam é marido de Sally. A forte ênfase do número 6 em sua personalidade indica que ele adora viver em paz num ambiente agradável. Para ele a intensidade do 5 de Sally às vezes é perturbadora, mas o 6 que têm em comum como Número do Destino indica vínculos familiares, e o 6 em comum como Número do Aqui-e-Agora permite que eles se apresentem como uma frente unida.

	SAM HUNT 1+1+4+8+3+5+2	SALLY HUNT 1+1+3+3+7+8+3+5+2
PERSONALIDADE	6	5
CAMINHO DE VIDA	6.3.1950 = 6	5.2.1951 = 5
ALMA	4	2
DESTINO	6	6
AQUI-E-AGORA	6	6

tuações desagradáveis que vivem em casa, você prefere disfarçar e fingir que em seu jardim tudo está às mil maravilhas. Quando ocorre um rompimento entre você e um amigo ou parceiro, as pessoas ficam perplexas diante de sua capacidade de manter as aparências. Às vezes, isso pode ser muito desgastante e seria mais fácil se você entendesse que ninguém vai julgá-lo menos capaz por não ter conseguido fazer uma relação funcionar.

Para fazê-lo feliz, o parceiro deve levar suas emoções em consideração – você precisa de empatia e apoio. Você tem a necessidade de alguém que entenda a importância das *aparências*. Recebe com um gélido dar de ombros a pessoa mais maravilhosa do mundo se ela chegar com aparência molambenta ou se comportar de uma maneira que não seja encantadora diante de seus familiares e amigos.

Como namorado ou parceiro de vida

Vinho, rosas e ser arrebatado para as estrelas é tudo que conta na vida. Uma esplêndida festa de casamento seguida do sonho de amor numa cabana, passando rapidamente a uma sucessão de sons de passinhos miúdos – provavelmente, você no fundo é tradicionalista e está a fim de se acomodar. É muito importante que seu parceiro se dê bem com sua família, mas precisa ter a certeza de que a família dele também se envolverá. Seus pais e irmãos podem entrar pela porta da frente, mas se dá importância à relação com seu parceiro, precisa dedicar horas à privacidade do casal, do contrário a pessoa pode se sentir relegada ao segundo plano. Sendo sensual e táctil, o sexo é para você a expressão máxima do amor, embora a amizade também conte. Como o ciúme pode ser um problema, é importante que possa falar sobre o problema com uma pessoa de fora que seja de confiança, para não perder a perspectiva das coisas – o fato de seu parceiro olhar para alguém não significa nada. Afinal, por que estragar tudo se você sabe como ninguém lidar com as relações?

Como amigo

Você reúne ao seu redor pessoas que partilham de seus interesses e provavelmente tem muitos amigos próximos com os quais pode contar quando necessita de apoio emocional. Por sua capacidade de empatia e compaixão, sua companhia pode ser extremamente agradável. Algumas vezes, no entanto, considera as provações e traumas de seus conhecidos tão fascinantes e se interessa tanto por suas histórias que esquece de oferecer sua compaixão. Lembre-se de não ser uma pessoa intrometida e de *nunca* julgar, você será a companhia mais cobiçada do quarteirão.

Ensinar dá ao 6 a chance de se relacionar com os outros de forma útil e significativa.

Como sócio nos negócios

Você é um recurso inestimável quando se trata de causar uma boa impressão. Seu espaço de trabalho é bem organizado e seu ambiente, acolhedor – é aquele que lembra da bebida preferida de cada pessoa, oferece biscoitos e diz a coisa certa. Em qualquer negócio envolvendo artes ou educação, você é brilhante. Você se dá melhor com um sócio dinâmico que dá conta do trabalho pesado e surge com ideias para você aperfeiçoar.

COMPATIBILIDADE

Com 1   Não é uma empreitada fácil, e ambos podem se irritar mutuamente, mas existe algo que sempre os faz retornar à relação. Pode ser uma união kármica com um profundo anseio espiritual – se enfrentarem isso juntos, grandes coisas serão possíveis.

Com 2   Vocês têm uma maneira semelhante de encarar a vida e, de fora, pode parecer que as coisas andam bem. Dinheiro e posses não são tudo. Não reprimam as emoções e livrem-se de motivações ocultas.

Com 3   Essa é uma união extremamente criativa e vocês têm muito para dar ao mundo – na realidade, podem se envolver tanto em projetos sociais e culturais que acabam se esquecendo da relação. Não façam isso.

Com 4   Pode parecer que vocês se comportam como uma casa pegando fogo até acordarem uma manhã e constatarem que a cara sobre o travesseiro ao lado é de uma pessoa totalmente estranha. Se conseguirem evitar as suposições e realmente conversarem, farão um bom progresso juntos.

Com 5   Vocês formam um belo casal, mas o 5 pode provocar seu lado ciumento. Vocês precisam manter o excitamento na relação. É importante não dar demais com muita pressa.

Com 6   União maravilhosa tanto para o romance como para a família que provavelmente ambos desejam. Vocês podem criar outras coisas maravilhosas, mas não sejam despreocupados demais nem demasiadamente hedonistas.

Com 7   Essa relação pode ser difícil de levar. Cada um tem prioridades próprias, e os obstáculos não param de surgir, porém, com paciência, vocês podem construir algo duradouro.

Com 8   Essa é uma parceria muito excitante e elétrica, mas ainda assim potencialmente estável. É importante que vocês tenham muitos projetos para desenvolver juntos. Uma boa comunicação é a chave.

Com 9   O lar e a comunidade são importantes para ambos, mas por motivos diferentes. Não questionem as coisas com demasiada profundidade e procurem viver muitas aventuras unidos.

Se o 6 tem presença forte em sua constituição, as tradições são importantes em seus relacionamentos.

Número 7

Sob a influência do número 7, você pode escolher um entre dois caminhos. Pode ser idealista ao ponto de criar um mundo totalmente fantasioso, onde você e seu parceiro assumem os papéis de personagens de um conto de fadas, em um cenário mítico, que funciona perfeitamente bem enquanto a imagem permanece intacta. Esse mundo continuará extremamente forte décadas depois, muito depois de todo mundo esperar que já tivesse acabado em lágrimas. Se é autoengano ou pensamento criativo – se isso o faz feliz, de fato pouco importa!

A outra possibilidade é quase o oposto. Você talvez não dê nada aos relacionamentos enquanto não souber tudo que precisa saber – e até um pouco mais – sobre a outra pessoa. Isso pode acentuar seu ar fascinante de indisponibilidade ou levar o relacionamento a se desgastar antes mesmo de ter começado, por falta de confiança. Se o parceiro é vulnerável, pode se submeter às provações para tentar provar compromisso e dedicação, enquanto você continua revirando bolsos ou bolsas e, às escondidas, examina seu celular quando ele vai ao banheiro. Essa é uma possibilidade extrema, mas se chegar mais ou menos perto de recorrer a ela, é porque está se sentindo inseguro e precisa usar a imaginação de uma forma mais positiva antes de colocar tudo a perder. As suspeitas são aviltantes, e você merece muito mais do que isso.

O 7 pode levar a pessoa a ser idealista e sonhadora e a projetar certo ar de mistério.

Dicas

- A verdade é algo muito sutil. Lembre-se de que nunca obterá a verdade escarafunchando e espreitando. A sua intuição dirá muito mais
- A vida e as pessoas podem nunca corresponder aos nossos sonhos, mas isso não significa que eles precisam ser descartados. Faça um esforço para trazer seus sonhos à Terra, com tudo que eles significam para você
- Tentar mudar a outra pessoa é um ato condenado ao fracasso. Você sabe disso. Portanto, trate de mudar a si mesmo
- Aceite que seu parceiro pode realmente não entender você, mas jamais faça concessões quando a questão envolve respeito

Quando você funciona bem, a sua espiritualidade irradia a partir de todos os seus atos – isso acontece especialmente se você tem o 7 como seu Número da Personalidade ou do Aqui-e-Agora. Idealista ao extremo, é mais do que um simples sonhador – trabalha arduamente para tornar seus sonhos realidade; e com o 7 como Número do Caminho de Vida ou do Destino, pode fazer um esforço para conseguir isso. Quando os sonhos se tornam de fato realidade, pode experimentar por um tempo uma sensação de perda, uma vez que, por mais maravilhosa que a realidade possa ser, ela jamais corresponde ao glamour da fantasia. Entretanto, essa é a sublime insatisfação que o motiva a buscar algo ainda melhor; e, tendo o 7 como seu Número da Alma, está sempre em busca de encantamento. A combinação de sensibilidade extrema com dinamismo pode torná-lo muito excitante. Seu parceiro de qualquer natureza precisa entender suas necessidades tanto de espaço e solidão como de confirmações de que é querido; além de ter capacidade para embarcar com você em seus sonhos ou, pelo menos, nunca estourar suas bolhas.

PRESENÇA FORTE DO 7

Adam é namorado de Karen. O 7 dela como Número da Alma é fortemente atraído pela poderosa combinação de 7 dele. Ela o vê como um ser misterioso e profundo e tem admiração pelos ideais dele, mas não se diverte tanto com ele como sua natureza 3 às vezes gostaria, e as atitudes levianas dela podem irritá-lo.

	ADAM BATEN 1+4+1+4+2+1+2+5+5	KAREN MARKS 2+1+9+5+5+4+1+9+2+1
PERSONALIDADE	7	7
CAMINHO DE VIDA	7.11.1987 = 7	3.9.1989 = 7
ALMA	8	7
DESTINO	7	3
AQUI-E-AGORA	1	4

Como namorado e parceiro de vida

Você pode ter um enorme carisma e a ingenuidade de uma criança fantasiada para uma festa. Você traz ao amor uma combinação de cegueira e extrema vulnerabilidade. A relação com você nunca é uma empreitada fácil. Um dia parece querer tudo e estar preparado para dar tudo, e suas exigências e a intensidade de sua paixão podem ser incomparáveis. Mas, no dia seguinte, pode desaparecer mentalmente num mundo que é só seu, ou sumir fisicamente, na sala ao lado ou em outra cidade. O que você precisa é da confirmação de que é verdadeiramente amado e, ao mesmo tempo, de espaço para ser você mesmo. Depois de reconhecer isso, poderá oferecer ao parceiro tanto excitamento como liberdade, numa relação capaz de satisfazer as necessidades de ambos. É importante que se examine atentamente e pense em como se sentiria se alguém se comportasse como você. Às vezes funciona melhor ter o tipo de relação com encontros apenas nos finais de semana, uma vez que assim mantém a excitação e, ao mesmo tempo, a segurança de que você necessita. A relação funciona melhor com um parceiro que seja prático – enquanto você contribui com as ideias e o champanhe. Em situações difíceis, você tem uma maneira fabulosa de criar a imagem de um futuro melhor, pelo menos enquanto as preocupações não o colocam para baixo. O sexo pode ser uma fusão explosiva de corpo e alma – ou mal chegar a acontecer.

Como amigo

Você é idealista no que diz respeito a seus amigos e quer acreditar no melhor deles. Como gosta de ajudá-los a realizar mudanças, pode incentivá-los à autoanálise para se fortalecerem (você precisa fazer isso de forma delicada). A experiência de pertencimento a um grupo fechado ou a uma sociedade secreta o atrai e você adora a ideia de estar com seus associados mudando o mundo de uma maneira sutil.

Como sócio nos negócios

Você precisa de alguém que tenha os pés no chão, que se encarregue dos detalhes práticos, organize o local de trabalho e lembre que você precisa parar de trabalhar para almoçar. Você é o pensador criativo. Você consegue farejar uma falta de sinceridade a cem metros de distância e "pressente" as transações que deve realizar e em quem confiar. Você precisa de tempo a sós para tomar decisões sobre essas questões. Um empreendimento que envolva alguma mudança radical é o melhor para você.

Os 7 são pessoas complexas, sobretudo nos relacionamentos.

COMPATIBILIDADE

Com 1 Juntos, vocês podem construir algo muito forte, porém é possível que haja conflitos de poder. Cada um de vocês necessita do próprio espaço, no entanto é importante que mantenham a proximidade emocional.

Com 2 Ambos vulneráveis, mas suas necessidades não se encaixam – o desejo do 2 de "andar grudado" leva você à loucura. Uma boa comunicação e um pouco de sacrifício pessoal pode trazer a felicidade para vocês.

Com 3 O otimismo do 3 o contamina e juntos vocês formam um casal dinâmico. Ter os mesmos objetivos fortalece o vínculo, mas procurem não passar muito tempo afastados.

Com 4 Vocês se complementam. Com tolerância, podem formar um casal quase perfeito, mas os desacordos talvez levem a um beco sem saída. Evitem cair em negatividade mútua.

Com 5 Muita excitação sexual. Como o 5 pode despertar seu ciúme, não se mostre demasiadamente disponível e jamais faça perguntas, seu ar de mistério fará com que ele sempre queira mais.

Com 6 Ambos têm um sonho de perfeição, porém não é o mesmo. Trazendo os sonhos para um plano mais concreto, podem construir uma vida satisfatória para os dois. E juntos poderão desfrutar os benefícios da segurança.

Com 7 Essa parceria tira os dois das sombras e os leva para algo dinâmico. Vocês têm a capacidade de surpreender e empolgar um ao outro, mas não sejam imprevisíveis demais.

Com 8 É possível haver harmonia doméstica entre vocês, porém é preciso que cada um mantenha uma função diferente. Você pode achar o 8 controlador, enquanto ele acha que você espiona demais. Se conseguirem manter o senso de humor, isso pode ser interessante.

Com 9 Se vocês compartilham da mesma visão espiritual ou idealista, a relação funciona maravilhosamente bem e vocês podem se explorar mutuamente. Mas o dogma poderá separá-los se não for compartilhado – é importante preservar os valores mais profundos.

Número 8

A influência do 8 indica que o poder será, de alguma maneira, um fator a considerar, e, provavelmente, será muito presente nos relacionamentos. Se você funciona de maneira saudável e positiva, terá uma parceria poderosa com a qual contar. É claro que espera haver também respeito e podem ocorrer fortes desentendimentos que você considere excitantes e o mantenham fortemente envolvido.

Se, no entanto, a sua confiança sofreu algum dano, é possível que sempre precise estar no controle, e isso pode significar passar por cima de seu parceiro, ou criar vínculo apenas com alguém inferior a você ou conivente com o papel de vítima.

Em um casal, você se sente melhor quando exerce algum tipo de poder, seja dirigindo um negócio de propriedade comum ou influenciando a comunidade local – esse é o caso especialmente quando você tem o 8 como Número do Caminho de Vida ou do Destino. Com o 8 como seu Número da Alma, dinheiro e afeto tendem a estar ligados – você pode sentir que possui bens materiais a oferecer e/ou que seu parceiro tem esses bens. Isso não quer dizer que seja materialista (embora possa ser). A questão é que dinheiro e sucesso constituem uma prova de eficiência, e é isso que o motiva. Ter o 8 como Número do Aqui-e-Agora ou como Número da Personalidade significa que sente a necessidade de empolgar seu parceiro, em busca de adoração e grande paixão, e também de retribuí-las.

Talvez você goste de ensinar seu parceiro a se tornar mais forte e eficiente, ou

> **Dicas**
>
> - Nunca varra os problemas relativos a poder para debaixo do tapete. Lidando abertamente com eles, a relação tem futuro
> - Faça com que a relação promova suas ambições e que vocês alcancem muitas conquistas juntos
> - Você precisa de uma parceria que o faça se sentir bem consigo mesmo – procure retribuir isso
> - Para ter uma parceria bem-sucedida, é preciso realmente ouvir o outro e fazer um esforço para demonstrar empatia – a compatibilidade não pode ser forçada

TODOS OS 8

Rob é o chefe de Jake. Com o 8 como número tanto da Personalidade como do Aqui-e-Agora, se apresenta como uma pessoa dinâmica, impetuosa e extremamente controladora. Com 3 como Número tanto da Alma quanto do Destino parece mais humano para Jake, mas sua abordagem movida pela ambição de poder assume um caráter durão ao 9 idealista de Jake.

	ROB FARLEY 9+6+2+6+1+9+3+5+7	JAKE HUNT 1+1+2+5+8+3+5+2
PERSONALIDADE	8	3
CAMINHO DE VIDA	8.6.1963 = 6	3.7.1982 = 3
ALMA	3	9
DESTINO	3	9
AQUI-E-AGORA	8	9

ambos possam extrair muita satisfação em trabalhar juntos para fortalecer outras pessoas. O sucesso é importante para você em tudo que faz e, portanto, tornar uma parceria bem-sucedida importa bastante, e você investe muito nisso. Qualquer que seja o tipo de parceria na qual se envolve, precisa de alguém com força e presença comparáveis à sua, que o desafie às vezes e o admire profundamente.

Como namorado e parceiro de vida

A sua ideia de relação maravilhosa começa com amor à primeira vista, seguido de sexo maravilhoso e um vínculo tão forte que seja capaz de suportar os altos e baixos da vida e dar apoio e segurança a ambos os parceiros. Você tem uma presença imponente e sabe como impressionar – atrair alguém de aparência vistosa não deve ser difícil e pode massagear seu ego e ajudá-lo a causar uma forte impressão. Entretanto, precisa lembrar que beleza é algo superficial e que é necessário muito mais para não se aborrecer futuramente. Apesar de sua natureza prática, precisa ser motivado espiritualmente, e, por isso, uma relação com implicações de natureza kármica o atrai. Debaixo dos lençóis, gosta de mostrar um bom desempenho, e os jogos de dominação podem agradá-lo. Fora do quarto, você pode apreciar um parceiro que de fato tome conta de alguma área da vida – talvez de sua agenda social ou das tarefas domésticas. Você guarda muitas cartas na manga e tem a necessidade de confiar totalmente no outro. Você não consegue suportar nada que seja malfeito ou duvidoso, e, a um mero sinal disso, retoma o controle e passa a exercê-lo com mãos de ferro.

Isso não quer necessariamente dizer que seja maníaco por controle, embora possa sê-lo. O problema tem mais a ver com a importância que dá à eficiência, uma vez que sem ela não vai muito longe – e as conquistas em comum são o cimento que une o casal.

Como amigo

Conversar fiado não tem muito a ver com você – pretende discutir as questões importantes e não foge de debates acalorados. Você pode assustar indivíduos mais calmos ou menos intensos, mas aqueles que o entendem realmente valorizam sua lealdade e dinamismo e, de todos os números, ter o 8 em seu círculo é a escolha prioritária.

Como sócio nos negócios

Excelente administrador e empreendedor, você precisa ter um sócio que cuide dos detalhes delicados, como colocar flores no espaço de trabalho. São poucas as coisas com as quais não consegue lidar, mas você prefere não fazer nada sozinho e poder contar com alguma ajuda é algo inestimável. Você precisa de alguém que não se importe em receber suas ordens, mas se recuse a ser um saco de pancadaria.

O sexo pode ser muito importante para um vigoroso 8.

COMPATIBILIDADE

Com 1 Essa pode ser uma união maravilhosa – como sempre haverá respeito mútuo, poderão fazer juntos coisas importantes. Apesar de ambos serem egoístas, conseguem extrair o melhor um do outro e revelar partes mais profundas de cada um.

Com 2 Você consegue trabalhar perfeitamente bem com o 2 como colaborador, mas se não houver um esforço para estabelecer uma comunicação eficiente, ambos podem acabar se sentindo sozinhos e malentendidos. Como o 2 não aceita ser pisado, isso seria péssimo para ambos.

Com 3 Relação interessante e excitante. Existe um fascínio mútuo, e o 3 mantém o seu otimismo. Os amigos se surpreendem com o fato de se encaixarem tão bem. E vocês também.

Com 4 Tudo está tão bem organizado que o casal tem liberdade para momentos felizes juntos – você só tem que reservar tempo e energia para curtir. Não leve a vida demasiadamente a sério.

Com 5 Vocês têm muito a dar um ao outro, precisam apenas exercitar a paciência. É provável que haja obstáculos. É necessário esforço para chegar, passo a passo, a um entendimento mútuo. O 5 precisará entender a necessidade de ser prático, e o 8 precisará aprender a se adaptar.

Com 6 Vida agitada, com muitos amigos em comum e muitas viagens. Como o ritmo pode ser muito acelerado, é importante tomar cuidado para não perder de vista as prioridades. É possível que tenham que lidar com mais mudanças do que gostariam, mas podem se apoiar um no outro.

Com 7 Uma vida doméstica e sexual muito feliz na qual cada um desempenha uma função complementar. Algo profundo está acontecendo, mas nenhum de vocês sabe ao certo o que é.

Com 8 É muito provável que ocorram disputas pelo poder, e estas podem resultar em retraimento e manipulação. Indiretas não funcionam – é melhor jogar limpo e lembrar que a melhor parte do rompimento é o reatamento.

Com 9 O que vocês realizam juntos não é apenas sucesso para ambos, mas tem importância para uma comunidade mais ampla. Esse pode ser um vínculo profundo de natureza cármica.

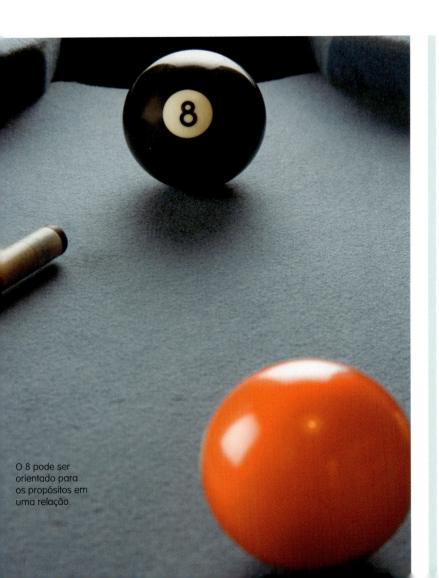

NÚMERO 8

O 8 pode ser orientado para os propósitos em uma relação.

As pessoas com forte predominância do 9 podem ser dramáticas e magnânimas no amor.

Número 9

Quando se apaixona, retorna aos tempos míticos. Deuses e deusas andam pela Terra, e tudo é envolvido por uma luz celestial. Você pode estar convencido de que ninguém jamais sentiu o que você está sentindo ao ser levado pelas asas do amor para além da estratosfera. Gosta de pensar que, juntos, você e a pessoa amada podem mudar o mundo. Quando está totalmente apaixonado, o que mais deseja é ser correspondido, para que ambos sejam arrebatados por algo "maior do que nós dois".

Entretanto, como pode ter padrões extremamente rígidos nas relações e querer que o outro os siga, acaba exortando-o. Se não consegue encontrar a contraparte "certa", pode concluir que foi feito para dedicar sua vida a outras questões.

Ter o 9 como seu Número da Personalidade ou do Aqui-e-Agora indica que aprecia ser visto como parte de um casal excepcional. Se é bom em algo como música ou dança, vai adorar exibir seu talento junto com seu par. Talvez vocês possam apoiar e inspirar um ao outro em prol da causa em comum, mas também vão querer que os outros saibam que estão muito apaixonados, e, se forem objetos de um pouco de inveja, tanto melhor. Se você tem o Nove como Número da Alma, alguém que compartilha da mesma espiritualidade pode levá-lo ao êxtase.

Dicas

- Concentre-se nos motivos, sentimentos e reações em comum em vez de provocar discussões por questões de princípio
- Lembre dos três Cs – criatividade, cultura e causa. Trate de encontrar elementos de cada um deles para dividir com o parceiro
- Faça sacrifícios pelo outro e participe profundamente de suas alegrias
- Compartilhar sua espiritualidade é essencial – não faça muitas concessões a esse respeito

FORTE PREDOMINÂNCIA DO 9

Eis aqui o casal de nosso exemplo original. Como Jake tem uma forte predominância do 9 em sua constituição, é extremamente idealista e tem padrões firmes. Anna acha que ele às vezes trabalha demais, mas o seu 7 de visão profunda o admira, e os vários 3 que eles têm em comum garantem muitas horas de diversão juntos.

	JAKE HUNT 1+1+2+5+8+3+5+2	ANNA MARKS 1+5+5+1+4+1+9+2+1
PERSONALIDADE	3	8
CAMINHO DE VIDA	3.7.1982 = 3	8.3.1985 = 7
ALMA	9	3
DESTINO	9	2
AQUI-E-AGORA	9	3

Ter o 9 como Número do Caminho de Vida ou do Destino significa que leva a questão da escolha do parceiro muito a sério. Sendo intenso e idealista, quer uma relação baseada nos padrões mais elevados e nos sentimentos mais puros e também deseja que traga benefícios a outras pessoas além dos dois envolvidos.

Você dá o máximo de si ao parceiro, mas raramente se submete ao papel de capacho – o respeito mútuo precisa fazer parte da relação. Para você, discutir com o parceiro é uma forma de fortalecer o relacionamento, mas se há algum desacordo no que diz respeito a coisas que realmente importam, pode surgir uma tensão entre as partes.

Compartilhar das mesmas crenças é prioridade máxima, mas também gosta de estar com alguém que tenha tanta intensidade e prazer de viver quanto você. Prefere arrastar uma carroça até uma estrela a se acomodar numa casinha pequenina, mas precisa de alguém que o acompanhe nessa aventura.

Como namorado e parceiro de vida

Encontros sexuais passageiros têm poucas chances de atraí-lo, e você não vê sentido em namorar apenas como passatempo. Você tem a convicção de que existe alguém para cada pessoa e acredita que o destino irá trazer sua alma gêmea. A "conexão" que parece ter com o poder maior significa que normalmente seus olhos se cruzam no meio de uma multidão, e você tem a certeza de que se conheceram numa vida passada e o encontro estava predestinado. Assumida a relação, é essencial que as partes tenham os mesmos valores e crenças. Você não está a fim de um relacionamento em que um vive grudado no outro, mas acha essencial que estejam na mesma jornada e tenham prazer nas conquistas e autodesenvolvimento um do outro. Você pode ter um prazer especial em apoiar o autoconhecimento de seu parceiro e em sentir que ambos estão crescendo como pessoas. Sexualmente, é ardente, desinibido e ousado, mas se algo não parece apropriado, pode perder o interesse e repelir qualquer coisa que provoque demasiada repugnância. Como lhe agrada sentir a sensualidade levada a um nível mais elevado, o sexo tântrico pode interessar, como também envolver sua espiritualidade nas experiências sexuais, o que pode contribuir para o êxtase, mas às vezes também para situações cômicas. Por sorte, você tem muito senso de humor.

Como amigo

Você preza muito as amizades baseadas em crenças comuns e, muitas vezes, as estabelece por meio de atividades em prol da mesma causa, como voluntários de alguma obra beneficente. Você é extremamente idealista no que diz respeito às amizades e gosta que elas estejam baseadas na verdade e na lealdade – fofocas e atitudes hipócritas o deixam pouco à vontade. Você é capaz de colocar a mão no fogo por um amigo, mas pode se afastar por questões ideológicas.

Como sócio nos negócios

Você tem muita capacidade de encontrar espaço maior para expandir seu empreendimento, além de uma imaginação prodigiosa. Você quer que seu empreendimento seja um pouco fora do comum e que a ética faça parte dele, como, por exemplo, em questões de preço justo. Lidar com a administração não é seu ponto forte e deixar que você escrutine os detalhes de um contrato é cortejar o desastre. Você trabalha bem com alguém que tem os pés no chão e que pode lembrá-lo dos aspectos práticos.

As pessoas marcadas pelo 9 podem ser muito precisas quanto ao que esperam de uma relação.

COMPATIBILIDADE

Com 1   Relação excitante e dinâmica, mas você talvez não sinta uma verdadeira sintonia. O 1 pode parecer egoísta, mas de alguma maneira isso pode não importar, desde que vocês estejam caminhando a favor do vento na mesma direção.

Com 2   Você se sente apoiado e encorajado, mas também não completamente compreendido pelo 2, porque ele não consegue embarcar totalmente em seus sonhos. Seja tolerante.

Com 3   Muita brincadeira e diversão. O 3 pode parecer superficial, mas você não deve deixar de achar que tudo é possível quando estão juntos. Empreendimentos criativos podem ser especialmente apropriados para vocês.

Com 4   Você está em terreno sólido e precisa reconhecer que é confortável, mesmo que anseie cair fora. Vocês precisam se esforçar para dar valor um ao outro.

Com 5   Muita discussão, mas às vezes parece que suas perspectivas são totalmente divergentes. Deixe o 5 ajudá-lo a se comunicar e pense em todas as coisas que estão realizando juntos em vez de criticar.

Com 6   Vocês podem ser muito felizes juntos e pode parecer que o 6 partilha de seus ideais, embora a sua paixão seja mais intensa. Não espere demais.

Com 7   Como ambos são profundos e intensos, essa relação pode ser explosiva e exigente ou encrenca na certa – ou ambas. Permitindo que a relação manifeste o melhor de cada um, pode ser mais romântica do que a de Romeu e Julieta.

Com 8   Os ideais são diferentes, mas o 8 pode mostrar a você como alcançar a influência que deseja e realizar alguma mudança de verdade. Pode parecer obra do destino – um vínculo de intenso magnetismo.

Com 9   Muitas coisas em comum se vocês tiverem as mesmas maneiras de ver a vida – do contrário, estarão em diferentes missões. Não negligencie o aspecto físico da relação nem as oportunidades de se divertirem juntos. Partilhar das mesmas aventuras os manterá ligados.

Número 11

Se você tem uma forte predominância do 11 em sua constituição, certamente espera muito das relações. Você está disposto a dar muitíssimo, mas pode ser com alguma segunda intenção – a suposição de que dar o máximo em termos de dedicação e sacrifício esteja incluído no pacote. Apesar de poder haver um traço de egoísmo nisso, você também pode estar preparado, até literalmente, a morrer por quem você ama.

FORTE PREDOMINÂNCIA DO NÚMERO 11

David é cunhado de Ellen. Eles têm em comum o 11 como Número da Alma, e David tem um 11 como seu Número da Personalidade. Quando jovens, eles eram apaixonados por política e compartilhavam das mesmas visões vanguardistas. David prosseguiu com essas visões e é atualmente membro ativo do Partido Verde. Ellen deixou de ser ativa quando se casou com o irmão de David e constituiu família, porém fica animada na companhia do cunhado e o chama de sua "alma gêmea". Os filhos dela acham que o Tio Dave leva sua Mamãe para o palanque.

	ELLEN MARKS 5+3+3+5+5+4+1+9+2+1	DAVID MARKS 4+1+4+9+4+4+1+9+2+1
PERSONALIDADE	2	11
CAMINHO DE VIDA	2.9.1953 = 2	11.7.1951 = 7
ALMA	11/2	11/2
DESTINO	2	3
AQUI-E-AGORA	3	22/4

Esse tipo de intensidade pode caber muito bem no mito e no cinema, mas na vida real pode causar decepções, porque as outras pessoas simplesmente não conseguem se encaixar em suas visões do tipo ou-tudo-ou-nada. É bom lembrar que, como as pessoas não são deuses, as atitudes de desconsideração e maus hábitos estão presentes em todos nós. Uma vez que seja capaz de amar, com todas as imperfeições, será capaz de experimentar o que há de divino nas relações.

Todas as observações sobre os relacionamentos do 2 valem para você, porém é mais propenso a ir aos extremos, ou desejar isso. Você adoraria ver a si mesmo e seu parceiro fazendo uma importante diferença no mundo. O 11 como Número da Personalidade faz você ter muita iniciativa nos relacionamentos, fazendo tudo o que pode para endireitar as coisas. Como seu Número da Alma, o 11 traz sonhos grandiosos e anseios românticos. As pessoas que têm o 11 como Número do Destino e do Caminho de Vida podem ser extremamente decididas quando se trata de formar um relacionamento permanente e, uma vez que o tenha formado, de partir juntos em uma missão. As pessoas que têm o 11 como Número do Aqui-e-Agora necessitam de uma boa quantidade de drama para se sentirem vivas.

O 11, como a oitava superior do 2, pode se manifestar diante da ativação de uma parceria.

Nas relações de amizade, se houver forte predominância do 11, você será uma pessoa dedicada, mas pode achar que sabe mais e ansiar por resolver os problemas de seus amigos para poupá-los do sofrimento – precisa tomar cuidado para que isso não tenha o efeito contrário ao desejado, com você pagando o pato. Como sócio de algum negócio, pode se esfalfar tomando conta de todos os detalhes, além de se ocupar com as transações comerciais, sem perder de vista os ideais mais elevados. Num relacionamento amoroso, pode enxergar apenas a pessoa amada e as coisas que fazem juntos; enquanto cada um tiver o próprio espaço, a capacidade de satisfação nesse relacionamento será enorme.

Dicas

- Se sua cabeça estiver nas nuvens, verifique se seus pés estão bem plantados no chão
- Não compare sua vida com um ideal – isso servirá apenas para atormentá-lo
- Observe o quanto está dando e conserve um pouco de energia a si mesmo
- Siga a própria missão – você pode conversar sobre ela, mas não espere que ela seja necessariamente compartilhada

COMPATIBILIDADE

Com 1 Você pode achar que está se saindo muito bem, mas às vezes para e se pergunta onde tudo isso vai dar. Como não há nada de errado em querer se divertir, trate de relaxar e gozar.

Com 2 Coisas incríveis podem ser realizadas em conjunto, especialmente se você "acionar" o 11 do outro. Às vezes, os menores detalhes podem provocar tropeços; trate, portanto, de ser paciente.

Com 3 Os ânimos podem ser exaltados, mas a satisfação pode se esquivar se não reduzir seus padrões e se deixar levar pela corrente. Mudar não é o fim do mundo.

Com 4 Seus ideais podem se tornar realidade, desde que vocês tenham paciência. Curtam as pequenas coisas da vida, pois é onde o divino é encontrado, como vocês mesmos podem constatar.

Com 5 Você talvez queira pressionar o 5 a se comprometer, e ele pode questionar se você não deveria simplesmente "assumir" o que sente. Essa relação pode envolver problemas profundos e ter uma qualidade instigante para que ambos aprendam com ela.

Com 6 Apoio e afeto podem levá-los a realizar coisas importantes juntos, fazendo com que se tornem muito influentes. É bom lembrar que a caridade começa em nós mesmos. As interações com amigos e familiares entram todas no caldeirão cósmico e resultam em bênçãos.

Com 7 Relação maravilhosa se os ideais são os mesmos, mas terrível se há diferentes maneiras de ver a vida e como ela deve ser vivida. Não existe uma maneira certa, e o amor é o grande elo de união quando os ânimos se exaltam. É importante ter sempre em mente as prioridades.

Com 8 Vocês podem se encontrar em caminhos paralelos. O 8 pode ajudá-lo a realizar seu sonho desde que você seja realista. Se você consegue tolerar o fato de cada um estar no próprio espaço, algo mágico ocorrerá quando estiverem juntos.

Com 9 Ambos têm grandes ideias. Muitos altos e baixos, muitas batidas de portas, telefonemas molhados de lágrimas e reatamentos apaixonados. Você suporta esse ritmo? Procure manter a mente aberta e uma atitude de exploração – tentar forçar as coisas pode ser sufocante.

Juntos podemos fazer a diferença – é nisso que o 11 acredita.

Número 22

Como o 11, o seu conceito de relação pode ser escrito em letras maiúsculas. No entanto, pode se ver mais preocupado com as coisas práticas e se estressar muito tentando entender tudo. Não apenas os sentimentos precisam ser divinos, mas também as circunstâncias materiais. Assim, você pode querer um maravilhoso ninho de amor, um carro de última geração e um bom saldo na conta bancária antes de achar que tem o suficiente a oferecer ou que existe uma situação à altura de seu sonho.

Entretanto, talvez esteja tão envolvido na "obra grandiosa" na qual ocupa seus pensamentos que não sobra tempo para se relacionar. Você pode se encontrar tão envolvido com grupos de pessoas, com planejamento e organização, que o relacionamento a dois fica arquivado. Pode ser difícil manter uma relação com você, uma vez que não tem tempo para se dedicar a interesses mais corriqueiros.

Com o 22 como Número da Personalidade, apesar de dar um duro tremendo, nunca acha que fez o bastante. Intimidade e afeto são muito importantes para você e receber a confirmação de que fez a coisa certa é uma necessidade constante sua. Como Número do Caminho de Vida ou do Destino, o 22 faz planos grandiosos e os alimenta com fortes emoções. Como Número da Alma, o 22 insiste em coisas como franqueza e honestidade, exigindo tanto envolvimento

Dicas

- Pegue leve. Você aprende algo simplesmente divertindo-se
- A eternidade existe no momento presente – nem tudo precisa durar
- Deixe que os outros assumam sua parcela de responsabilidade
- Invista energia em coisas que você consegue controlar e deixe que as relações sigam, até certo ponto, o próprio curso

No amor, o 22 quer que os bens materiais correspondam aos sentimentos.

emocional como segurança concreta. O 22 como Número do Aqui-e-Agora faz com que a pessoa se sinta responsável por muito que acontece em seu meio e muitas vezes a leva a assumir o papel de organizador confiável.

Com uma forte presença do 22, todas as características do 4 também estão presentes, porém amplificadas e movidas por emoções extras.

Como amigo, dá o máximo em termos de ajuda prática e precisa tomar cuidado para não esgotar os próprios recursos e conta bancária. Nos negócios, tem muitos talentos, mas não abre mão da ética, e problemas emocionais podem tirá-lo dos eixos. No amor, pensa em termos de compromisso duradouro – talvez tenha que aprender a brincar, namorar e se divertir um pouco, sem levar as coisas muito a sério.

O 2 DUPLICADO

Os Números Mestres se evidenciam na interação de David com seu filho Frazer. Como Número da Personalidade de Frazer, o 22 se expressa em sua forma de organizar as campanhas do pai, somando força ao Número do Aqui-e-Agora de David, e seu Número do Caminho de Vida coloca em foco o 11 do filho como Número da Personalidade. Quando estão ocupados com temas políticos e planos de larga-escala, as características do 11 e do 22 como números de seus respectivos Aqui-e-Agora ganham relevância, mas no contexto familiar podem se reverter ao 2 e ao 4.

	FRAZER MARKS 6+9+1+8+5+9+4+1+9+2+1	DAVID MARKS 4+1+4+9+4+4+1+9+2+1
PERSONALIDADE	22	11
CAMINHO DE VIDA	22.6.1981 = 11/2	11.7.1951 = 7
ALMA	7	11/2
DESTINO	1	3
AQUI-E-AGORA	11/2	22/4

COMPATIBILIDADE

Com 1 — Essa talvez seja uma relação extremamente difícil de lidar. O 1 pode se ocupar demasiadamente consigo mesmo, e você pode se sentir incomodado e frustrado pela imprevisibilidade da relação. Mas pode também ser um encontro de grande erotismo com uma vida inteira de experiências novas.

Com 2 — Essa relação pode funcionar perfeitamente bem, sendo o 2 o companheiro ideal que o apoia nos bastidores, mas às vezes você pode se sentir afundado na lama pela mesquinhez da vida. Seja, portanto, paciente.

Com 3 — Nenhum dos dois entende o motivo da forte atração entre vocês, porém essa pode ser uma relação irresistível entre duas pessoas tão completamente diferentes, que os leva a colocar questões profundas e significativas; e colocar as perguntas certas é mais importante do que encontrar as respostas.

Com 4 — Se você conseguir ativar o elemento 22 de seu parceiro, a vida irá melhor materialmente para ambos, e a experiência de vida juntos se ampliará. Vocês podem conquistar poder e riqueza, mas devem evitar a complacência e a manipulação.

Com 5 — Através desse encontro, ambos terão seus horizontes alargados. O 5 pode mostrar algumas abordagens produtivas; para tirar vantagem delas, é preciso que você não seja demasiadamente magnânimo nem demasiadamente cabeça-dura.

Com 6 — Muitas coisas batem e ambos veem a necessidade de fazer algo importante em suas vidas. Vocês podem achar fácil funcionar como unidade, mas precisam continuar discutindo as coisas, se não quiserem descobrir um belo dia que têm diferentes propósitos.

Com 7 — Vocês podem ter abordagens diferentes, porém elas têm uma forma interessante de se encaixar; quando vocês percebem que as alternativas funcionam, a vida fica mais rica. Vocês podem entender os sentimentos um do outro e, com isso, criar uma cumplicidade sem palavras.

Com 8 — Apesar do fato de ambos terem uma maneira séria de encarar a vida, vocês se divertem juntos. Essa relação pode proporcionar aos parceiros tanto diversão como eficiência.

Com 9 — Apesar de seus ideais serem diferentes, você pode curtir o desafio de transformar as ideias do 9 em realidade. É importante tomar cuidado para que um não exija demais do outro e aceite os diferentes critérios e prioridades.

7. Ciclos Pessoais

Você vem ao mundo com certos números, porém, no decorrer dos anos, outros números entram em cena. Usando a numerologia para examinar o estágio da vida em que você se encontra, é possível lançar luz sobre seu passado, presente e futuro.

Introdução aos Ciclos Pessoais

Embora muitos de seus números permaneçam com você por toda a vida, a numerologia envolve também um processo dinâmico. Cada ano traz a própria assinatura numerológica que exerce influência sobre todos nós.

O ano 2013 é um ano 6, também formado pelos números 2 e 13. O 2 indica o milênio e a probabilidade de estarmos no processo de criar harmonia e equilíbrio com maior autoconhecimento, depois de mil anos de visão estreita imposta pelo 1. O 13 tem a reputação de trazer azar, porém se relaciona ao ciclo anual da Lua e, na realidade, traz crescimento espiritual, com base no realismo do 4 (da soma de 1+3). O total 6 do ano traz esperança de paz, negociação e entendimento entre nações, com os problemas sociais tomando precedência e os países em desvantagem recebendo ajuda – apesar de interesses próprios ocultos poderem atuar como fator de motivação. A humanidade precisa tomar consciência das forças inerentes a esses números, porque, quando grandes grupos de pessoas estão envolvidos, os números costumam operar de forma mais primitiva e negativa. É importante lembrar que nem todas as partes do mundo têm o mesmo método de numerar os anos. Quanto mais consciente estiver do *zeitgeist* [espírito da época] e mais em sintonia com o número do ano, mais sucesso poderá alcançar. De muito mais interesse, no entanto, é o Número do seu Ano Pessoal. Ele indica a fase em que você atualmente se encontra, bem como as mudanças, problemas, desafios e oportunidades que pode esperar. Se o número de seu ano atual corresponde a um de seus números importantes, especialmente da Personalidade ou do Caminho de Vida, você tem uma oportunidade especial para se desenvolver – mas pode também enfrentar uma crise de confiança, ao se defrontar com o que alcançou até o momento. Às vezes, durante um Ano Pessoal, pode ter uma percepção aguçada das coisas que foram importantes da última vez que ele aconteceu. Por exemplo, se obteve uma promoção durante um Ano Pessoal 8, o seguinte Ano Pessoal 8, que ocorre 9 anos mais tarde, pode mostrar quão bem você se desempenhou e trazer recompensas, ou pode envolver uma mudança total, em que você questiona sua situação.

Certos dias trazem mais sorte do que outros, mas você pode tirar o melhor proveito deles.

O Número do Ano Pessoal

Para calcular seu atual Ano Pessoal, simplesmente some os algarismos correspondentes ao dia e mês de seu nascimento àqueles do ano de seu último aniversário.

Assim, se você nasceu no dia 14 de julho de 1980, o seu Número do Caminho de Vida é:

1+4+7+1+9+8+0 = 30, = 3.

Durante o mês de fevereiro de 2013, por exemplo, o seu atual Ano Pessoal é obtido pela soma de:

1+4+7+2+0+1+2 = 17, 1+7=8.

O Número de seu Ano Pessoal é, portanto, 8, até seu aniversário em 2013, quando entrará em seu Ano Pessoal 9.

INTRODUÇÃO AOS CICLOS PESSOAIS

Ano 1

Durante seu Ano Pessoal 1, poderá fazer novos começos em todos os aspectos. Pode ser em sua carreira profissional, estudos, relacionamentos ou vida familiar. Na realidade, poderá decolar numa nova direção em muitas áreas – se isso não acontecer, deve se perguntar: por que não? As energias do 1 impõem que assuma independência e originalidade e, talvez, coloque seus óculos de proteção, porque esse não é o momento de pensar demais sobre o que os outros esperam de você (com óbvias exceções sensatas).

Se você não andar para a frente, poderá se deparar com a situação oposta de permanecer atolado; se isso ocorrer, sentirá uma frustração tão grande que afetará todo seu bem-estar. Durante um ano 1, qualquer movimento é melhor do que absolutamente nenhum, mesmo que seja na direção errada. Você sempre pode mudar o curso – e é importante lembrar disso durante um ciclo 1, porque algo em seu interior pode insistir em dizer para aferrar-se a seus princípios. Você *não* deve persistir num curso que não está levando a lugar algum – você deve *sim* persistir em sua independência. Neste ano, ser capaz de distinguir teimosia de liberdade de pensamento é uma das chaves para o sucesso.

Uma boa maneira de iniciar o Ano Pessoal 1 é realizar uma faxina geral. Você pode começar pelo básico, como armários entulhados e disco rígido do computador sobrecarregado de lixo. Isso pode não parecer

Coisas a fazer

- Livre-se de objetos, trabalhos, relacionamentos e outras situações que estão longe de seu melhor e/ou não funcionando
- Estabeleça metas claras – porém flexíveis
- Esteja preparado para mudar o curso se necessário
- Faça uma renovação
- Mude de casa
- Mude de carreira profissional
- Comece uma nova relação
- Reserve tempo para relaxar – *isso é muito importante*
- Seja positivo em relação às realizações e habilidades pessoais

Mire alto durante o seu ano 1.

muito, mas simbolicamente é uma prova de que está abrindo espaço para o novo. Feito isso, pode passar às coisas mais importantes que não estão funcionando a seu favor, como guarda-roupa, carro, casa, trabalho e relacionamentos. Claro que não é necessário se livrar de todas essas coisas – na verdade, qualquer coisa que você considera apropriada pode agora começar vida nova. Mas se as velharias inúteis não forem destruídas neste momento, irão reduzir o seu ritmo e até paralisá-lo totalmente. É preciso ter coragem!

O que você deseja fazer há muito tempo? Embora seja melhor não passar muito tempo remoendo isso, tampouco deve se apressar. Alguns de seus sonhos podem ter sido enterrados por força das circunstâncias ou por falta de confiança em si mesmo sem deixar vestígios, e agora é hora de ressuscitar aqueles que têm utilidade para você. Evite assumir compromissos demais. O Ano 1 não é apropriado para múltiplas tarefas e, embora muitos projetos possam estar em andamento simultaneamente, devem ocupar diferentes áreas de sua vida – por exemplo, uma importante mudança de rumo na carreira profissional ou no relacionamento afetivo.

Não espere que tudo ocorra facilmente. No decorrer de um Ano Pessoal 1, tende a haver um pouco de sofrimento inerente ao crescimento. Isso não quer

dizer que esteja no rumo errado; "Quando as coisas ficam pretas, os obstinados seguem em frente", e você está desbravando um novo caminho para si mesmo. Ter dúvidas é normal, o sofrimento emocional é provável, e a exaustão mental é quase inevitável – na verdade, os anos 1 estão entre os mais estressantes, e, por isso, você *tem que* reservar uma parcela de tempo para descansar e relaxar. Cuide de sua alimentação e examine sua prática de exercícios físicos, pois precisa estar forte e saudável para enfrentar esse ano. Você pode sentir muita impaciência com os outros – explique a eles o que está acontecendo em seu interior para que eles entendam e saibam que não vai durar para sempre. Uma vez que tenha criado certa força (ou antes, se você está seguro), se imponha metas a longo prazo, mas tenha também metas de curto prazo a serem alcançadas rapidamente, para proporcionar a sensação de que está progredindo. Você não precisa alcançar todas as metas neste ano, aquelas que são mais apropriadas podem ser perseguidas por muitos anos – porém usará uma abordagem um pouco diferente durante outros ciclos anuais.

Se no final de seu Ano Pessoal 1 você tiver aberto o caminho, alcançado pequenas metas e mobilizado pelo menos uma das grandes metas, terá usado o ano da melhor maneira em seu favor. Esse é realmente um ano maravilhoso para chegar a algum lugar.

Ano 2

O Ano Pessoal 2 tem a ver com você e o "Outro". Esse Outro pode ser alguém com quem você tenha um relacionamento, mas também pode ser simplesmente uma relação consigo mesmo, com suas realizações e com a visão que tem de si próprio. Enquanto no ano anterior, durante o ciclo anual 1, você tratou de abrir um caminho, este é o momento de ser objetivo e fazer um exame prolongado e realista do que tem feito. Talvez tenha que analisar em detalhe o resultado das decisões tomadas anteriormente.

É importante fazer um pouco de autoanálise, mas tomando cuidado para não ser excessivamente autocrítico. Um dos maiores perigos deste ano é entrar numa espiral negativa e acabar destruindo tudo que criou no ano anterior – evite fazer isso. É natural ser agora um pouco menos positivo e dinâmico, mas seja construtivo.

O Ano Pessoal 2 tem a ver com encontrar equilíbrio. Você pode, portanto, considerar se o tempo que passa no trabalho é compensado por horas de lazer, se pensa tanto nos outros como em si mesmo, se seus interesses materiais são equivalentes a seus interesses espirituais e assim por diante. Durante um Ano 2 tudo tem uma contraparte e talvez você se veja constantemente em situações nas quais é obrigado a escolher. Como o burro diante de dois montes de feno, pode às vezes ficar paralisado, tão incapaz de escolher entre um par de alternativas igualmente atraentes (ou não atraentes) ao ponto de se sentir totalmente impotente. Tenha, no entanto, a certeza de

Os relacionamentos constituem a pauta de um ano 2.

que está aprendendo coisas a respeito de si mesmo e do mundo, e uma delas pode ser a necessidade de ser paciente. Com desenvoltura, muitas vezes encontrará maneiras de "ter o bolo inteiro". A não ser que uma escolha seja absolutamente necessária, evite fazê-la, porque neste momento você enxerga com demasiada clareza ambos os lados, tornando-a muito difícil. Mas não deixe que as coisas cheguem ao ponto em que outras pessoas tomam as decisões por você – os anos Dois podem torná-lo passivo e condescendente. Agradar é uma coisa e dar mole é outra completamente diferente.

O compromisso é fundamental neste momento e se você esteve envolvido em discussões, ou se a sua obstinação durante o Ano 1 prejudicou suas relações, este é o momento de construir pontes. Busque um interesse comum, coisas que pode fazer junto com alguém e meios de conquistar respeito, oferecendo ajuda, apoio e compreensão. Os amigos podem começar a gravitar em sua direção para tomarem juntos um chá e trocarem afinidades, e você poderá usar as próprias experiências para ajudá-los. Pode às vezes parecer que está realizando muito pouco, além de pacificar os outros, mas essa experiência pode ser extremamente gratificante.

No entanto, os ciclos 2 às vezes trazem conflitos. Se há alguma pessoa ou organização que tenha se tornado uma fonte de aborrecimento para você, essa pode agora assumir o caráter de franca hostilidade. Durante um Ano 2 talvez seja fácil a pessoa se agarrar a um ponto de vista que tenha na realidade pouquíssima importância. Não se deixe levar pela obstinação. Se perceber que não está indo a lugar algum, peça a opinião sincera de alguém que você respeita. Às vezes, é necessária a opinião sensata de um terceiro para sair de uma situação de impasse.

Uma das melhores coisas de um ciclo 2 é a oportunidade de estabelecer relações com outras pessoas. Podem ser amizades sólidas, associações com colegas e sócios de negócios ou o encontro de uma alma gêmea. Você é capaz de se identificar com os sentimentos e pontos de vista de outros e isso o transforma em uma pessoa com a capacidade de atrair com seu magnetismo. Bem no fundo, está à procura de alguém que o complemente e, assim, é possível que seja atraído para alguém que seja seu oposto em muitos sentidos. Qualquer que seja o caso, se você está à procura desse alguém especial, seu Ano Pessoal 2 deve trazer muitas oportunidades de casamento. Mas não entre em pânico se estiver sozinho – os anos 2 podem aumentar a solidão, porém ela não precisa durar.

No final de seu Ano 2, é possível que tenha adquirido mais conhecimento de si mesmo e formado pelo menos uma ou duas relações importantes. As relações já existentes devem se encontrar em melhores condições, com mais entendimento entre vocês.

As parcerias verdadeiramente impraticáveis tendem a ser totalmente rompidas durante um ciclo 2, uma vez que os problemas se tornam insuperáveis. Para o casamento próximo de um conflito, é provável que no Ano Dois aconteça o divórcio e a necessidade de discutir quem fica com o que e faz o que. Durante o ciclo anual 2, procure ser calmo, mas não passivo; analítico, mas não negativo; prático, mas também flexível. No término de seu ano 2, você deve ter alcançado mais equilíbrio em todos os sentidos.

A proximidade e o companheirismo são favorecidos pelos ciclos anuais 2.

Coisas a fazer

- Procure uma agência que promove encontros, se estiver em busca de alguém para um relacionamento amoroso
- Reconsidere o equilíbrio em sua relação de trabalho/lazer
- Encare os problemas que tiver em qualquer um de seus relacionamentos – considere a possibilidade de fazer terapia de casal
- Inicie projetos em sociedade ou concentre-se nas atividades que requerem a participação de outro
- Se possível, faça as pazes com pessoas ou questões que vêm causando aborrecimentos
- Desempenhe o papel de conselheiro sentimental
- Seja totalmente honesto consigo mesmo
- Dê atenção aos textos que vêm em letrinhas miúdas
- Escolha bem a causa ou a pessoa a ajudar

Ano 3

Depois de resolver alguns dos dilemas e dúvidas do ciclo 2, em seu Ano Pessoal 3 haverá um sucesso após outro. A criatividade é a ordem do dia, e, quaisquer que sejam suas habilidades e talentos, você poderá dar a eles sua expressão máxima. Se você se considera apenas uma pessoa comum, o seu ano 3 mostrará como brilhar e ser uma pessoa única.

Durante o ciclo 3, você poderá ser surpreendido pela sua criatividade.

Este é um período de realizações. Talvez você não esteja avançando da mesma maneira que no ciclo 1, mas provavelmente conseguirá fazer mais e sentir mais satisfação. Tendo "abatido seus dragões", pode agora explorar seus potenciais e desfrutar um período agradável e feliz. Você perceberá que seu senso de humor atingiu o ponto máximo e que, por alguma razão, a

Coisas a fazer

- Desenvolva uma habilidade ou talento
- Procure encontrar o máximo possível de oportunidades para dar uma boa risada
- Programe na agenda tempo para alguma diversão – este é um ótimo ano para fazer uma importante celebração
- Aproveite todas as oportunidades
- Institua uma família
- Crie algo que você mesmo e os outros possam admirar
- Aprecie obras de arte, música e espetáculos
- Siga o caminho do menor esforço de vez em quando, para ver onde ele pode dar
- Faça algumas das coisas que sempre quis fazer

sorte está a seu lado, fazendo com que esteja no lugar certo na hora certa. Algumas coisas podem simplesmente cair em seu colo, mas a sua boa sorte provém acima de tudo do fato de estar relaxado e receptivo. Isso aguça a sua capacidade de observação. Também o torna mais brincalhão – qualidade que predomina no ciclo 3 – quando brincamos, descobrimos coisas em nós mesmos e no mundo que podem nos surpreender.

Quer dizer, então, que o Ano 3 só traz coisas boas? É verdade que as descobertas felizes feitas ao acaso estão sorrindo para você, porém é bom não tomar as coisas como óbvias. Seria muito fácil supor que a vida é uma farta colheita de cerejas e que você pode se fartar sempre que estiver com vontade. 'Mañana' [amanhã] poderia ser seu lema, ao evitar qualquer coisa desagradável ou que exige algum esforço e simplesmente gozar a vida. Divertir-se não é bem o caso, porque irá recarregar as baterias e ter muita inspiração. No entanto, gostando ou não, nem sempre tudo será tão agradável. As oportunidades nem sempre estarão à sua disposição toda vez que você se dispuser a aproveitá-las. Durante o ciclo 3, é importante tirar o máximo proveito dos talentos e oportunidades que se apresentam, para que, no final, não fique abandonado ao relento por não ter explorado seus dons, sentindo uma perda enorme.

No decorrer de seu Ano 3 você criará algo novo em sua vida. Pode ser uma criança li-

teral ou "simbólica". Pode ser uma pintura, um poema ou algo prático como uma peça de roupa ou uma obra de culinária. As possibilidades são infinitas. O que vai querer fazer, e provavelmente será muito capaz de *fazer*, é algo fora de si mesmo. Quando olhar para o que fez, se perguntará como algo tão fantástico saiu de você. Durante o ciclo 3, pode se tornar um canal para o surgimento de alguma nova forma de vida.

Se alguma coisa tem obstruído seu caminho, ela pode ser afastada durante o ciclo 3. Sua expressão pessoal não pode ser mais obstruída. Se você tem suportado coisas que o incomodam, dizer o que pensa poderá restaurar o equilíbrio. Entretanto, essa provavelmente não será uma experiência traumática, porque é pouco provável que consiga fazer drama de uma crise (embora possa fazer uma comédia). O ano 3 *não* é feito apenas de risos – na verdade, se você tem um sonho para realizar, se concentrará intensamente nele. Mas agora é muito difícil levar as coisas tão a sério como em outros anos e, se a sua personalidade contém mais números "sérios", como o 4 ou o 8, seu ano 3 trará uma folga bem-vinda. Faça anotações sobre como se sente, faça um álbum de recortes e tire fotos; com isso, terá muitas coisas para ajudá-lo a lembrar de como é se sentir despreocupado, para poder recriar tais experiências.

Aproveite esse ano para se divertir. Tem alguma coisa que você sempre quis experimentar? Talvez fazer uma longa viagem de balão, um passeio em trem de luxo ou assistir a shows, exposições ou espetáculos. Essa é a hora de fazer o que seu coração mandar e se divertir – o que você tem a perder? "A vida é curta demais" pode ser uma de suas frases preferidas neste momento, embora esteja se sentindo imortal. Não perca nenhuma oportunidade e lembre-se que é preferível arrepender-se do que *fez* do que *deixou de fazer*. Três é o ano de dizer sim à vida.

O seu Ano 3 deve trazer tanto diversão como inspiração.

Ano 4

A sua vida pode seguir um dos dois principais caminhos durante seu Ano Pessoal 4. Se aproveitou as oportunidades de seu ano 3 de expressar talentos, o ano 4 dará a chance de consolidá-los. É possível que alguns de seus projetos não estejam funcionando tão bem como você esperava, e talvez outros precisem ser totalmente descartados.

Podem surgir obstáculos e retrocessos, mas em geral as coisas apropriadas para você resistirão e ganharão uma base mais sólida. Isso acabará trazendo alguma satisfação. Se, no entanto, passou o ciclo 3 se divertindo, o ano 4 trará consigo uma chacoalhada, fazendo você confrontar os resultados de suas ações – ou falta delas.

O 4 envolve a construção de alguma coisa duradoura. Todos nós sabemos que é necessário construir alicerces como base de qualquer estrutura e que isso exige muita escavação e trabalho pesado antes de começar a tomar forma. As frustrações constituem um problema durante o ciclo 4. Você pode se sentir aprisionado por todos os lados, atormentado por detalhes e constantemente em luta contra as negatividades. Alguma negligência praticada no passado pode voltar para atormentá-lo. Você precisa ter muita paciência, porque no final vencerá. Apesar de desejar ter feito mais, o que você faz resiste à prova do tempo. O 4 pode parecer ser um ano muito negativo se você não tem muita base sobre a qual construir

ou se desperdiçou seus recursos. Por exemplo, se fez dívidas, esse pode ser um problema sério no ano 4. Você não pode empurrar as contas para baixo do tapete – de alguma maneira terá que lidar com a situação. Você pode não ver nenhuma saída e entrar em pânico, mas se realmente enfrentar o problema, em vez de tentar escapar, acabará se sentindo muito satisfeito com o que fez, e será mais fácil administrar as coisas. Portanto, se a vida não tem sido boazinha com você, ou se andou enganando a si mesmo e aos outros no que diz respeito àquilo que tem e faz, o ano 4 pode parecer a gota d'água. "Tudo está dando errado!", pode resmungar a si mesmo, mas não é bem assim. O 4 ajudará a confrontar exatamente o que vai mal. Se não há muitos fatos positivos com os quais contar, é melhor seguir em frente sabendo onde está do que nutrir falsas esperanças. Por apontar firmemente na direção do que é realmente possível, o 4 será seu amigo.

Se você começa uma relação num ano 4, ela tem a probabilidade de chegar às bodas

Paciência e atenção aos detalhes trazem satisfação durante um ciclo anual 4.

de diamante, mas será mais do tipo "cozimento lento" do que de "arroubos apaixonados". Mais cedo ou mais tarde, precisará encarar os problemas relativos a dinheiro e moradia e poderá haver obstáculos a superar, como distância, trabalho em diferentes turnos ou outras obrigações. Se está em uma relação que não funciona, pode ser a hora certa de enfrentar a separação ou divórcio, ou de determinar coisas como pagamento de pensão e a divisão de responsabilidade de cada um. O 4 não é mau para os relacionamentos – longe disso. Ele apenas remove com firmeza os óculos cor-de-rosa e insiste em que você enfrente os aspectos práticos da vida.

Nos negócios, o ciclo 4 é de consolidação. Deve-se limitar o uso de dinheiro emprestado e provavelmente a expansão é lenta para você. Se, no entanto, sua empresa está fundada sobre bases sólidas, esse pode ser

CICLOS PESSOAIS

Não tenha medo de encarar tarefas difíceis.

334

um ano de realizações, com crescimento de seus recursos. Esse talvez não seja o melhor ano para iniciar um empreendimento, mas concentrar-se nos aspectos práticos como preparação para o brilhante ciclo anual 5 vale a pena.

Durante o ciclo 4, provavelmente assumirá maiores responsabilidades. Poderá, por exemplo, se instalar na própria moradia, começar a se preparar para ter filhos ou se empenhar arduamente para manter em funcionamento algo que já tenha começado. Talvez você ache que tenha assumido responsabilidades demais e que, por mais duro que dê, não está conseguindo acertar. A lição a ser aprendida neste caso é que de fato assumiu encargos superiores às suas forças. Faça o melhor possível e aprenda com seus erros para não voltar a repeti-los. Se o trabalho está acabando com sua vida é porque você deixou-se dominar por seus problemas e, de fato, não está sendo realista. Lembre-se de tudo de bom que aconteceu com você e que está acontecendo com outras pessoas, todos os dias e em todos os lugares. Dê o primeiro passo à frente em direção à sua próxima meta.

Coisas a fazer

- Corte todo e qualquer gasto desnecessário, tanto de dinheiro como de tempo
- Encare a rotina burocrática e administrativa com paciência e eficiência
- Enfrente qualquer que seja a coisa desagradável que vem evitando
- Crie bases sólidas aos seus empreendimentos
- Examine atentamente sua situação financeira
- Desenvolva uma rotina viável tanto em sua vida pessoal como profissional
- Evite assumir responsabilidades por questões que não pode controlar, como, por exemplo, o clima – você já tem o suficiente em seu prato
- Organize sua casa e espaço de trabalho
- Procure se alimentar bem, dormir bem e ter tempo para relaxar e descansar

Ano 5

À medida que seu Ano Pessoal 5 ganha força, você verá os obstáculos desaparecerem e o ritmo acelerar. Você pode ser bombardeado por mensagens e propostas e haverá muitas viagens a fazer. A maioria delas será curta, mas também é possível que uma delas seja para bem longe. Agora, você pode desfrutar os resultados de todos os esforços feitos durante o ano 4, dando de bom grado adeus a tudo que não estava funcionando bem. Tudo aquilo irá parecer irrelevante diante das mudanças de prioridade e ampliação dos horizontes.

Se o seu ano 4 não deixou muita coisa sobre a qual construir, você pode descartar as perdas e se libertar. Isso tudo será muito bom, mas lembre-se que, embora possa ter muito prazer em se divertir por um tempo, mais cedo ou mais tarde, precisará assumir responsabilidades outra vez. Esse ciclo é certamente propício a alguns riscos, mas sem perder de vista a realidade.

Você pode ver surgir rapidamente ideias inspiradoras aos montes. O desafio talvez seja descobrir qual delas desenvolver. Um dos piores acontecimentos deste ano seria procrastinar, flertando várias ideias, sem dar chance para que uma crie raízes. A maior parte da ideias que vêm à sua mente tem potencial, e quase tudo que explorar o levará a algo que vale a pena; trate, portanto, de se decidir.

A comunicação é de máxima importância neste ano. Você pode ouvir algumas verdades desagradáveis, mas logo perceberá que são libertadoras. Se andou reprimindo pensamentos e sentimentos por motivos práticos, é provável que todos eles venham à tona agora. Isso pode parecer destrutivo neste instante, mas em breve você seguirá em frente se perguntando por que suportou tanto por tanto tempo. É improvável que qualquer relação que tenha se tornado um fardo sobreviva a um ciclo 5. É provável que surjam novas relações, mas também é pro-

O céu pode ser o limite em seu ciclo 5.

Coisas a fazer

- Tente algo novo – pequenas coisas diariamente, coisas maiores semanalmente ou mensalmente, e uma ou duas coisas novas importantes no ano
- Escreva um romance, um poema ou blog
- Mantenha um diário ou relato de viagem
- Procure manter sua caderneta de endereços bem organizada
- Tenha sempre seu celular à mão e considere a possibilidade de ter um telefone de reserva para o caso de as coisas darem errado e você ter que estar acessível.
- Crie um Web site e/ou expanda sua atividade nos sites das redes sociais
- Visite lugares onde nunca esteve
- Expresse suas opiniões sobre questões importantes
- Comece um curso de curta duração e desenvolva uma nova habilidade

vável que você tenha dificuldade para se manter fiel, e é muito melhor esperar o ciclo 6 para atar o nó. Uma boa relação se tornará mais vibrante se houver a exploração de coisas novas em conjunto, e você deve procurar ativamente colocar mais ímpeto nesse relacionamento.

Nos negócios, o momento é auspicioso para assumir alguns riscos, mas jamais aposte mais do que tem condições de perder. Também não seja impulsivo demais – as primeiras ideias costumam ser as melhores, mas procure ouvir os conselhos de outros. Poderá infundir nova vida a empreendimentos desgastados, porque suas ideias não são convencionais. Você terá muita desenvoltura – mas, se as coisas não funcionarem conforme o planejado, não deve perder a cabeça, logo encontrará uma saída. O ciclo anual 5 é uma boa oportunidade de voltar a estudar – seu cérebro receptivo será capaz de aprender novas abordagens.

Esse é um ano repleto de mudanças. Exatamente quando acha que tem o domínio da situação, alguém vira a mesa, e as peças do tabuleiro voltam a ficar todas fora de lugar. Esse ano ensina você a se adaptar e ser flexível. Por mais que as traves verticais sejam movidas, ainda pode marcar o gol, desde que continue confiando em suas reações. Tudo ao seu redor pode estar saindo dos eixos, mas seu Ano 5 permite que encontre seu centro criativo interior e, mesmo que tudo mais esteja desabando, você pode contar consigo mesmo.

Apesar de talvez ter iniciado muitas tarefas, este talvez não seja o ano mais apropriado para se comprometer; isso virá depois, quando tiver a medida do que é possível. Aproveite a oportunidade – não fique lamentando a perda dos "bons velhos tempos" ou tentando enquadrar tudo ou todos no velho formato. Mesmo sem entender muito bem o que está acontecendo, não entre em pânico. Mantenha seu senso de humor e pegue leve. Os anos 5 podem ser estressantes – talvez sinta cansaço e tensão, com milhares de bolas no ar e, nos piores casos, quando a situação "é demais para suportar", o ano 5 levará à beira de um colapso nervoso. Mas essa é apenas uma questão de como vê as coisas, e a lição do 5 é que "isso também vai passar". Não que tenha pressa de acabar seu ciclo 5 – pode parecer que o tempo está passando com demasiada rapidez, enquanto se diverte muito com todas as novas experiências. Tudo isso pode ser muito cansativo e, por mais difícil que seja relaxar, procure ter tanto tempo para o lazer quanto dedica ao trabalho. Talvez este ano fique na memória como inesquecível, um tempo em que você realmente soube o que era estar vivo.

Em seu Ano 5, você pode ser bombardeado por mensagens e oportunidades.

Ano 6

Depois dos altos e baixos do ciclo anual 5, talvez considere que merece um pouco de descanso e relaxamento. Na realidade, poderá tê-los em seu Ano Pessoal 6, mas só conseguirá realmente se beneficiar se estiver emocionalmente equilibrado. Esse equilíbrio talvez seja difícil de alcançar num Ano 6, uma vez que está muito propenso a perceber tudo que está em desarmonia e desequilíbrio e, além disso, com hipersensibilidade.

Pode ser que nem tudo esteja perfeitamente bem em suas relações ou em sua família ampliada, e isso tende a se tornar um problema agora. No pior dos casos, pode se irritar muito, mas pelo menos terá a promessa de alguma medida para solucionar os problemas, porque eles são colocados às claras e podem ser resolvidos. Você poderá mostrar abertamente os sentimentos neste ano, o que não é ruim. As pessoas precisam saber o que você sente – como não levar isso em consideração?

Esse pode ser um ano marcado por paixões e acessos de raiva, enquanto procura tornar suas relações significativas mais próximas da perfeição de acordo com as suas possibilidades. Considerando o modo de ser da maioria das pessoas, com esse comportamento você está fadado a sofrer alguns traumas, mas pode esclarecer as coisas e realizar algumas mudanças importantes. Talvez tenha que abandonar uma relação que na realidade não o satisfaz, porque tem necessidade de procurar algo melhor. No entanto, o oposto também é possível. Você pode colocar de forma resoluta seus óculos cor-de-rosa e insistir em que tudo está perfeitamente bem, quando todos os demais veem que não está. Também pode romantizar seus envolvimentos, transformando-os em uma espécie de fantasia. Seu namorado, por exemplo, pode ser egoísta e exigente, mas você atribuirá essas qualidades a sua paixão irresistível. Ou verá a si mesma como a princesa resgatada pelo cavaleiro de armadura reluzente, quando na realidade entregou o controle de sua vida. Volte para a realidade. Este ano oferece uma excelente oportunidade de encontrar satisfação e um relacionamento verdadeiro, mas não se você ficar se iludindo.

As questões familiares tendem a predominar no decorrer deste ano. Um parente próximo pode estar doente e precisando de sua ajuda; ou podem ocorrer eventos importan-

O ano 6 pode ser produtivo e gratificante.

Coisas a fazer

- Coloque em prática os projetos que tornarão sua casa mais atrativa
- Promova celebrações e reuniões familiares
- Desenvolva suas habilidades em culinária ou jardinagem
- Adote o hábito de ouvir música ou algo parecido diariamente
- Enfrente os problemas familiares – a terapia familiar pode ser uma opção
- Busque uma relação romântica – quem é solteiro pode tentar os clubes de solteiros e agências que promovem encontros de fins de semana ou rápidos
- Quem já tem uma relação deve reservar tempo para jantares à luz de vela
- Tente se envolver em algum projeto de caridade que atue nas vizinhanças
- Faça uma cirurgia plástica ou uma total renovação
- Tente recuperar o contato com algum parente desaparecido e antigos colegas de escola

Ter paz é essencial em seus anos 6.

tes, como noivados, casamentos e nascimentos. Também funerais são possíveis, e, apesar de tristes, também oferecem oportunidades de reencontros com velhos amigos e membros distantes da família; com isso, seu sentimento de fazer parte de uma comunidade é fortalecido e enriquecido.

A "família planetária" também pode ser objeto de suas preocupações, e aquilo que você ouve e/ou vê nos noticiários pode deixá-lo angustiado. Talvez exista o impulso de ser "mãe do mundo" ou de se preocupar especialmente com eventos que afetem as pessoas mais próximas e queridas. Tente não se deixar dominar pela ansiedade. Não faz nenhum sentido se preocupar com coisas que não pode controlar e você já está fazendo mais bem do que é capaz de perceber por pensar positivamente e difundir amor e compaixão. Talvez se envolva com interesses locais como "vigilância da vizinhança" ou alguma instituição ou local de caridade que oferece refeições a pessoas idosas ou cuida de crianças carentes. Você terá uma satisfação enorme em fazer algo desse gênero e também terá o prazer menos nobre de ser a primeira pessoa a saber de tudo que está acontecendo. Não há nada de errado em querer se divertir um pouco, mas não assuma o papel de mexeriqueiro nem espalhe notícias, porque se

sentiria horrível se descoberto, e o fato poderia ter consequências muito mais abrangentes. Neste ano, precisa tomar cuidado para não assumir compromissos demais. Nos negócios, é necessário tomar cuidado para que sua natureza generosa não seja explorada. Você pode achar especialmente difícil dizer não a qualquer pessoa necessitada, mas se não estabelecer limites sensatos, acabará se tornando um mendigo esfarrapado, e isso não seria bom para ninguém, especialmente para você mesmo. Isso poderia levá-lo a adotar atitudes compensatórias que nada contribuiriam ao seu bem-estar, como compulsão por comida, "terapia de compras" ou alguma atitude ainda mais extrema, como recorrer ao álcool ou às drogas.

Pergunte a si mesmo o que gostaria que fosse mais bonito em sua vida. Neste ano, deve se concentrar em alguma forma de arte e, quando seu ciclo anual 6 terminar, deve haver algo que proporcionará um prazer duradouro. Desenvolva a criatividade e reserve regularmente horas para ficar em paz e tranquilidade. Se passar meia hora por dia ouvindo música que acalma ou meditando, isso ajudará a retornar ao seu centro e voltar ao mundo pronto para dar a ele e a si mesmo bênçãos mais gratificantes.

Ano 7

O ano passado pode ter sido inundado por emoções. Em seu Ano Pessoal 7, é provável que questione tudo o que sente e tudo que os outros sentem. Mudanças têm acontecido em seu interior, e você pode não se sentir confortável com o que percebe. No entanto, é muito importante ser honesto consigo mesmo, porque, se as coisas não forem trazidas à superfície, não poderão ser transformadas, e você poderá ser movido por impulsos inconscientes que não servem a seus melhores interesses.

Esse é um ano propício para fazer uma psicoterapia profunda, se for de seu interesse. Você deveria anotar seus sonhos e confiar em seus instintos viscerais. É claro que a intuição pode estar errada, mas o mesmo acontece com a lógica. Quanto mais confia em suas intuições, mais fortes elas se tornam. Talvez queira desenvolver capacidades sensitivas através do Tarô, da astrologia ou de algo semelhante, ou participar de uma sessão espírita e desenvolver suas próprias capacidades mediúnicas. Esse é o momento de ir além de sua "zona de conforto" e ter coragem para explorar um novo território.

As relações que começaram ou se consolidaram no ano passado podem passar agora por um período de provação. É possível que você questione a sua escolha e até mesmo se pergunte se quer de fato ter uma relação. Você observará seu parceiro mais atentamente e poderá até desconfiar dele – é importante não perder a perspectiva. Será necessário manter a proporção das coisas – ter paciência, dar tempo e não expor abertamente seus sentimentos. No entanto, não espere que as pessoas adivinhem o que se passa em sua mente. Você precisa se explicar e, se não tem muita certeza do que está acontecendo em seu íntimo, pelo menos diga isso. Por exemplo, se tem dúvidas quanto ao que sente por seu parceiro, seria desastroso dizer "Não sei se realmente amo você", mas também seria um erro se chatear e silenciar. É muito melhor explicar que está passando por um período confuso e precisando se entender. Ter bastante espaço e tempo para você mesmo é essencial, e é importante dizer isso a seu parceiro.

Agora, se dedicará a avaliar o que fez durantes os últimos sete anos e, quase com certeza, encontrará algo para criticar. Não seja demasiadamente exigente consigo mesmo. Você está procurando um entendimento mais profundo, e a pessoa que você é no presente é o produto de todas as lições

Questões profundas podem ser suas preocupações num ano 7.

que aprendeu – nada foi perda de tempo. Você pode se sentir ansioso no que diz respeito a muitas coisas; algumas delas são reais e outras são imaginárias. O mais importante é entender a diferença entre umas e outras. Tenha coragem de mudar as coisas que podem ser mudadas. Quanto às outras, precisa aprender a usar sua imaginação de maneira positiva. Você pode começar a perceber que seus pensamentos têm poder de manifestação e o que vê em mente acaba acontecendo. Não se apavore. Se mantiver a concentração naquilo que deseja e realmente visualizar que alcançará a sua vida, poderá acontecer. Se tiver esse domínio do pensamento criativo, pode ser um dos anos mais bem-sucedidos de sua vida.

CICLOS PESSOAIS

Os segredos bem guardados podem saltar dos esconderijos. Um segredo familiar envolvendo uma herança ou a verdadeira filiação de alguém pode ser revelado, por exemplo. Pode haver alguns choques, porém é mais provável que seu impacto seja maior sobre a sua percepção da realidade do que em termos práticos. Procure

Coisas a fazer

- Inicie um curso para ampliar seus estudos
- Desenvolva a intuição em qualquer sentido que parecer atraente
- Anote os sonhos
- Investigue a árvore genealógica da sua família
- Busque entender a si mesmo com maior profundidade
- Medite e passe tempo sozinho
- Aprenda a focar a imaginação naquilo que quer – a hipnoterapia pode ajudar nesse sentido
- Mude a própria imagem se quiser uma diferente
- Questione a vida que está levando e suas prioridades, mas evite tomar decisões súbitas e realizar ações dramáticas

não exagerar as informações e os fatos. Este ano pode trazer o ensinamento de que a mudança é a única constante que existe. No entanto, há um ditado francês segundo o qual *Plus ça change, plus c'est la même chose* ["quanto mais as coisas mudam, mais elas continuam iguais"]; a lembrança dessa máxima pode trazer certo conforto. Esteja preparado para mudar suas prioridades – muitas coisas não têm nem de longe a importância que as pessoas pensam, e este ciclo pode provar isso para você.

Você pode ter plena consciência do que não sabe e, portanto, faça algo a esse respeito. Se possível, volte a estudar, seja por meio de um curso à distância ou frequentando algum curso noturno. Buscar o conhecimento por si mesmo é mais importante do que buscar o domínio de uma habilidade, mas siga os próprios apelos. Você pode sentir uma necessidade premente de mudar seu estilo de vida – por exemplo, se você sempre foi bastante formal e contido, talvez agora deseje uma imagem alternativa. Talvez queira colocar tudo à venda e partir em uma caravana. Considere todas as possibilidades, mas não faça nada por impulso. Levará um tempo para descobrir onde está o seu futuro.

Focar em sua imaginação e em seus talentos é uma ótima maneira de tirar proveito da vibração do 7.

Ano 8

Depois das incertezas e introspecções do ano passado, o seu Ano Pessoal 8 vem com maior dinamismo. Pode haver a sensação de se prender a coisas que estão fora de seu controle e seguramente deveria "se deixar levar pelo fluxo". Isso não quer dizer que esteja totalmente impotente. O segredo está em perceber as tendências predominantes e trabalhar com elas.

Escolha as batalhas a serem travadas – por algumas não vale a pena lutar e outras você não tem como vencer. É muito melhor ser realista e fazer com que tudo se volte a seu favor do que tentar impedir que o inevitável aconteça. O pragmatismo te deixará em posição forte, mas se insistir em continuar à própria maneira, sem se importar com o que quer que seja, poderá sofrer muito.

Não se surpreenda se problemas do passado que você considerava mortos e enterrados ressurgirem de uma maneira um pouquinho diferente. Pode haver a sensação de que é seu "karma" e você tem lições a aprender. No entanto, quanto mais rapidamente aprendê-las, mais cedo poderá seguir em frente. Nem todas precisam ser desafiadoras. A vibração do 8 não é a mais fácil, mas traz algumas enormes recompensas.

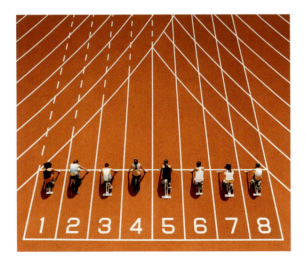

Durante um ano 8, coloque seus esforços onde eles fazem diferença.

Se você tem planos em larga escala, o ciclo 8 pode ser o tempo certo de colocá-los em prática. Para isso, deve ter realizado o trabalho básico durante o ciclo anual 7 e, portanto, já sabe quem é e onde se encontra. Como há o perigo de assumir demasiados compromissos, é importante lembrar que o dia tem apenas 24 horas. Este é um ano de trabalho árduo e conquistas consideráveis, mas se você se esforçar demais, correrá o risco de perder tudo, e essa é uma lição que poderia evitar. Procure não fazer dívidas e tome cuidado ao confiar em outras pessoas. Provavelmente será reticente a esse respeito, mas alguém muito esperto, cuja conversa astuta promete alguma fantástica oportunidade de negócio, é capaz de atravessar sua barreira de defesas. Como precisa de um desafio e algo maior para perseguir, deseja acreditar que existe uma abertura promissora. Não suspenda o descrédito apenas por estar impaciente para agarrar algo novo; se durante o seu ciclo anual 7 afinou a sua intuição, é importante não se esquecer de segui-la agora.

O poder será um fator presente em seu ciclo 8. Talvez tenha que lidar com algum tipo de intimidação ou com alguma pessoa ou organização que pretenda controlar você. Precisará refletir cuidadosamente sobre o que está acontecendo, porque a coisa pode não ser óbvia e, se for esse o caso, talvez seja difícil recuperar o controle sem que você mesmo pareça dominador. Talvez precise ser astuto, mas em qualquer caso, é importante se manter dono do próprio destino; talvez seja melhor correr o risco de parecer avesso à cooperação ou no controle de si mesmo do que arriscar se tornar um fantoche, o que seria uma expressão extremamente lamentável do potencial de seu ano 8.

Se está numa relação, agora poderá iniciar um empreendimento em parceria. Depois de realizar uma autoanálise no ano que passou, deve estar em condições de seguir em frente e realizar seus propósitos. Vocês podem ter que definir quem controla o que e, com isso, poderão acontecer disputas pelo poder e manipulações, mas você tem condições de superá-las. Esse é um ótimo ano para iniciar um negócio, em parceria ou individualmente, e existe a possibilidade de ganhar muito dinheiro, caso conserve a sensatez.

Pode melhorar sua posição social no decorrer deste ano, e talvez sinta vontade de ostentar isso. De todas as maneiras, aceite aproveitar alguns símbolos de status – será divertido, desde que tenha condições de pagar por eles. Mesmo com as finanças apertadas, se for esperto, poderá, ainda assim, impressionar; por exemplo, percorrendo os bazares beneficentes em busca de roupas de grife. No entanto, se sentirá muito melhor se houver substância atrás da impressão que está criando e terá um prazer enorme se, por exemplo, passar em uma prova, como um exame para obter a carteira de motorista ou a conquista de uma promoção. Durante este ano, deve tentar

Você exercerá influência maior durante o seu ciclo anual 8.

ser promovido em qualquer área de seu interesse e procurar andar sempre com a melhor apresentação possível, porque nunca se sabe quando será a sua vez de estar na berlinda. No final deste ano, com muito esforço, um pouco de sorte e uma boa dose de bom senso, deverá estar numa situação financeira e material melhor do estava anteriormente.

Coisas a fazer

- Inicie um negócio
- Invista o máximo de esforço em alguma coisa que o inspire
- Candidate-se a alguma promoção
- Esteja sempre com a melhor apresentação possível para causar uma boa impressão
- Cultive relações com pessoas influentes, mas sem deixar de ser sincero
- Invista em símbolos de status que estejam dentro de suas possibilidades
- Submeta-se a um teste ou exame
- Desenvolva uma habilidade aplicável em seu negócio ou empreendimento criativo

Ano 9

É bom que tenha consolidado algumas coisas no ano passado, porque em seu Ano Pessoal 9 será difícil manter o foco. Não exatamente por estar confuso, mas algumas questões que pareciam muito urgentes parecem ter perdido a intensidade. Você pode se perguntar por que queria o que achava que queria e, apesar de aparentemente estar em busca de algo, não sabe o que é. A pior coisa que poderia fazer seria forçar a barra.

Tente ser paciente consigo mesmo – o que precisa agora é ter a mente aberta e a disposição para mudar quando parecer apropriado. "Manter a incerteza" é sua missão neste ano e também a confiança em encontrar uma nova direção.

Algumas coisas chegarão ao fim e talvez sejam aquelas que você julgava importantes ou pensava que estariam sempre por perto. Diga adeus a elas e siga em frente – se vão embora é porque nunca foram realmente suas. O que realmente lhe pertence permanecerá, e você passará a ver tudo de uma perspectiva nova e mais vital. A sua vida está passando por uma transformação e, em certos sentidos, por uma ruptura, em preparação para o novo desenvolvimento que começará com a chegada do ciclo 1. É possível que se sinta num limbo – algumas questões que considerava resolvidas podem se arrastar e, por mais que faça, não consegue levá-las a cabo. Pode ter decidido morar com seu novo parceiro, mas por algum motivo não consegue vender sua casa;

ou um novo emprego pode ter sido prometido, mas na realidade o cargo não está disponível. Não se desespere nem se refugie na ideia de que "não era para ser seu". Provavelmente, tudo vai acabar se resolvendo, mas, quer você tenha consciência ou não, essas demoras estão ensinando algo e dando a oportunidade para refletir. Procure aceitar o que cada dia traz, viver no presente e relaxar.

À medida que o ano avançar, entenderá melhor o que se passa, adquirindo maior consciência e sabedoria. Algumas pendências podem entrar nos eixos; certos acontecimentos do passado que pareciam casuais, por exemplo, podem formar um padrão neste momento. Você pode ser atraído para alguma religião ou disciplina espiritual. Certamente seria bom desenvol-

Satisfaça as necessidades de viajar e viver a vida próprias do ciclo 9, para não acabar se sentindo frustrado.

Coisas a fazer

- Faça viagens que sejam as mais extensas de acordo com as suas possibilidades, absorvendo as experiências
- Se não conseguir viajar fisicamente, seja um "turista de poltrona"
- Explore e desenvolva a própria espiritualidade
- Participe de alguma atividade beneficente
- Se expresse artisticamente da maneira mais maluca que lhe aprouver
- Participe de algum programa de "autoajuda", como leitura orientada por algum profissional experiente ou grupo de propósitos comuns
- Pense no que não está ajudando positivamente; não se esforce para suportar, mas tenha coragem de abandonar
- Comece a escrever um romance, ou, pelo menos, a anotar seus pensamentos, porque eles provavelmente têm profundidade
- Aprofunde seus estudos – seja curioso
- Faça de *carpe diem* o seu lema pessoal

ver sua espiritualidade ou suas ideias no que diz respeito ao lugar da humanidade no universo.

Você também pode se ver envolvido em projetos de boas ações, para a comunidade local ou para alguma instituição de caridade. Algo mais radical pode lhe atrair e, se sentir que a vida em geral não está contribuindo com muita coisa, talvez decida viver no exterior, viajar pelo mundo e/ou envolver-se em causas étnicas. Esse espírito é diferente do empreendedorismo e determinação que podem estar por trás de iniciativas de um ano 1; durante um ciclo 9, você busca, explora e abandona. Você pode até "largar" tudo literalmente para viver numa comunidade, vender tudo para se juntar a uma caravana ou entrar para um mosteiro. A reclusão certamente trará benefícios, e você deveria procurar se conhecer melhor e mudar os padrões psicológicos que não estão ajudando.

Durante seu ciclo anual Nove, você pode ter um ar de quem está cansado deste mundo e pode parecer que nada lhe interessa realmente. Não entre em pânico – seus interesses voltarão. No entanto, outras pessoas podem vê-lo como alguém com experiência e sabedoria e talvez julgue que elas se aproximam de você em busca de conselhos e ajuda. Como pode haver a tentação de dar em demasia, tome cuidado para não cair em contos de azar. É ótimo oferecer a outros o benefício de seus conhecimentos, mas tome cuidado, porque "conselho é um presente perigoso, mesmo de sábios para sábios"(J. R. R. Tolkien, *O Senhor dos Anéis*). O que você disser agora poderá atormentá-lo mais tarde, e aquilo que parece não ter muita importância poderá se tornar de importância crucial. A maior sabedoria de todas é apoiar os amigos e encorajá-los a seguir os próprios caminhos, guardando as opiniões para si mesmo.

A inspiração poderá surgir durante este ciclo. Se está envolvido em algum projeto criativo e artístico, uma nova luz talvez apareça e você se veja realizando uma obra surpreendente. Isso porque se desapegou de interesses como lucro ou conformidade. Entretanto, no decorrer do ano 9, vai querer impressionar. Você se sentirá enaltecido pelo respeito que recebe, e isso o motivará a seguir em direção a um novo e excitante começo.

Durante o ano 9 podem brotar discernimentos de natureza espiritual.

8. Números Presentes em sua Vida

Cada idade e diferente situação da vida trazem consigo uma assinatura numerológica especial. Examine os números ao seu redor – use o espaço em branco no final do livro para fazer as anotações e retorne a elas posteriormente.

Idades/Faixas Etárias

Além da forte influência do ciclo do Ano Pessoal (ver pp. 318-19), os ritmos da vida também flutuam de acordo com a idade da pessoa. A cada vez que recebe um ano, você avança em seu ciclo – por exemplo, com 30 anos é influenciado pelo número 3; quando tem 31, passa a ser influenciado pelo 4, e assim por diante. Esse número é considerado paralelamente ao seu ciclo do Ano Pessoal.

No início, pode parecer complicado, mas a própria vida é complexa, e nenhum número exerce sozinho uma influência sobre você, seja qual for sua idade. Pode ser útil anotar as características e lições de todo número que o afete ou faça lembrar-se de algo, para que possa manter o foco em desenvolver aspectos positivos. Siga sempre a sua intuição e use o que parecer útil.

Além disso, os seus ciclos de nove anos exercem uma forte influência de fundo, que dá cor a suas experiências de vida; por esse motivo, entendê-los pode ser útil, tornando mais fácil colocar as tendências de vida em seus devidos contextos. O envelhecimento frequentemente é visto de forma negativa, mas a numerologia ressalta também as qualidades positivas de qualquer idade, as quais podem ser desenvolvidas.

Os números estão conosco desde o início da nossa vida.

Primeiro ciclo de 9 anos, 0-9 anos de idade

Você é influenciado pelo 1, e sua individualidade está em formação. Você está descobrindo quem é e como e onde é apropriado se afirmar. Durante esse ciclo de nove anos, a experiência de cada um dos números se dá em sua essência mais pura. Até a idade de um ano, o bebê vive em fusão com a mãe e, através dela, com o resto da humanidade. Ainda "surfando as nuvens gloriosas do céu", a criança conserva traços do infinito representados pelo 0. Por volta de 1 ano de idade, o bebê aprende a caminhar e a fazer explorações por conta própria. Por volta dos 2 anos de idade, são estabelecidas relações com os outros e a criança se torna mais consciente do "eu" e do "não eu" – e isso pode provocar uma crise, como na "fase terrível dos 2". Aos 3 anos, aprende a ser criativa e brincar se torna uma atividade mais dinâmica, inventiva e divertida. A partir dos 4 anos, os desafios da escola surgem quando mais exigências são colocadas sobre ela, obrigando-a a lidar com o mundo "real", fora de casa.

Aos 5 anos, a comunicação e a educação ganham força, e a criança aprende a ler e escrever. Aos 6 anos, completam-se os ciclos físicos da aprendizagem – a criança se torna provavelmente mais sociável, capaz de ajudar nas tarefas domésticas e ser um membro

As lições podem ser absorvidas avidamente aos 5 anos de idade.

NÚMEROS PRESENTES EM SUA VIDA

360

ativo da família. A idade de 7 anos é considerada por algumas religiões como "a idade da razão", quando a criança sabe distinguir o certo do errado – basicamente, quer dizer que a criança se torna capaz de pensar e raciocinar. As fantasias da infância podem ser deixadas para trás, ou, se a criança foi incentivada, suas intuições se tornam mais claras. Aos 8 anos, a criança enfrenta de forma mais apropriada os desafios do mundo, decidindo com base em suas ambições e consolidando suas visões da vida. A idade de 9 anos marca o último ano do primeiro ciclo, com uma avaliação dos conhecimentos (adquiridos) e seu desprendimento antes de passar ao segundo ciclo, que vem acompanhado de uma mudança de perspectiva.

Segundo ciclo de 9 anos, 10-18 anos de idade

Durante os anos da adolescência, o indivíduo desenvolve sua independência e explora impetuosamente a individualidade. Sob a influência do 1, este pode ser um período extremamente solitário, lutando com novos sentimentos e acreditando ser o único a senti-los. O jovem segue em frente na vida, talvez sem saber ao certo para onde vai, mas assumindo cada vez mais responsabilidade por si mesmo. Este, no entanto, é o segundo ciclo etário, e a influência do 2 significa que a experiência nos relacionamentos é vivida com muita intensidade. A

Durante os anos da adolescência, a influência do 2 é intensamente sentida.

numerologia ajuda a explicar todos os estranhos sentimentos novos e reafirmar que tudo vai mudar. Quando o jovem chega à idade de 18 anos, em muitos países é considerado "adulto".

Terceiro ciclo de 9 anos, 19-27 anos de idade

A influência predominante exercida pelo 2 nesses anos demarca exploração de relacionamentos, rompimentos, reconciliações e desenvolvimento de uma noção do que significa ser um casal. Agora é importante aprender a assumir compromissos. O indivíduo também forma amizades duradouras; por exemplo, na universidade, onde é possível escolher mais livremente as companhias e assumir vínculos com pessoas com quem tenham afinidades espirituais. Vale a pena usar esta década para fazer isso, pois passará um longo tempo até que volte a sentir esse nível de liberdade. Muitas pessoas formam um relacionamento de compromisso e/ou se casam nesta fase de vida, deixando o ninho para expressar energias do 2, assumindo elas mesmas o papel de quem nutre. Esse, no entanto, é o terceiro ciclo etário, e o efeito do 3 torna a pessoa extremamente sociável, criativa e ávida por viver.

Quarto ciclo de 9 anos, 28-36 anos de idade

O 4 busca realizações concretas e como caminha em direção ao fim da casa dos 20 anos, a pessoa pode entrar em crise, ao avaliar o que fez até agora e perceber que o mundo é maior do que pensava. Manter a cabeça erguida é importante – você tem muito tempo pela frente. A influência do 3 nos 30 anos estimula a criatividade e a necessidade de se expressar de modo mais amplo. É provável haver mudanças de carreira profissional, e as relações amplamente motivadas pela necessidade de ser parte de um casal podem agora terminar, se não conseguirem se adaptar ao desenvolvimento da personalidade – se a relação não corresponder a essa nova fase, é melhor se separar.

Quinto ciclo de 9 anos, 37-45 anos de idade
Essa é a clássica fase da chamada "crise de meia-idade", que ocorre por volta dos 40 anos. Sob a influência do 4 a pessoa é levada a olhar exatamente o que conquistou, e, para muitos, não foi suficiente. Pode haver um sentimento semelhante ao pânico enquanto procura arduamente fazer todo tipo de coisas, mas você deveria se acalmar. Há mais tempo pela frente do que imagina. Durante a fase dos quarenta anos, você deseja consolidação, mas este é seu quinto ciclo, e a vibração do 5 é a da mudança.

Sexto ciclo de 9 anos, 46-54 anos de idade
Se você tem filhos, sua família será neste momento uma entidade dinâmica. Netos podem nascer. Você pode se tornar mais envolvido com a comunidade. Seus pais estão se aproximando da idade na qual precisam ser cuidados. A consolidação está rondando, como efeito prolongado do 4, e os 50 anos trazem mudança para uma

perspectiva nova e dinâmica. Você agora pode ter mais tempo para se comunicar com velhos amigos e começar novas atividades – deseja novos estímulos e, ao mesmo tempo, possivelmente tem maior liberdade. Você deve aceitar isso e fazer de "use ou perca" o seu lema.

Sétimo ciclo de 9 anos, 55-63 anos de idade
Ao se aproximar dos 60 anos, a família expandida adquire maior importância. Os parentes mais velhos vão morrendo e os remanescentes podem querer se aproximar mais. A casa e a vizinhança ganham mais força quando você pensa em se aposentar. A influência do 7 traz mais sabedoria e reflexão, mas 60 é agora "o novo 40", e o efeito do 6 aumenta o desejo de conservar a juventude e a beleza, o que pode resultar em cirurgia plástica, aulas de ginástica e coisas do gênero. Você também pode querer dar uma melhorada na casa e/ou no jardim ou talvez aprender alguma arte, como pintura ou escultura. Cuidar de si mesmo é a questão chave.

Oitavo ciclo de 9 anos, 64-72 anos de idade
Para quem já se aposentou, novas metas serão especialmente motivadoras, e, sob a influência do 8, a pessoa pode se sentir poderosa e determinada. A entrada na casa

Aos 70 anos ou mais, você desenvolve uma sabedoria instintiva.

NÚMEROS PRESENTES EM SUA VIDA

dos 70 anos também intensifica a sabedoria e a capacidade de análise do 7. Pode ser que você sinta que simplesmente "sabe" muita coisa e que ninguém vai enganá-lo. Para manter a mente afiada, é importante se reeducar. Se souber tirar proveito dos efeitos prolongados de equilíbrio e harmonia do elemento 6 – como cuidar de si mesmo – será uma força a ser levada em consideração.

Nono ciclo de 9 anos, 73-81 anos de idade

Essa é uma fase de culminação em que, unindo a qualidade do 7 de enxergar profundamente e a vasta experiência do 9, a pessoa ganha sabedoria e docilidade, e se torna capaz de dar conselhos sábios com base na própria experiência. É importante evitar atitudes de hipocrisia (9) ou de distanciamento (7). Não há por que ficar sentado na cadeira de balanço – a influência empreendedora do 8 faz você necessitar de um desafio que pode trazer muito poder.

Décimo ciclo de 9 anos, 82-90 anos de idade

Como matriarca ou patriarca, o efeito do 8 outorga muita autoridade, que você deve usar de forma construtiva. Não tiranize os parentes mais jovens nem os faça se sentirem culpados – use sua experiência e sabedoria para apoiar e incentivar. O retorno à influência do 1 pode sinalizar uma segunda infância, mas igualmente maior liberdade de pensamento. Essa pode ser uma década em que a solidão se torna cada vez maior, uma vez que os amigos da mesma idade vão morrendo, mas a lição é aprender a se relacionar mais com os mais jovens.

Décimo primeiro ciclo de 9 anos, 91-99 anos de idade

Pode restar pouco para ser vivido quando o forte elemento 9 traz uma vasta perspectiva, e a pessoa talvez sinta que está em contato com a riqueza da experiência humana e a humanidade como um todo. A própria juventude pode parecer ter sido ontem, quando percebe que tantas coisas estão tão intimamente relacionadas e que nossas vidas não passam de um piscar de olhos diante da eternidade. É hora de impor respeito e, portanto, viver à altura disso. A influência do 11/2 traz maior sensibilidade, necessidade de paz e especialmente de abertura e criatividade no campo das artes.

Na casa dos 80 anos, você pode sentir o poder do 8 de uma maneira muito especial.

Número da Placa do Carro

O número da placa de seu carro é um dos números mais importantes de sua vida. Obviamente, ele tem a ver com a maneira como você dirige, a tranquilidade que tem para encarar seus afazeres e lidar com a sua segurança. Você não precisa se alarmar, pois não existe nenhum número "perigoso". Mas vale a pena observar o quanto o número da placa de seu carro está em harmonia com seus números pessoais, especialmente com os Números da Personalidade, do Caminho de Vida e da Alma, porque muitas vezes nos tornamos um ser mais instintivo quando nos colocamos ao volante.

Em seu carro existem três números importantes.

Vamos tomar **W55 6DP** como exemplo de número de placa.

Comecemos pelo número total – chegamos a ele pela soma dos algarismos e dos números correspondentes às letras (ver p. 101):

$$5+5+5+6+4+7=32, 3+2=5.$$

Em seguida, procedemos ao cálculo apenas dos números:

$$5+5+6=16, 1+6=7.$$

Finalmente, calculamos somente o total dos valores referente às letras:

$$5+4+7=16, 1+6=7.$$

Os números são aqueles que mais se evidenciam e têm reflexos na maneira que os outros motoristas enxergam você. O total das letras reflete propósitos e tipos de viagem, enquanto o número global – o mais importante – indica a identidade do carro. É claro que, sendo um objeto inanimado, o carro não tem "personalidade". Mas tudo que foi criado tem a própria vibração, e os números emplacados em seu carro têm uma frequência. Se não está satisfeito com ela, pode adquirir uma placa personalizada, capaz de mudar a sua sorte.

NÚMERO DA PLACA DO CARRO

Quando estiver em um engarrafamento de trânsito, pode se distrair analisando os números da placa do carro à sua frente. A numerologia é divertida!

1 Extremamente decidido, possivelmente é o tipo de motorista que não dispõe de muita paciência com os apressadinhos ou lerdos no trânsito. Sempre a caminho de cumprir algum compromisso, o seu modo de dirigir provavelmente é muito eficiente, e sua concentração é boa, mas precisa tomar cuidado para esse número não te deixar sob pressão. Procure ouvir música apropriada para relaxar e reflita sobre aquilo que já conquistou.

2 Esse número o influencia a pensar um pouco demais nos outros motoristas. Você pode ser um excelente motorista, mas a preocupação com a pessoa que vem atrás pode deixá-lo nervoso. É possível que seja constantemente solicitado a levar um amigo ou familiar a algum lugar; é importante pensar nos próprios interesses e não se cansar demais.

3 Dirigir é uma atividade prazerosa e você gosta muito da sensação proporcionada pelo movimento – pode sair muitas vezes para buscar entretenimento. Talvez seja conveniente customizar esse carro, ou de alguma maneira torná-lo extravagante, chamando a atenção de outros. Será uma forma de sorrir para eles, tornando o dia mais feliz para todos. Como pode ter ideias

367

criativas enquanto dirige, tenha à mão um caderno de anotações ou um ditafone para gravá-las e depois transcrevê-las.

4 É muito provável que seu carro seja bem conservado, pois para você o aspecto utilitário está acima de tudo e tem muita clareza da importância de conseguir se mover do ponto A ao ponto B. Este carro é ótimo para transportar compras, ferramentas de uso pessoal e outras utilidades, além das viagens rotineiras. Procure não se preocupar em excesso com a manutenção da limpeza. Talvez você leve este carro demasiadamente

a sério, e um pouco de diversão não irá colocá-lo em perigo – na verdade, estar relaxado pode trazer segurança.

5 A tentação aqui é querer fazer outras coisas enquanto dirige. Procure ter um telefone celular que dispense o uso das mãos, porque certamente será tentado a conversar com alguém durante o percurso. Às vezes, pode se irritar quando está dirigindo, em outras ocasiões se distrai alegremente com um milhão de pensamentos ou música animada. Assim como o 3, você também deve ter um bloco de anotações ou um ditafone à mão para registrar suas ideias. Não esqueça, no entanto, de se concentrar na direção.

6 Excelente como carro de família, para passeios ou para a realização de quaisquer serviços ligados à comunidade. Você vai querer que suas acomodações sejam confortáveis – ter sete assentos seria ótimo para empilhar mais pessoas dentro do au-

Um motorista pode achar que os outros dirigindo na mesma rua ou estrada são complicadores ou facilitadores.

tomóvel. Você também pode se envolver em obras de caridade – esse é um ótimo número para as profissões ligadas à prestação de serviço. Ouvir música suave enquanto dirige ajuda a acalmar.

7 Existe o risco de se desligar e entrar num mundo que é só seu – você pode acabar tomando o destino errado por estar com a mente em coisas mais nobres. Dispor de um aparelho de GPS serviria muito para ajudar em seu caso. O interessante, no entanto, é que você costuma chegar ao destino certo por pura intuição. Dirigir pode levá-lo a outros mundos enquanto curte a paisagem.

8 Como para você é muito importante dirigir bem, pode ser tentado a ensinar os outros a fazê-lo – por exemplo, voltando propositadamente à faixa do meio nas autoestradas toda vez que faz uma ultrapassagem, o que pode ser arriscado. É melhor se acalmar. No volante, sente necessidade de estar em contato com pessoas que importam – da mesma forma que acontece com o 5, dispor de um telefone que dispensa o uso das mãos é essencial para você, além de toda a tecnologia capaz de torná-lo eficiente. Você se sentirá melhor neste carro se o seu modelo causa forte impressão.

9 Dirigir pode parecer perda de tempo, mas você pode mudar isso ouvindo CDs que ensinem algo de novo. É importante que este carro seja o menos prejudicial ao meio ambiente possível. Dar carona e compartilhar as viagens fará você achá-lo mais útil.

NÚMERO DA PLACA DO CARRO

Número da Casa em que Você Mora

O número de sua casa é muito importante – pois literalmente é "onde você vive". Some os algarismos do número de sua casa até reduzi-los a um só: por exemplo, 28 = 2+8 = 1; 103 = 1+0+3 = 4. Se sua casa não tem número, porém nome, converta as letras em números e some até reduzi-los a um algarismo só, da mesma forma que fez com seu nome.

1 Esta casa é um ambiente propício à criatividade e ao empreendedorismo. Ela pode ser apropriada para uma pessoa dinâmica que trabalha em casa ou para alguém com vigor e originalidade. Pessoas individualistas, determinadas e automotivadas prosperam e alcançam o sucesso nesta casa. Há uma atmosfera de otimismo, com algo interessante sempre acontecendo.

EVITE tentar com demasiado empenho fazer todo mundo participar e se envolver. Cada pessoa necessita do próprio espaço nesta casa, uma vez que ela estimula a independência.

2 A atmosfera aqui é acolhedora e sociável e há sempre uma chaleira no fogão. Esta casa é apropriada para pessoas refinadas e de fino trato, que têm prazer em acolher. A cooperação é fundamental e é necessário tomar cuidado para não negligenciar nada. Uma decoração minimalista combina com a calma do ambiente. É um ótimo lugar para encontros, pois facilita acordos.

EVITE a desordem, pois deixará as pessoas irritadas e os ânimos exaltados. Esta casa só funciona bem quando tudo está em harmonia. Ornamentos de mau gosto definitivamente devem ficar *fora*.

3 Esta é uma casa animada que estimula celebrações. É ótima para pessoas criativas e dadas às artes e parece estar sempre iluminada pela luz do sol. Ela é especialmente propícia a famílias numerosas e facilmente proporciona um ambiente romântico, desde que as pessoas sejam honestas e leais. Esta casa é bonita e confortável e revela o lado extravagante de seus moradores.

EVITE tentar ser sério ou meticuloso demais, pois com isso perturbaria a atmosfera alegre deste lar.

4 Bom senso é a palavra chave nesta casa. Ela é favorável a abordagens práticas e convoca todos os membros da família a fazer sua parte. Ela incentiva a rotina e cultiva a segurança. Ela pode ser um ótimo domicílio para montar um negócio. O respeito

O número exposto no lado de fora pode refletir as condições de seu interior.

NÚMERO DA CASA EM QUE VOCÊ MORA

da vizinhança e da comunidade é facilmente conquistado aqui.

EVITE deixar as portas e janelas abertas batendo, mesmo quando estiver em casa, porque ela funciona melhor quando bem protegida e organizada. Pelo mesmo motivo, é importante fazer sua manutenção, inclusive no jardim.

5 Nesta casa há muita atividade, as rotinas saem pela janela, e os móveis são constantemente mudados de lugar. O ritmo pode ser alucinante, com muita gente entrando e saindo e uma enorme quantidade de coisas interessantes sendo feitas a qualquer hora. As crianças vicejam nesta casa, também os animais de estimação. É uma casa moderna que acolhe visões progressistas.

EVITE tentar impor uma calma exagerada – esta casa não foi feita para isso. Se quiser um pouco de solidão, saia para dar um passeio. A não ser que seja uma pessoa muito dinâmica, convidar um avô ou avó para morar nela é uma péssima ideia.

6 Esta casa proporciona um ambiente de "pertencimento", onde os laços familiares e o sentimento de fazer parte de uma comunidade são muito fortes e importantes. Aqui as tradições

Se mora num prédio, o seu número também exerce influência. Este apartamento Seis é ótimo para famílias felizes.

NÚMERO DA CASA EM QUE VOCÊ MORA

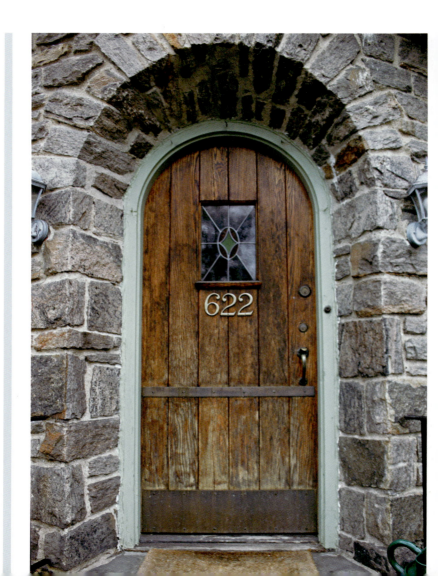

são respeitadas, e muito cuidado é dedicado à criação de filhos. A cooperação e a união de forças são vitais. Cuidar e compartilhar são atividades incentivadas, juntamente com um senso de responsabilidade pelo local. Sempre há em sua entrada um tapete com o desejo de boas-vindas.

EVITE negligenciar a decoração e as tarefas domésticas e não jogue fora as peças tradicionais herdadas e as coisas que as crianças fazem, pois um senso de respeito à família, à dignidade e à continuidade são essenciais nesta casa.

7
Solidão e estudo são favorecidos nesta casa, que proporciona um ambiente de calma e profundidade propício à meditação. Qualquer pessoa que esteja em busca de sabedoria encontra abrigo aqui, onde a força e a independência são incentivadas. Esta calma pode ser um refúgio de paz para os que se desiludiram com o mundo, gostam de estar consigo mesmos e buscam uma chance de sondar abaixo da superfície da vida.

EVITE procurar fazer a "festa do ano" nesta casa, porque sua atmosfera de tranquilidade poderia se manifestar como um estraga-prazeres. Cores berrantes, cachorros latindo e música em alto volume não são, pelo mesmo motivo, apropriados a este lar.

Esta casa 1 é excelente às pessoas que gostam de desfrutar da sua companhia.

8
Esta casa é uma boa "base" para pessoas com responsabilidade e posição se afirmarem na comunidade. Apenas o melhor serve – esta casa gosta de impressionar. Normalmente, é bem administrada, e um negócio bem-sucedido pode ser montado nela, especialmente se for voltado aos interesses da comunidade. Favorece pessoas confiantes e controladas que sabem o que querem.

EVITE deixar que as cortinas fiquem surradas, usar ornamentos cafonas e acumular lixo em seu jardim da frente. Não deixe a pintura de suas paredes externas se deteriorarem, porque esta casa é mais segura quando está em perfeitas condições.

9
Este é o lugar apropriado para as pessoas de mente aberta, que têm compaixão e tolerância. Os excluídos da sociedade e pessoas de diferentes origens étnicas são bem-vindos a este lar, que demanda generosidade e compreensão profunda. É uma casa que expande os horizontes físicos e mentais, acolhendo os amantes das artes e de todos os tipos de beleza, além de incentivar o idealismo e a integridade.

EVITE rejeitar hóspedes imprevistos (a não ser quando impossível), porque esta casa se sente mais feliz do que nunca com atitudes humanitárias e muita coisa acontecendo. Não monte nenhum negócio nela, a não ser que seja de natureza artística ou beneficente – sua atmosfera é demasiadamente boêmia para a prosperidade de qualquer outro tipo de negócio.

Números de Telefone

Seu número de telefone é muito importante para a sua vida e identidade, porque está sempre sendo fornecido a terceiros. Como as pessoas usam constantemente esse número para entrar em contato com você, subconscientemente o associam a ele. Muitas vezes, o número é memorizado e lembrado em associação com a sua imagem. Se você não se sente em harmonia com ele, ou acha que não está recebendo os chamados que gostaria de receber, talvez seja o caso de considerar mudá-lo.

São muitos os números que podem estar relacionados a você. O número de seu telefone celular provavelmente é o mais importante. Você o calcula da mesma maneira que calcula as outras fórmulas numerológicas – somando os algarismos até reduzi-los a um só. No entanto, preste atenção também nos algarismos individuais, porque se algum deles se repete várias vezes, pode ter influência sobre o algarismo final. Depois vem o seu telefone de linha fixa. Novamente, some os algarismos até reduzi-los a apenas um. Para chamadas fora de área, inclua o número de seu código de área – ele pode alterar a influência.

Se trabalha num escritório ou repartição, o seu ramal é importante – tome-o separadamente e some os algarismos como de costume, até reduzi-los a um só. O número de seu ramal indica como você é visto e como atua dentro da organização.

Interpretação dos números

1 Provavelmente acha que pela maior parte do tempo cabe a você lidar sozinho com um monte de tarefas. Onde está a ajuda quando precisa dela? É óbvio que trabalhar bem sozinho é responsabilidade sua, especialmente se o 1 também é seu Número do Caminho de Vida ou da Personalidade. Se este é o número de seu ramal, procure não assumir encargos demais e proteger as suas costas. Se é o número de seu telefone fixo ou de seu celular, pode receber muitas chamadas que fazem exigências ou chamadas unilaterais. O número pode ser bom para marcar a sua posição, mas não é o ideal para expandir contatos sociais.

2 Provavelmente está sempre sendo solicitado a dar conselhos. As pessoas o veem como alguém capaz de dar esclarecimentos, e você se vê dizendo "sim" quando muitas vezes gostaria de dizer "não". Se este é o número de seu ramal, tome cuidado para

O número de seu telefone tem a própria vibração especial.

NÚMEROS DE TELEFONE

NÚMEROS PRESENTES EM SUA VIDA

378

que não esperem muito de você – você pode não ser a solução dos problemas de todo mundo. Se é o número do telefone de sua casa ou de seu celular, pode esperar conversas francas e uma conta bem cara.

3 Envolver-se em piadas e brincadeiras é fácil – este é um bom número para vendas e qualquer atividade criativa. Entretanto, talvez seja difícil chegar a uma solução; depois de uma longa conversa, você pode largar o telefone com muito pouco resolvido. Lembre-se que o "fator satisfação" não é tudo, especialmente se esse é o número de seu ramal no trabalho. Como número de telefone fixo ou móvel, traz muitos encontros e diversão.

4 Se esse é o número de seu ramal, soluções práticas são essenciais – será difícil livrar-se das pessoas sem dar a elas uma resposta objetiva, e você pode sentir que está sempre sendo pressionado. É muito importante dizer o que pensa e manter seus compromissos. Como número de telefone de casa ou celular, é propício para solucionar problemas, chegar a acordos e coisas do gênero, mas não para papo furado.

5 Este número possibilita discussões, mas se mantiver a calma, poderá certamente alcançar resultados. Como é possível que você ou as pessoas que estão ligando fi-

Se as coisas andam emperradas, uma mudança de número de telefone pode ajudar.

NÚMEROS DE TELEFONE

quem impacientes, é importante ater-se ao ponto. As ideias podem vir aos montes e rapidamente, e é importante anotá-las antes que escapem. Se esse é o número de seu ramal, precisará pensar rapidamente. Como telefone de casa ou celular, traz respostas argutas ou engenhosas aos montes e é ótimo para qualquer atividade jornalística ou para manter contato com um vasto círculo de pessoas.

6 Este é um ótimo número para a criatividade e para acalmar toda pessoa estressada que ligar. Mas você se sentirá tentado a ligar muitas vezes para casa se este é o número de seu ramal. Conversas longas e prazerosas são prováveis, com riqueza de detalhes e fofocas, mas pode ser difícil levar as coisas a uma conclusão ou chegar a decisões. Você pode se ver envolvido em algum trabalho comunitário ou rede telefônica.

7 Este não é um número para muita conversa, e, por alguma razão que não consegue explicar, pode relutar até mesmo em atendê-lo. Mal-entendidos são prováveis, e talvez você não consiga ouvir direito. Não tenha receio de pedir às pessoas que estão ligando para repetir o que disseram de modo que possa entender corretamente, especialmente se este é o número de seu ramal. Se está investigando algo, este número é favorável, e você pode ter fortes intuições enquanto está conectado.

8 Este é um número excelente se você é o chefe. Perceberá que dá a impressão de ser bastante autoritário por meio deste ramal, sempre organizando e dizendo quem vai aonde. Provavelmente continua na linha quando todo o pessoal já foi embora – não trabalhe tanto assim. Se este é o número de seu celular ou telefone de casa, provavelmente você parece ser alguém importante e uma força com a qual se pode contar; portanto, faça bom uso disso, mas também seja cortês.

9 Se você usa este número de ramal para fazer chamadas, pode ser difícil ater-se ao ponto. É demasiadamente fácil mudar de assunto. Você receberá algumas ideias fantásticas das pessoas que telefonam, mas talvez não sejam aquelas que você procurava. Este é um ótimo número, no entanto, para programar viagens e férias. Você pode passar informações importantes ou ouvir coisas que realmente mudam sua vida. Por meio deste número, uma conversa superficial com um colega de trabalho pode facilmente se transformar numa profunda discussão filosófica.

O número de seu telefone é tão importante quanto o número de seu ramal.

Números da Sorte

A maioria das pessoas quer saber qual é o seu "número da sorte" para poder usá-lo e alcançar mais sucesso na vida. A verdade é que seus números de sorte são os mesmos que aparecem em suas Cinco Fórmulas. Esses números descrevem a sua individualidade. Ao procurar entendê-los, conhecer a si mesmo e se desenvolver, está naturalmente maximizando a sua sorte por estar em harmonia consigo mesmo.

De acordo com pesquisas, pessoas que vivem de uma maneira relaxada, expansivas e divertidas, tendem a atrair a "boa sorte". A "sorte" vem do fato de estar em harmonia com o ambiente circundante – por ser aquela pessoa brincalhona, confiante e despreocupada tem toda a chance de ver aquele dinheiro largado no chão, enquanto os ansiosos e preocupados estão envolvidos demais com os próprios pensamentos conturbados para notá-lo. As pessoas mais relaxadas também tendem a ouvir mais a própria intuição. O pensamento positivo é o que mais atrai a sorte, e você pode viver com calma e otimismo independente de quais sejam seus números.

Os golpes de sorte que mudam inteiramente a vida da pessoa, como ganhar na loteria, parecem ser obra do Destino. Pesquisas demonstraram, no entanto, que a maioria das pessoas, quando ganha fortunas monumentais, não é mais feliz após um ano ou dois do que era antes da sorte tê-las transformado em multimilionárias. Assim, tome cuidado com o que desejar quando buscar a "sorte". A maior sorte do mundo é estar satisfeito.

Se está mesmo decidido a usar números para atrair a sorte, usar os números de suas fórmulas é uma boa ideia. Os antigos numerologistas achavam que o número de seu nome era o mais potente, por causa da vibração do som que ele produz toda vez que é pronunciado. Na verdade, talvez seja melhor usar a fórmula mais relevante em qualquer situação em que pretenda atingir seu golpe de sorte. Por exemplo, se está com seus amigos comprando bilhetes de rifa, escolha os números que somados correspondem ao seu Número do Aqui-e--Agora, porque é esta a vibração que estará presente durante todo o tempo de conversa com eles. Ao jogar na loteria, é conveniente incluir seus Números da Personalidade e do Caminho de Vida.

Relaxe e entre em sintonia com suas vibrações de sorte.

NÚMEROS DA SORTE

Ao participar de um sorteio de férias familiares, o número de maior sorte pode ser o seu Número do Destino. Ao fazer uma aposta para concorrer a uma estadia num retiro, um curso de yoga ou coisa semelhante, o número mais apropriado é o seu Número da Alma. Pense exatamente naquilo que está envolvido antes de escolher seu número.

Se, por exemplo, o seu número da sorte é 6, você pode tentar trazê-lo cada vez mais para a sua vida para aumentar suas chances. Sempre que possível, adie questões importantes até os dias cuja soma dos números é 6 – dias 6, 15 e 24 (no entanto, é bom tomar cuidado para não colocar a numerologia à frente do bom senso – se algo

Aposte na vitória com base no conhecimento dos números.

Maximize suas chances usando a numerologia.

precisa ser feito urgentemente, não espere até um dia cuja soma é 6). Numa corrida de cavalos, tente rastrear um com o número 6 e, se a soma das letras de seu nome é 6, tem ainda mais chances de acertar. Escolha viver numa cidade cuja soma das letras é 6, uma vez que todas as pequenas e grandes cidades, como também cada lugarejo, têm sua identidade numerológica. Paris, a capital do amor romântico e dos apaixonados, é 9, enquanto Londres, a capital da tolerância, é 2. Tenha em mente também o Número da Alma formado pelas vogais presentes no nome da cidade; o Número da Alma de Paris é 1, representando certo nível de egoísmo e oportunidade à expressão individual, enquanto o Número da Alma de Londres é 3, prometendo diversão em seus impressionantes teatros e galerias de arte.

Se você acha que nada em sua vida está dando certo, talvez uma mudança de nome seja a solução, uma vez que isso trará um efeito inegável sobre sua vida. Na verdade, esse ato poderá ter um efeito extremamente dramático e imediato em sua vida, como eu mesma constatei ao mudar meu nome de Teresa (5), artífice da palavra que aprecia a variedade, para o impulsivo e romântico Tess (9). Uma das mais conhecidas mudanças de nome foi a de Napoleon Buonaparte para Napoleon Bonaparte. A soma do primeiro nome, contendo o "u", resulta em 1 de acordo com o sistema hebraico (ver p. 13) – que é o número da asserção, ambição e liderança. De acordo com o sistema moderno, sua soma é 7 – menos apropriado à primeira vista, mas a intuição e o talento quase mágico para moldar eventos, características de um 7 funcionando de maneira positiva, foram constatados no carismático Napoleon. Sem o "u", o nome é reduzido a 4 nos dois sistemas, muito mais retraído e propenso a fazer as coisas da maneira mais difícil, julgando a vida penosa. Uma influência do 4 atuando negativamente obscureceu os últimos anos de vida do imperador e sua derrota final. Dessa forma, se você está interessado em mudar de nome, considere o assunto com cuidado.

Finalmente, o número da sorte pode se revelar espontaneamente em sua vida. Por exemplo, ao constatar que um determinado número se repete nos nomes de seus endereços, datas de nascimento etc., provavelmente vai achar que ele tem a ver com uma de suas Fórmulas, porém, se esse não for o caso, o Destino está tentando dizer algo. Fique atento e siga na direção que ele apontar.

Dos mais altos aos mais baixos, os números exercem influências sutis.

Anotações

ANOTAÇÕES

Anotações

ANOTAÇÕES

Glossário

Arcanos Maiores – são os 22 "trunfos" ou símbolos pictóricos do Tarô que contêm poderosos significados arquetípicos.

Arcanos Menores – as restantes 56 cartas do Tarô, divididas em quatro naipes: Ouros, Copas, Paus e Espadas.

Árvore da Vida/Etz Chayyim – diagrama da manifestação, começando com o espírito mais purificado e indo até a matéria mais densa. Os dez Sephiroth aparecem na Árvore da Vida.

Aspectos – os ângulos que os planetas formam no mapa astral.

Astrologia horária – um método puramente divinatório que não se baseia na data de nascimento. Diante de uma pergunta, o mapa do Céu é desenhado para o momento da pergunta e interpretado para encontrar a resposta.

Ba-guá – este é o padrão de equilíbrio formado com os símbolos do I Ching, usado para criar harmonia e boa sorte.

Cabala – corpo de conhecimentos místico do antigo judaísmo.

Caldeia – é a região da Mesopotâmia considerada o berço da civilização.

Correspondências – relações mágicas e sutis entre os mundos manifesto e abstrato. Vênus corresponde a amor e afeto, lápis-lazúli, jade, pombos, etc. Certos rituais usam correspondências em seus trabalhos de magia, como pétalas de rosa e velas cor-de-rosa.

Esotérico – o termo significa "oculto" e refere-se ao conhecimento não óbvio, comumente alcançado por meio de inspiração e/ou iniciação.

Feng Shui – "vento-água", um antigo método chinês de arranjar o espaço vital com harmonia e equilíbrio.

Lo Shu – "quadrado mágico" com nove quadrados menores em três fileiras, cada uma contendo um número. Cada fileira corresponde a 15 quando somada. Símbolo de estabilidade.

Manifestar – adquirir forma física.

Mapa astral – é o mapa do Céu, particularmente da situação em que os planetas e certos pontos astronômicos importantes se encontram na hora exata do nascimento da pessoa.

Menorah – candelabro judaico de sete ou nove braços que tem relação com a Árvore da Vida.

Pitágoras – matemático e filósofo grego nascido por volta de 570 antes de Cristo na ilha de Samos.

Ressonância – poder de vibração, influência e conexão.

Sephiroth – (plural de Sephirah) estágios/atributos do processo de manifestação do Divino na Matéria. Eles aparecem na Árvore da Vida e são dez em número, embora "Da'at, O Oculto" possa ser considerado o décimo primeiro.

Taoismo – tradição mística e filosófica da Ásia Oriental [ou Extremo Oriente], com aproximadamente 2.500 anos de idade.

Tarô – antigo baralho de cartas usado para adivinhação. Existem muitos tipos de Tarô, mas essencialmente com significados semelhantes.

Vibração – tudo na existência é composto de vibração. Diferentes vibrações têm diferentes qualidades, e algumas se harmonizam melhor do que outras.

Índice

Os números de páginas em itálico são referentes a ilustrações.

A

Adão 53
ágata 222
  azul rendada *222*
Agostinho, Santo: *A Cidade de Deus* 65
alfabeto hebraico 13, 65, 102, 386
alfazema 222
Alma, Número da 60, 98, 101
  Número 1 110-11
  Número 2 120-21
  Número 3 130-31
  Número 4 142-45
  Número 5 154-55
  Número 6 164-65
  Número 7 178-79
  Número 8 190-91
  Número 9 200-201
  Número 11 207
  Número 22 211
âmbar 215
ametista 230, *230*
amor-perfeito 220
Aquário (signo) 73
Aqui-e-Agora, Número do 60, 98, 103
  Número 1 114-15
  Número 2 124-25
  Número 3 134-37
  Número 4 148-49
  Número 5 158-59
  Número 6 170-712
  Número 7 182-83
  Número 8 194-95
  Número 9 204-05
  Número 11 209
  Número 22 211
Áries (signo) 72
aspectos astrológicos 71, 76-77, 77, 392
astrologia 9, 71
  astrologia horária 76, 392
Árvore da Vida, da Cabala/*Etz Chayyim* 18, 63, 64, 80, 92, 392
Ases 92
Ausentes, Números 234-43
aventurina 222

B

Ba-guá 80-1, *81*, 392
baunilha 225
berilo 226
Binah 92-5
boca-de-leão 228, *229*
Bolsa de Valores, previsões de comportamento 9
Buda 6
"Buracos de Aubrey" 9

C

Cabala 6, 92-5, *93*, 292
Caldeia 6, 392
Caminho da Luz Resplandecente 92
Caminho de Vida, Número do 18, 20, 98, 100
  Número 1 108-09
  Número 2 118-19
  Número 3 128-29
  Número 4 140-41
  Número 5 152-53
  Número 6 162-63
  Número 7 174-77
  Número 8 188-89
  Número 9 198-99
  Número 11 207
  Número 22 209
Câncer (signo) 72
Capricórnio (signo) 73
Carruagem, A 87
"cartas da realeza" 91
casa/moradia, números de 370-75
Cavaleiro 91
Chesed 92, 93, 94, 95
chi (força vital) 40, 80, 85
Chokmah 92, 93, 94, 95
ciclos pessoais 316-55
  Número do Ano Pessoal 85, 318-19
  Ano 1 320-23
  Ano 2 324-27
  Ano 3 328-31
  Ano 4 332-35
  Ano 5 336-39
  Ano 6 340-43
  Ano 7 344-47
  Ano 8 348-51
  Ano 9 352-55

cidades: identidade numerológica 385
Cinco Fórmulas, As 96-211
Introdução às 98-103
Número da Alma 98, 101
Número 1 110-11
Número 2 120-21
Número 3 130-31
Número 4 142-45
Número 5 154-55
Número 6 164-65
Número 7 178-79
Número 8 190-91
Número 9 200-201
Número do Aqui-e-
-Agora 98, 103
Número 1 114-15
Número 2 124-25
Número 3 134-37
Número 4 148-49
Número 5 158-59
Número 6 170-71
Número 7 182-83
Número 8 194-95
Número 9 204-5
Número do Caminho de
Vida 98, 100
Número 1 108-9
Número 2 118-19
Número 3 128-29
Número 4 140-41
Número 5 152-53
Número 6 162-63
Número 7 174-77
Número 8 188-89
Número 9 198-99
Números 11 e 22 206-11

Número do Destino 98, 102
Número 1 112-13
Número 2 122-23
Número 3 132-33
Número 4 146-47
Número 5 156-57
Número 6 166-69
Número 7 180-81
Número 8 192-93
Número 9 202-3
Número da
Personalidade 98, 99
Número 1 104-7
Número 2 116-17
Número 3 126-27
Número 4 138-39
Número 5 150-51
Número 6 160-61
Número 7 172-73
Número 8 184-87
Número 9 196-97
cipreste 221
citrina 218, *218*
conchas marinhas 9
confrei 229
conjunção (astral) 76
consoantes 248
Copas (naipe) 90, 392
cores 215, 217, 219,221,
223, 225,227, 229, 231
cornalina 214
correspondências 212, 392
para o número 1 214-15
para o número 2 216-17
para o número 3 218-19
para o número 4 220-21
para o número 5 222-23

para o número 6 224-25
para o número 7 226-27
para o número 8 228-29
para o número 9 230-31
corridas de cavalo 9, 385,
385
cravo 215
cravo-da-índia 219
cravo-de-defunto 228, 230
cristais 214-16, 218, 220,
222, 224, 226, 228, 230
Crowley, Aleister 92
*Magick in Theory and
Practice* 65

D

data de nascimento 13, 99,
100
dente-de-leão 218
Destino, Número do 60,
98, 102
1 como número do
112-13
2 como número do
122-23
3 como número do
132-33
4 como número do
146-47
5 como número do
156-57
6 como número do
166-69
7 como número do
180-81
8 como número do
192-93

9 como número do 202-03
11 como número do 208
22 como número do 211
Diabo, O (carta do Tarô) 88
dias de sorte 384-85

E

Enamorado, O (carta do Tarô) 87
energia orgônica 215, *215*
Enforcado, O (carta do Tarô) 88
Eremita, O (carta do Tarô) 87
erva-cidreira 216
erva de São João 215
Ervas, plantas, óleos e resinas 215, 216-17, 219, 220-23, 225, 227, 229, 231
Escorpião (signo) 72-3
esotérico 6, 9, 392
Espadas (naipe) 90, 392
espiral 44
estações do ano 37
Estrela, A (carta do Tarô) 89
Estrela de Davi 44
éter 40
Eterno Feminino 92
eucalipto 227
eu quiescente 248-49
expectativa de vida 9, 12

F

Fariseus 53
Feng Shui 40, 80-5, 392

Festa da Dedicação 53
flores 9, 215, 216, 218-20, 222, 224, 226, 228, 230-31
Força, A (carta do Tarô) 87
funcho 222

G

Geburah 92-5
Gêmeos (signo) 72
girassol *214*, 215
Grande Feminino 44
Grande Masculino 44
Greenwich, Meridiano de *22*

H

hebraico, alfabeto 13, 65, 102, 386
hieróglifos 9, 12
hieróglifos egípcios 9
Hod 93-5
Homem Cósmico (Adão Kadmon) 92
horária, astrologia 76, 392
hortelã-pimenta 222-23, *223*

I

I Ching 6, 78-9, *78*, 392
Idades/faixas etárias 358-65
primeiro ciclo de 9 anos, 0-9 anos 359, 361
segundo ciclo de 9 anos, 10-18 anos 361
terceiro ciclo de 9 anos, 19-27 anos 361

quarto ciclo de 9 anos 28-36 anos 361-62
quinto ciclo de 9 anos, 37-45 anos 362
sexto ciclo de 9 anos, 46-54 anos 362
sétimo ciclo de 9 anos, 55-63 anos 362
oitavo ciclo de 9 anos, 64-72 anos 362
nono ciclo de 9 anos, 73-81 anos 365
décimo ciclo de 9 anos, 82-90 anos 365
décimo primeiro ciclo de 9 anos 91-99 anos 365
Imperador, O (carta do Tarô) 87
Imperatriz, A (carta do Tarô) 86
infinito/infinitude 20, 22, 53
íris 229

J

jasmim 216
jaspe 220
jaspe sanguíneo 228
Jesus Cristo 53, 56, 63
Judaísmo, crença do e significado dos números 8, 53
Ver também Cabala
Judas 63
Júpiter 75
Justiça, A (carta do Tarô) 88

ÍNDICE

K

Kether (primeira Sephirah da Árvore da Vida) 18-19, 92, 94, 95

L

labradorita 220
lápis-lazúli 224
laranja 215, *215*
Leão (signo) 72
Lévi, Éliphas 92
  Doctrine and Ritual 65
Libra (signo) 72
Lo Shu ("quadrado mágico") 80, 392
loteria 382
lótus 226, *226*
Louco, O (carta do Tarô) 86
Lua 48, 74
Lua, A (carta do Tarô) 89
luz, descobertas com respeito a 9
lírio/flor-de-lis 216, *217*
lírio-do-vale 222

M

madressilva 218-19
magia 48
magnetismo 9
Maiores, Arcanos 64-5, 86-9, 92, 392
Malkuth 92-5
manifestar 392
mapa astral 76, 292
Marte (planeta) 75
Mathers, MacGregor 92
menorah 92, 392

Menores, Arcanos 86, 90-1, 392
Mercúrio (planeta) 75
Messias, número do 62
Mestres, Números 60-7, 90, 98, 206, 244
  Número 11 62-3
  Número 22 64-5
  Número 33 67
  Número 44 67
mimosa 220, *221*
mirra 227
Morte, A (carta do Tarô) 88
mostrador do relógio 9
Mundo, O (carta do Tarô) 89
música
  como vibração sonora 9
  determinante da altura de uma nota 9
  governada pelos números 9
  harmonias 9

N

nada 20, 22
Napoleão Bonaparte 386
natureza
  proporções geométricas 9
  padrões na 9, *9*
Netuno (planeta) 75
Netzach 93-5
Noé 53
nomes 9, 13
  mudança de 385-86
  consoantes presentes nos 248

conversão de nomes em números 13
Nove Frequências da Vida, As 9, 12, 18-59
  Número 0 20-3
  Número 1 24-7
  Número 2 28-31
  Número 3 32-5
  Número 4 36-9
  Número 5 40-3
  Número 6 44-7
  Número 7 48-51
  Número 8 52-5
  Número 9 56-9
novil 77
noz-moscada 231, *231*
Número 0 20-3
  desafios 22
  e a primeira Sephirah 18-9
Número 1 24-7
  ausência do 235, 237
  como Número da Personalidade 104-07
  como Número do Caminho de Vida 108-09
  como número do eu quiescente 248
  correspondências para 214-15
  desafios e traços positivos 27
  relacionamentos 254-59
Número 2 28-31, 92
  ausência do 237
  como número do eu quiescente 248

396

correspondências para
216-17
desafios e traços
positivos 30
relacionamentos
26-65
Número 3 32-5
ausência do 237, 239
como número do eu
quiescente 248
correspondências para
218-19
desafios e traços
positivos 35
relacionamentos 266-71
Número 4 36-39
ausência do 239
como número do eu
quiescente 248
correspondências para
220-21
desafios e traços
positivos 38
relacionamentos 272-77
Número 5 40-3
ausência do 239
como número do eu
quiescente 248
correspondências para
222-23
desafios e traços
positivos 42
relacionamentos 278-83
Número 6 44-47
ausência do 239, 241
como número do eu
quiescente 248-49

correspondências para
224-25
desafios e traços
positivos 47
relacionamentos 284-89
Número 7 48-51
ausência do 241-42
como número do eu
quiescente 249
correspondências para
226-27
desafios e traços
positivos 50
relacionamentos 290-95
Número 8 52-5
ausência do 242
como número do eu
quiescente 249
correspondências para
228-29
desafios e traços
positivos 54
relacionamentos 296-301
Número 9 56-59
ausência do 242-43
como número do eu
quiescente 249
correspondências para
230-31
desafios e traços
positivos 59
relacionamentos 302-07
Número 10 18, 244
Número 11 60, 62-3, 90
desafios e traços
positivos 63
relacionamentos 308-11

Número 12 9, 244
Número 13 244, *245*
Número 14 244
Número 15 244
Número 16 244
Número 17 244
Número 18 244
Número 19 247
Número 20 247
Número 21 247
Número 22 60, 64-5, 86,
90, 247
desafios e traços
positivos 65
relacionamentos 312-15
Número 23 247
Número 24 247
Número 25 247
Número 26 247
Número 27 247
Número 28 247
Número 29 247
Número 30 247
Número 31 247
Número 33 60, 67
Número 44 60, 67
números presentes em sua
vida 356-87
idade 231, *231*
número da casa 370-75
número da placa do
carro 366-69
números de sorte 382-87
números de telefone
376-81
numerologia hebraica 9
números esotéricos 70

ÍNDICE

números acima do Nove 244-47
números romanos 18

O
obsidiana 220, *220*
888 (número do Cristo) 53
olíbano 231
ônix 228, *228*
oposição 76
Ouros (naipe) 90, 392

P
padrões de energia 9
Sacerdotisa, A (carta do Tarô) 86
papoula 226
patchuli 220
Paus (naipe) 90, 392
pedra-da-lua 216
Peixes (signo) 73
pentagrama 40
Personalidade, Número da 98-9
Número 1 104-07
Número 2 116-17
Número 3 126-27
Número 4 138-39
Número 5 150-51
Número 6 160-61
Número 7 172-73
Número 8 184-87
Número 9 196-97
Número 11 206-07
Número 22 209
Pirâmides 9
Pitágoras 6, *6*, 9, 392

Pitagorismo 9
placas de carros, números 366-69
planetas 56, 71, 74-5
aspectos astrológicos 76-7
órbitas dos planetas 9
Platão 6
Plutão (planeta) 56, 75
pontos cardeais 37
prana 40
prímula silvestre 224
profeta, número do 62

Q
Quadratura 76
Quartzo
cor-de-rosa 224, *224*
transparente 226, *226*
Quatro Elementos 9, 37, 40
Quintil 76

R
Rahab 53
Rainha (naipe) 91-2
Rei 91-2
relacionamentos 250-315
mapas comparativos 252-53
Número 1 254-59
Número 2 260-65
Número 3 266-71
Número 4 272-77
Número 5 278-83
Número 6 284-89
Número 7 290-95
Número 8 296-301

Número 9 302-07
Número 11 308-11
Número 22 312-15
ressonância 392
Revelações (livro das/Apocalipse) de São João 44, 65
rifa, bilhetes de 382
Roda da Fortuna, A (carta do Tarô) 88
rosa (flor) 224, *225*
rubi 218

S
safira 216, *216*
Sagitário (signo) 73
salgueiro 216-17
sálvia 219, *219*
Santíssima Trindade 9
Saturno (signo) 75, 80
semiquadratura 77
Sephiroth (plural de Sephirah) 18, 63-4, 80, 92, 392
666 (Número da Besta) 44
septil 76-7
sextil 76
simetria 9
Sol (planeta) 74
Sol, O (carta do Tarô) 89
Sorte, números de 382-87
Stonehenge 9, *12*
Sumo Sacerdote, O 87

T
Tai Chi (Potencial Supremo) 81

Taoismo 88, 392
Tarô 6, 63, 64-5, 86-92, 392
telefone, números de 13, 376-81
Temperança, A (carta do Tarô) 88
tetraedro 37
Tifareth 92, 93, 94, 95
tomilho 225
Torre, A (carta do Tarô) 89

Touro (signo) 72
tríade 76
trigramas 78, 79

U
Universo 20, 65
como vibração 9
e os Sephiroth 18
Urano (planeta) 75

V
Valete 91-2
Vênus (planeta)75
vibração 9, 392
Virgem (signo) 72

Y
Yesod 93-5
Yin e *yang* 78-80

Z
Zodíaco 9, 71-3, *73*

Agradecimentos/Créditos

akg-images Electa 62
Alamy Chuck Eckert 384; doughoughton 367; Fancy 356-07; Gianni Dagli Orti/Art Archive 12, 57; Ian Shaw 258; Imagebroker 61; incamerastock 316-17; jvphoto 81; Mary Evans Picture Library 93, 95. North Wind Picture Archives 7; Photononstop 64; superclic 319; Tetra Images 275; The Print Collector 25.
Corbis 22-3, 184; Adam Woolfitt 45; Adie Bush/cultura 42-3; Angelo Cavalli 157; Ant Stock 38-9; Bernd Vogel 96-7, 186-87; Bettmann 109, 129,176; Bob Thomas 138; Boyd Jaynes/Transtock 245; Brigitte Sparrer/cultura 173, 181; Darren Kemper 121; David Papazian 167; David Vintiner 371; Eric Audras/PhotoAlto 250-51; Flint 164; Jack Hollingsworth 197; Juice Images 174-75; Jutta klee 240-41; Michael Haegele 193; Moodboard 191; Newmann 58-9; Nicky Niederstrasser 117; Nicole Hill/Rubberball 2; Ocean 98, 105, 114, 279; Patricia Curi 246; Paul Burns/cultura 30-1; Paul Seheult/Eye Ubiquitous 68-9; Paul Taylor 194; PBNJ Productions/Blend Images 33, 106-07, 144-45, 147; Per Windbladh 26-7; Rachel Frank 113; Radius Images 148; Rafal Strzechowski/ZenShui 183; Randy Faris 167-68; Reg Charity 134; S Hammid 302; Simon Marcus 135-36; Stephen Vidler/Eurasia Press 73; Steve Hix/Somos Images 158; Sylvain Sonnet 54-5; Tadashi Ono/amanaimages 223; Tammy Hanratty 131; Tetra Images 242-43; Tim Kiusalaas 73-4; TimPannell 205, 328, 339; VStock LLC/Klaus Tiedge/Tetra Images 210; Whisson Jordan 155; Zero Creatives/cultura 50-1.
Fotolia AaronAmat 150; Africa Studio 215; Antony McAulay 49; by-studio 103; Dean Pennala 8; ft2010 70; Honik 377; iofoto 125; javarman71; jjayo142; johnnychaos 372-73; jonnysek 77; julien 221; MartinDry 217; Moneky Business 286-87; photo-dove 385; Rafa Irusta 386-87; sitriel 110; Vision Images 249; Wavebreak/MediaMicro 333; yanlev 16-7; Yuri Arcurs 179, 206, 255, 268-69, 290, 334.
Getty Images 189; Alexandre Fundane 201; Altrendo 324; Anronio M Rosario 306; Bambu Productions 202; Bertrand Guay/AFP 163; Brand X Pictures 383; Chris Ryan 342; Daly and Newton 298; Daryl Benson 294; Dave Shafer 289; Donna Day 265; Echo 347; Fuse 232-33, 374; Henrik Sorensen 364; ImageSource 46-7; James Oliver 348; James Whitaker 380; Jill Chen 341; Kevin Winter 141; kkgas 378-79; Lew Robertson 231; Martin Riedl 122; Michael Blann 282; Michael Hitoshi 52; Mike Harrington 363; Nicole Margenthau 354; Paul Bradbury 257; Paul Viant 330; PhotoAlto/Laurence Mouton 360; PhotoAlto/Sigrid Olsson 133; Photodisc 126-27; R Nelson 277; ranplett 66; Richard Nolon-Neylan 24; Roger Violett 119; Ryan Harvey Photography 219; Ryan McVay 336; Salva Lopez Photography 270; Simon Potter 321; Stefano Lunardi 170; Stephrn Simpson 359; Stuart O'Sullivan 322-23; Tim Kitchen 326-27; Visuals Unlimited Inch/Wim van Egmond 29; William James Warren 153; Yuri Arcurs 100.
Glow Images Foodcollection 225; Image Source/Kalle Singer 236; Mikael Andersson 368; Photos-india.com 227; Tao Images 78.
Masterlife Marc Vaughn 312-13.
OctopusPublishing Group 218, 220, 222, 224, 226, 228, 230.
Reuters Kai Pfaffenbach 21.
Rex Features Sipa Press 198.
Scala Pierpont Morgan Library/Art Resource 36.
Science PhotoLibrary Royal Astronomical Society 34.
Thinkstock 301; Creatas 82; George Dayle 350-51, 358; Hemera 19, 208, 229; iStockphoto 83, 84-5, 214; John Foxx 10-11; Jupiterimages 212-13, 353; Medioimages/Photodisc 311; Stockbyte 238, 262.
TopFoto Charler Walker 41.